自行車上的中國壯遊

一位韓國企業家的深度文化觀察

洪銀澤——著
林侑毅——譯

前言／萬里長程出師表

不能再坐以待斃了。想起身行動，卻又猶豫不前，不知道已經是第幾次了。現在該是採取行動的時候了，像是一頭在獵物四周逡巡，不動聲色地逼近，最後如飛箭般衝向獵物的獅子。

「為什麼偏偏是騎自行車旅行？不能像別人一樣搭車嗎？為什麼是中國？又為什麼辭掉上一份工作？」對於妻子提出的疑問，其實我也沒有答案。現在起，得好好思索這些問題。

人類經過坐著使喚他人（奴隸社會）、交由機器生產（工業社會）、付費達成目的（資本社會）的歷程，長久以來與行走、奔跑、飛行的動物過著不同的生活。坐著工作，也就是從事腦力工作，違背了數百萬年來演化為最適合行走、奔跑的人類基因。坐著不動、只用頭腦思考，必然造成身體與大腦的失衡。

當然，人類並非全然久坐不動。平時上健身房或游泳池，假日從事登山與馬拉松等活動，皆可達到身心理的調和。但是這些只是被豢養的活動，與嗅聞風迎面撲來的滋味，穿過窸窣擺盪的草葉，跨越下一道地平線的活動截然不同。那不過是活動的模仿，而非真正的活動。所謂「活動」，是啟動五感對空間產生知覺的行為，也是拓展空間相關知識的行動。透過這樣的活動，人類發現了可食用的蘋果，甚至向巴布亞紐幾內亞遷移。活動有時也與發現畫上等號。在A地所看見的風景，不可能與B地看見的風景相同，因此由A地向B地移動，便是一種發現的行為。

簡單來說，比起在跑步機上複製跑步的動作，我更想在原野上奔跑，更想闖蕩無法起身去目睹的世界。那是順從我體內DNA的命令所做的決定，使我得以脫離長久以來因填鴨式教育與坐著工作而被馴化的生活。追求不受限制的人生，也許更接近我的本性吧。

這趟中國之旅，是我很早以前就有的想法。在我升上大學二年級，選擇東洋史學系就讀時，開始對中國產生了興趣。只是在當時，大學生不被允許出國旅遊，即使獲得允許，也沒有足夠的旅費。從那時開始，中國這個國家便不斷搔動著我的心。位在朝鮮半島旁，人口要比韓國多上好幾倍的中國，人們究竟過著什麼樣的生活，著實令我好奇不已。好比在求學期間，隔壁村有一所學生多達十萬人的學校，不會想去瞧瞧那是什麼樣的學校嗎？更別說那所學校過去還曾經爬牆過來，欺負我校的學生，或者那所學校曾經是當地數一數二的名校了。

七年前完成橫越美國後，我開始準備這趟中國之旅。中國之旅的主題也想好了——「追尋紅色中國」，這將是繼二〇〇五年出版之《追尋藍色美國（블루 아메리카를 찾아서）》的續作。「藍色美國」是從美國總統選舉時，以藍色標示民主黨候選人勝選州而來，用以象徵勞工、農民的美國。共和黨候選人勝選州，則以紅色標示。特別的是，在美國勞工、農民

密集的地方，反倒是被稱於富裕政黨的共和黨候選人占有優勢。《追尋藍色美國》是我走訪實際上為藍色美國，政治上卻是紅色美國的地方，針對美國文化與歷史所撰寫的書。在中國，紅色象徵著社會主義。儘管在引進市場經濟後，從各大媒體接觸到「紅色中國褪色」的說法，我仍想親眼證實社會主義的平等文化與價值究竟還留下多少。

從平等客觀的角度體察二十一世紀兩大強國的想法，不斷縈繞在我心頭。為了實踐這樣的想法，我開始學習中文。當時在曾經就讀的美國學校旁聽中文課，同時向住家對面的中國大媽學習發音，一切忙得不可開交的時候，妻子對我說出這番話：「在孩子求學期間，父親要是有個工作就好了……。」

密蘇里州（Missouri）哥倫比亞市（Columbia）史密斯頓中學（Smithton Middle School）的孩子導師，曾經向前來參加家長面談的我問道：「您何時從韓國過來的呢？」我心想，明明生活在一起，問的是什麼愚蠢的問題啊。原來孩子在家庭狀況調查表的家長欄上，寫著只和母親同住。是因為身旁朋友的父親，都是教授、律師、醫生之類的身分，所以討厭寫自己的父親待業中嗎？父親以四〇歲的年紀來到美國留學，碩士課程結束後，在家遊手好閒，這個情況想來不是每個孩子都能毫不避諱地說出口的。再加上經濟情況也不允許，於是我再度回到韓國工作，當時中學二年級的孩子，也在去年上了大學。呀呼！

一轉眼就是七年的歲月。對於中國旅行一事，就讀大學的孩子態度轉為全力支持。妻子儘管勉強接受，仍不停追問為什麼非得騎自行車不可。我並不是熱衷自行車的人，只是自行車還算適合作為旅途中移動的工具，所以做了這個決定。當然，用走的也可以。步行不僅可以充分接收空間傳達出的訊息，也具有絕佳的機動性。可以前後左右隨心所欲地變換方向，進退自如，擁有任何動力設備都無法媲美的優點，只是速度太慢。

步行好比說話。同樣的語言，每個人說出來的話都不一樣。即使按照文法這種語言內在規則說話，音色、音量也不盡相同，有時說出的話不符合文法，有時說出陌生的詞彙，日後竟成為新的單詞。步行也是如此。雖然沿著名為文法的道路前進，每個人的步速、步幅都不盡相同。天底下找不到一模一樣的步伐。有時偏離了道路，日後竟成為一條新的道路。由此看來，步行正如同說話，是人類普遍的行為，也是特殊的經驗。

在此，我只是將步行換成了踩自行車。踩自行車並非千篇一律，不僅速度不同，轉速（RMP）也不同。它繼承了步行的多數優點，卻沒有步行的無聊。打個比方，自行車不只是說話，它更像是唱歌。其實在騎自行車旅行的途中，經常不自覺地哼起遺忘許久的歌曲。也許是因為自行車的轉動，就像KTV前奏的曲調吧。風迎面吹來，唱成一首R&B；風在身後飛揚，譜成一段RAP。當然，還有美景從身旁掠過的感受。即使大片風光稍縱即逝，道路的曲折起伏卻更刻骨銘心。身體感受著風的方向與強弱，時而反過來助長風的形成，任憑你自在優遊。騎自行車好比紋身，是將陌生的地點銘刻於肌肉的好辦法。

妻子不解的是，利用汽車或火車不也可以旅行？而在我看來，利用雙腳以外的動力設備，充其量只是「移動」，不是真正的旅行。我希望從離開家門的那一刻起，每一分每一秒都處在旅行之中，直到結束旅程返家為止。過程中儘管備嘗艱辛，最終仍以歡喜收場的旅行，是我夢寐以求的旅行。

北京
天津
太平洋
濟南
山東
淮安
江蘇
揚州
鎮江
南京
無錫
合肥
上海
出發
蘇州
浙江
杭州
抵達

中國萬里長程地圖

- 時間：六〇天
- 總騎乘距離：四八七三公里
- 旅程：從中國最繁華的都市上海出發，走訪八大古都（西安、北京、洛陽、南京、鄭州、開封、安陽、杭州）之旅。整體來看，這條路線以上海與西安、北京為三角形的頂點，將整個中原包含在內。

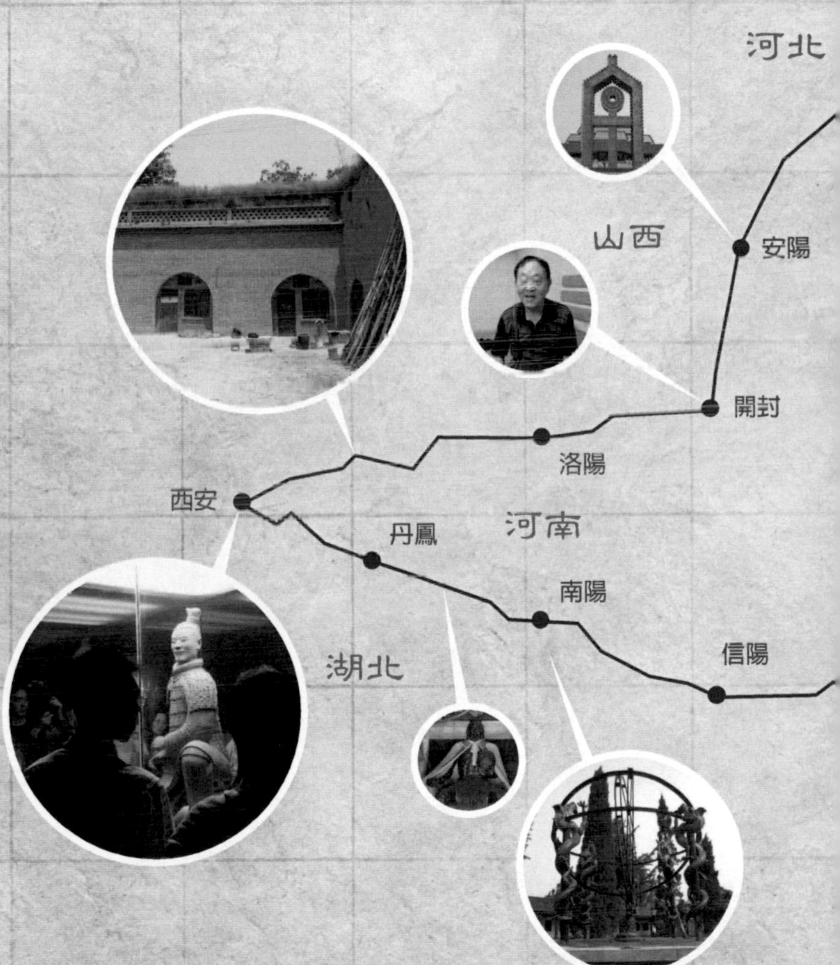

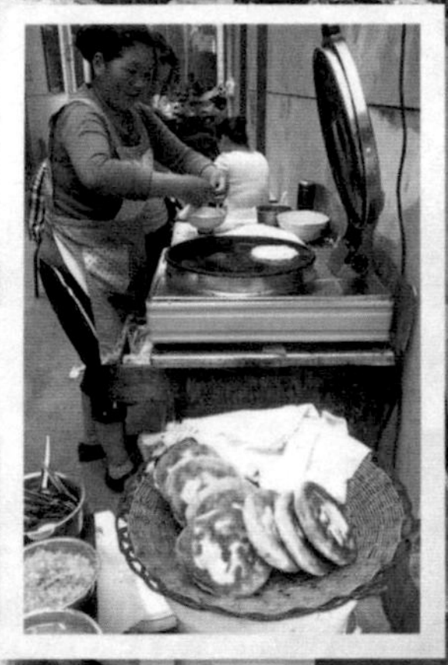

特色海鲜
爆炒小龙虾
特色水席
洛阳炒扁垛

仰韶酒

15932282904

目次

1. 在櫻花紛飛的日子，走一趟中原的「三角路線」

攤開中國地圖，想在地圖上畫出一條線，卻不知從何下手。該從哪裡走到哪裡，才能橫越整個中國？中心點在哪裡？我完全沒有頭緒。大致看來，西安似乎是中國大陸的中心。如果創世神話由我來寫，我會說這是一個宛如一滴黑墨落在西安，呈不對稱形狀暈開的國家，可見其領土的不規則狀。這滴墨水暈開的外圍，也就是中國大陸的邊境線，長達二萬二八〇〇公里。

在中國，大陸外形被比喻為一隻雞，而雞心是北京，這麼說來，嘴巴的位置就像咬著狀如兔子的朝鮮半島。我想，這肯定是一隻肥胖的雞。如果單就相似度而提出形狀像雞的主張，那麼在我眼中看來，中國倒像是一隻蟾蜍。我的意思是從西邊來看的話。從中印邊境交界處至崑崙山脈與喜馬拉雅山脈間的部分，就像是蟾蜍的嘴巴。各位覺得像什麼呢？無論如何，在中國地圖上畫條直線並不容易。

中國的國土面積，可以排得上世界第三、四名。恕我只能這麼模糊地介紹。俄羅斯與加拿大排名世界前兩名，已是無庸置疑的事實，至於第三、四名的地位，仍與美國存在爭議。根據中國政府出版的資料，中國以九六〇萬平方公里對美國九三六萬平方公里，面積比美國

在櫻花紛飛的日子出國

多出二十四萬平方公里。在英國大英百科全書中，也是以九五七萬比九五二萬的數字，證明中國面積較大。相反地，在美國中央情報局（CIA）的《世界概況書》（World Factbook）中，卻是以中國九五九萬比美國九八二萬的數字，說明美國面積略（slightly）勝一籌。我特別在意「略勝一籌」這個詞。二十三萬平方公里的面積，比南北韓組成的朝鮮半島實際面積（二二萬二三〇〇平方公里）還大。因為統計上的差異，決定了朝鮮半島面積的存亡，泱泱大國的土地算法果然與眾不同。

那麼，我們該相信誰的說法？根據聯合國二〇〇八年的資料，為中國九五九萬對美國九六二萬，顯示美國面積略勝一籌。數字變動較大的原因，在於我們認為固定不變的領土，其實具有流動性，而這個流動性來自於容易蒸發的水。國土內的水面積，也包含在國土總面積內。要連同湖泊或江河等內陸水域一起測量，並不容易。即使是站在現代科技尖端的美國，依然持續透過核算來增加國土面積。美國在一九九〇年代後期發表的數字，還只是九三〇萬平方公里，加上五大湖的水域面積後，國土立刻增加為九八〇萬平方公里。該說這是地圖上的開墾國土計劃嗎？

將淡水抽乾，僅就真正的土地面積來看，若說中國是繼俄羅斯之後，世界上面積最大的國家，想必沒有任何國家或機構持反對意見。攤開世界地圖，美國加上阿拉斯加，面積看起來更大，然而事實並非如此。好比下圍棋時，肉眼看起來像是獲勝了，實際計算被圍住的棋子數後，反而較少。美國東西長、南北窄所營造的空間感，加上另一個名為阿拉斯加的「棄子」，面積顯得更大。

因為這種地理上的特性，橫越美國時，相對容易許多。在Google的檢索欄輸入「單車橫越美國之旅」，結果將會出現「橫越美國路線（Trans America Trail）」。這是一條連接維吉尼亞州（Virginia）約克鎮（Yorktown）與奧勒崗州（Oregon）佛羅倫斯小鎮（Florence）、阿斯托尼亞小鎮（Astoria），長達六千四百至六千八百公里的道路。目前有不少介紹這條路線各區間的分段單車地圖，可減去挑戰者的煩惱。

最接近「橫越中國」這個概念的，是連接上海與位於中國哈薩克交界的邊境城市伊寧，長四九六八公里的三一二號國道。但是中國實際上與我們所見不同，其南北縱軸要比東西橫軸長。橫跨東西的橫軸為五千二百公里，而銜接南北的縱軸卻有五千五百公里。縱軸的兩端為黑龍江省的黑河縣與雲南的騰沖縣，然而這條銜接南北的道路實際上並不存在。該走哪一條路線好？不選擇好路線的話，下場恐怕是一趟漫無目的旅行……。苦惱了許久，我重新開始思考這趟旅行的目的。因為曾經橫越美國，所以還要再拿下一個橫越中國的「勳章」嗎？

最後的結論是，這趟旅行的目的，在於修習這堂名為中國的課程。我曾經以華盛頓特派員與留學生的身分，分別在美國待了三年六個月與二年六個月。因為對美國已稍有認識，單車橫越美國一舉，不僅可依循熟悉清楚的目標，同時也能對美國有更深一層的理解。但是我不曾在中國生活過，再說原先設定的書名是《追尋紅色中國》，總該有些比較中國過去與未來的內容吧。我對中國了解有多少？這不只是我個人的問題。我們韓國人說日本是「距離最近卻最遙遠的國家」，而中國不正是「看似了解卻一無所知」的國家嗎？這麼看來，這趟旅行必須設定為中國入門之旅才行。那就別執著於橫越中國，多深入中國內部吧。

走是走定了，但是往哪裡走？還有，這次也是一個人嗎？

我在中國最大單車網站美騎網（BIKETO）上，看見一篇徵伴同行川藏線（四川省成都至西藏拉薩）的文章，忽然睜大了眼睛。看來我不必獨自旅行了。在橫越美國時，其實也徵求過旅伴，最後皆未能如願，只好一個人旅行。我沒有那麼勇敢，中國之旅務必想找個旅伴同行。但是，現在竟出現了與當地人一起旅行的機會。儘管當時有四十八人報名，人數已經額滿，我依然留言給發起人，終於獲得同意。

再說，榮獲《中國國家旅遊》雜誌選定為十大自行車路線第一名的，不正是川藏線嗎？川藏線由海拔高度三六〇公尺出發，途中必須越過十四座超過四千公尺的高山，是困難度最高的路線。在這十四座高山中，還有兩座屬於五千公尺等級。挑戰肉體極限，登上高山的代價，將是目不暇給的美景。能夠與各地前來的中國人同遊，又能聽見許多中國人的親身故事，令我相當期待。當然還能練習蹩腳的中文。

但是前往西藏的路，因行政因素顯得阻礙重重。外國人必須取得入境許可證，方可進入西藏，然而申請條件相當嚴格。第一，外國人不得與中國人同行，必須為外國人組成之團體方可進入；第二，外國人必須有導覽員與司機的陪同，並下榻於指定飯店。根據中國政府的說法，如此嚴格限制外國人進入西藏的原因，是為了保護西藏的生態環境與傳統文化，但是沒有人相信這樣的說法。近來仍聽到不少在拉薩當地要求獨立，甚至自焚的消息。我試著從不同管道探聽入境的可能，最終仍無法改變申請條件。按照規定的條件，得讓導覽員與司機乘坐的車子隨伺在後，而我騎著自行車越過十四座高山才行……。

沒辦法了，看來這次旅行同樣也得單槍匹馬完成。我重新攤開地圖，再度陷入苦思。想要認識中國，最佳路線在哪裡呢？我決定採取正面進攻的策略，從中國最繁榮的都市上海開始，畫出一條連接中國八大古都的路線。中國八大古都的定都時間，依序為長安（定都時間一〇七七年）、北京（定都時間九〇三年）、洛陽（定都時間八八五年）、南京（定都時間四五〇年）、鄭州（定都時間三八一年）、開封（定都時間三六六年）、安陽（定都時間三五一年）、杭州（定都時間三一〇年）。這趟走訪八大古都的行程，畫出了一條三角路線。從上海往南京方向出發，在西安轉向後，途經洛陽、鄭州、開封、安陽，抵達北京，再從北京沿著超過一千五百年歷史的京杭大運河南下杭州，最後回到上海。從整張地圖來看，上海與西安、北京分別為三角形的頂點，將整個中原包含在內。

我將這條三角路線寄給在北京從事教育業的中國友人，他指出了其中的缺點。「這樣的安排是不錯，但是雲南、貴州、四川等西南地區呢？廣東、廣西、福建所在的嶺南地區，不也錯過了嗎？」但是區區一口飯，豈有飽餐的道理？中國這堂課，即使耗盡人生下半輩子，也不可能修完。

相反地，一位任職中國文學系教授的臺灣友人鼓勵我：「這條路線將可探訪中國歷史上重要的政治經濟文化圈。」「中國文化發源地河南的中原文化、河北豪放的燕趙文化、江蘇浙江精緻華美的吳越文化、孔孟之鄉山東的齊魯文化，以及游牧民族混血的西安關中文化，全都包含在這條三角路線內。」由此看來，春秋戰國時代的中國，全都濃縮在這裡了。我想起了春秋戰國時代，那些為了一展個人抱負而四處奔走的諸子百家。能否在一次的單車之旅中，汲取如此多樣的文化，我沒有太大的信心，但是相當期待在旅途中，能夠親身體驗我未知的事物。

在某個櫻花紛飛的四月天裡，我離開了韓國。

2. 究竟能否順利離開機場？

「看來是台不錯的自行車呢？」

將裝有自行車的箱子，放上機場報到櫃台的輸送帶上時，意外聽見這句話。經濟艙旅客只允許攜帶二〇公斤行李。超重付費倒不是問題，只是重量關係到接下來旅行行動的輕便與否，可不能輕忽。她是怎麼知道箱子內自行車價值的呢？心中還想著這個問題時，地勤接著說道。

「二十一公斤喔。這個重量可以不必額外付費。其他行李也一起托運嗎？」

原來地勤說的，是自行車重量輕，看來應該是不錯的自行車。我就像通過體重測量的拳擊手一樣，頓時鬆了口氣。雖然這麼說的話，對送我這台自行車的金正浩先生感到抱歉，但是這是台越野自行車，重量可不輕。不過比起超重問題，上次旅行中得到的教訓，可說在這次的刻意減重中大獲成功。長途旅行其實與搬家無異，衣食住的問題都得解決。旅行的好處，在於被迫挑選出真正需要的生活必需品。若非如此，將承受重量的苦果。在橫越美國之旅時，光是隨身行李，就已超過四〇公斤。此次旅行，將筆記型電腦與相機等物品過磅，再加上一輛自行車，總重量應不會超過二十五公斤。

我也曾吃過行李太少的苦頭，例如只帶了兩件附有襯墊的自行車褲。每晚結束一天辛苦的騎車後，還得先清洗當天穿過的自行車褲，壓縮了休息的時間。要不就得忍受連續幾日的骯髒。其實這也不是壞事，只要習慣規律的生活，或是降低對整潔的接受度，其實還過得去。總而言之，除了出發前將事先兌換好的人民幣忘在家裡，被太太嘮叨一頓的小插曲外，這趟旅程的開始還算不錯。

準備這趟旅行的過程中，儘管心中千頭萬緒，最後仍回歸到一個問題：可以騎自行車離開機場嗎？「把自行車載到飯店，輕輕鬆鬆迎接旅程的開始，不是更好？」即使許多人極力勸阻，我仍然堅持己見。我想親自確認，能否隨心所欲從機場前往想去的地方。

於是，我選擇了位於市區近郊的虹橋機場，而非浦東機場。雖然在Google衛星地圖

虹橋機場歡迎拱門

上仔細確認了機場的聯外道路，仍不知道如何離開機場。在NAVER Café（譯註：NAVER為韓國最大入口網站之一，NAVER Café為該網站開發之社群功能）「自行車旅人」PO出問題後，立刻得到網友的回應。「香瓜爸」建議從停車場出發，「山石」建議從二〇至三〇公尺外的地鐵站附近出發。我再發訊息詢問曾經騎自行車橫越全中國的「阿傻」，得到了如此豪氣的回覆：「在中國，沒有自行車到不了的地方。」但是真正的問題在於組裝。我有辦法親手將自行車組裝起來嗎？就連拆解自行車，我也是交給自行車行處理。

虹橋國際機場比預期的要小。才提領完行李，放上推車，正四處打轉摸清動線時，看起來頗為寒酸的出口已經出現在眼前。清潔大媽盯著我瞧，似乎在監視我要將自行車箱子丟在何處。就算想把箱子帶走，自行車也載不走，一時陷入進退維谷的窘境。我避開清潔大媽的視線，先把箱子上的膠帶撕開再說，不料清潔大媽立刻走向前，拉開嗓門詢問。幸好聽得懂「扔掉」幾個字，大概是問我是否要丟掉吧。我點頭稱是，大媽於是幫我抓著箱子，方便我拉出自行車。光是這樣的舉動，就要謝天謝地了，不料大媽竟繼續幫我架起自行車，當起了我的助手。將車輪綁在車體上的塑膠繩無法解開，大媽還拿來剪刀剪開。不僅是她，販售前往崑山客運票的大媽、一旁經過的路人，都提出這樣的問題：「真的是用飛機把自行車運過來的嗎？要從這裡騎自行車出去嗎？」

真正的問題……果然在於組裝。

我拿出組裝自行車的工具，表現得一副稀鬆平常的樣子。由於人潮與航班集中於浦東機場與虹橋機場二號航站樓，規模逐漸萎縮為區域型機場的虹橋國際機場，難得上演了一齣戲。對於眼前這位韓國旅客，瞬間將金屬組合起來，讓自行車重新誕生的神功，眾人已做好連聲讚嘆的準備。從組合前輪到安裝坐墊為止，事情進展得相當順利，但是安裝踏板如此簡單的步驟，卻怎麼也無法搞定。原本將踏板裝進凹槽內，朝自行車前進的反方向轉動，即可嵌入，我試了左踏板不行，換了右踏板也不行，換邊又再試一次……。我就像站上舞台表演一樣，感到莫名的緊張。那就先從拿手的開始吧。

組裝程序改由安裝自行車置物架開始。圍觀的群眾中，有的跨坐在窗臺上，有的盼望不到奇蹟而離去。一位和孩子一起圍觀的三〇歲男性，還特地買來冰淇淋。在我使盡吃奶的力氣鎖上置物架螺帽的同時，清潔大媽忍不住將掃帚擱在柱子旁。她一邊說著「急死了」，一邊撿起地上的左踏板。客運售票處的大媽也不落人後，緊抓右踏板。

身為機械白癡的我，記不住螺絲旋轉的方向。平時兩邊都轉上一圈，便能解開謎團，然而問題就在於螺帽只能鎖上一半。如果沒辦法再鎖進去的話，是否得換邊試試？但是螺帽已經卡死。想把螺帽轉下來，只會是徒勞無功；想再鎖進去，卻怎麼也動不了。當時為我拆解自行車並裝箱的Noori Bike車行老闆閻圭泰先生，將八毫米扳手一起放入箱中，告訴我用這個扳手轉動就行。

此時，清潔大媽與客運售票處大媽已各自將兩邊的踏板裝妥。儘管心中萬分感激，也感到慚愧，我卻豪氣地大笑，彷彿這種事我大可自己搞定，只是給你們表現的機會。「可是想保持這樣的尊嚴，螺帽得轉得進去才行呀……。」這一瞬間，忽然對發明螺帽與踏板的人心生怨恨。一般認為螺絲的發明人為希臘的阿基米德，至於發明螺帽與踏板的人，似乎仍沒有定論。在美國雅虎的Answers上，有一段煞有介事、頗能說服人的說法：一七三六年，住在倫敦的Nut發明了螺帽，只是還沒來得及找出能用在哪裡，便撒手人寰；一八六一年，Bolt發明出螺絲後，隨即找上Nut的後人，將螺絲與螺帽合併為一組……。不論是真是假，螺絲與螺帽的結合，足足花了一二五年的說法，在我看來，似乎真有那麼一回事。

一旁的大叔們也跑來，為我調整把手的方向控制器。他們先將把手調整為一直線後，再接著調整坐墊高度，不知不覺間，觀眾們也成了韓中共同計劃的一員。螺帽無法再鎖進去的原因，在於螺帽是難以憑手的力量轉開的鎖固螺帽。當時應該轉動螺絲，而非螺帽。必須先以八毫米扳手固定鎖固螺帽，再以一字起子轉動螺絲頭，才能鬆開或鎖緊。我卻反過來以扳手固定螺絲頭，以手指轉動鎖固螺帽……。隔天我以國際電話向閻先生詢問，才得知無法轉動的原因。

已經過了下午三點。下午四點前必須抵達飯店，訂房才不會被取消。越是著急，越想不出辦法。不管了。只好隨便東拼西湊一番，宣告「組裝完成」。我先試騎了一次，客運售票處大媽也試騎一次，過程中提心吊膽，深怕置物架突然解體。最後，所有人一邊掌聲鼓勵，一邊恭喜組裝成功。我對中國的第一印象特別好，這也讓我想起日本宇都宮巴士候車室的清潔大媽。乘客抖落煙灰的剎那，立刻靜靜地向前清掃，不容地板留下任何一粒灰塵。如果她能力可及，也許甚至會在煙灰落地前就清理乾淨吧。在韓國，清潔行為多少會招來旁人不悅的眼光……，但是在中國，從事清潔工作的中年女性，在氣勢或語調上絲毫沒有退縮，與乘客的應對也相當自然。

這勾起我過去在與中國企業社長的晚宴上，經常看見司機一同出席的記憶。他們並沒有拿錢給司機，要司機到別處用餐。後來有機會前往位於蘇州的豪華公寓，大門警衛與居民的關係，看來彼此相安無事、一派和諧。無論如何，這裡不正是以廣大勞工、農民為基礎建立的社會主義國家嗎？在三〇幾年前，他們可還是傲視其他階層的一群人。在這個上下階層數度更迭的國家，自然不因職業而予以差別對待。由於旅程尚在最初階段，我盡可能避免妄下好壞的結論。再說，語言的特徵似乎也有一定的影響。儘管稱謂上亦有尊稱，但是語言本身不存在敬語的中文，使人與人之間的關係更加自然。

雖然自行車嘎嘎作響，但是騎著自行車離開機場時，卻感到無比舒暢。這一刻起，我就像飛向天空的鳥兒般自由自在。

3. 早在預料中的「你推我擠」

沒想到竟是這樣的局面。韓國也是以不太遵守交通法規聞名的國家，對於早已熟悉在首爾市區騎自行車的我而言，只要在可接受的範圍內，都不容易受到影響，然而上海遠遠超乎我的想像。離開機場內部道路，在銜接虹橋路的第一個路口，我竟不知該何去何從。公車、自用小客車、三輪車、機車、自行車、手推車、行人，匯聚為一道混亂的漩渦。

從四六八公尺高的廣播電視塔「東方明珠」向下眺望，或是以遠景拍攝外灘一帶的上海，與真正步行其中，或是在自行車上看見的上海，是截然不同的世界。上海的駕駛方法，除了直行前進外，還包含左右兩側的超車、緊急煞車、搶快、提早起步、人行道駕駛、任意停車、右側車道左轉與逆向行駛。在不發生撞人或碰撞的範圍內，各種行為都可能習慣性地發生。這趟中國之旅，可不能只在機場內部道路繞過一圈就打道回府啊！想來不禁啞然失笑。我決定跳進這場混亂裡，再怎麼說都是人住的地方嘛！

上海的情況如何，我不得而知，不過據說直到一九七〇年代末期為止，北京仍禁止夜間使用車前燈。撰寫多部中國見聞書籍的何偉（Peter Hessler），在其著作《尋路中國（Country Driving）》（譯註：該書繁體中文版於二〇一二年由八旗文化出版）中提到，一九八三年北京市長陳希同訪問紐約時，對於曼哈頓夜間車輛使用車前燈大為震驚。深感中國夜間駕駛使應使用照明的他，返國後致力推動北京夜間駕駛使用車前燈的義務化。何偉寫道：「直至今日，中國人在雨天、起霧或傍晚時，依然不太使用車前燈，認為開車前燈是沒有禮貌的行為。」言下之意，中國雖然引進汽車、摩天樓等硬體設備，但是要趕上使用硬體的軟體水準，未來仍有一段路要走。不過換個角度想，不開車前燈駕駛，就無法加快駕駛速度，不也較為安全嗎？

現在可不是耍嘴皮子的時候了。在抵達位於人民廣場附近的飯店前，一路上不知道經歷了多少次危險的事故。正當我等在人行道旁，綠燈亮起，準備穿越斑馬線的瞬間，原本看不見的大量摩托車與電動自行車、自行車，迅速朝車道與人行道間的自行車道湧來。幸好在被車陣輾過的前一刻，我趕緊握住把手、踩下踏板前進，才得以避免一場事

上海處處可見的道路景象

故。這些騎士頭也不回地呼嘯而去。太可怕了，就像席捲中國農田而過的蝗蟲群。明明是綠燈呀……。

「再怎麼說都是人住的地方嘛！」結果……

在上海，綠燈不代表可以通行的潛規則，我是到後來才明白的。「要不要過馬路？」其實這個問題，只是要求對方思考一下的建議。至於要不要接受這個建議，由穿越馬路的人自行決定。如果中國人遵守法律，也許就不會有農民起義或革命的發生；如果沒有異族的侵略，也許今日還活在夏朝的時代。中國是一個在相同領土內，維持相同文化至今的世界上最古老的國家。長久以來唯有朝代的興衰更迭，至於改朝換代的原因，大多在於農民不堪虐政而起義。中華人民共和國的建國，也是因農民的崛起而實現。一切照法律來，就不會有革命的出現。但是當法律淪為服務王朝與貪官汙吏的手段時，平時毫不起眼的農民們，也可能瞬間起義顛覆整個王朝。

馬路也是這麼過的。可不能因為綠燈亮起就急著過馬路，務必眼觀四面，耳聽八方。帶頭者先假裝預備穿越馬路，與車輛展開心理戰。用「試探」來形容，也許更為恰當。趁著汽車稍有減緩速度的跡象時（也就是顯出弱勢時），緩緩邁開步伐，牽著行人一同穿越。若旁人隨之附和，即可瞬間形成一群人。只要混入這群人裡，即使是紅燈，也能平安穿越馬路。

當這股氣勢發展到無人能敵時，革命成功之日將不遠矣。但是如果像許多失敗的農民起義領袖一樣，在氣勢尚未發展健全前，便急著穿越斑馬線，下場便會是在汽車與摩托車、自行車間孤立無援。

並非只有我這麼認為。根據名為《中國求生手冊（China Survival Guide）》的英文版觀光指南書所言，「在中國的城市步行，是陷生命於險境之事。必須具備禿鷹的銳利和獅子的敏捷、狐狸的狡猾及四夜草的幸運，才能成功。」當然，法律儘管有許多無法顧及現實面的地方，然而其根本宗旨，乃是在於杜絕無法無天的行為，保護弱者。因為當社會秩序崩潰時，弱者必然是最先受害的一群。有些人號稱「沒有法律也可以活得好好的」，那是因為他們受到法律的保護，即使沒有意識到法律的存在，也可以過著安穩的生活。但是當社會秩序崩潰，再也一無所有的人不斷增加，最後將演變為社會上發動起義的力量。

在上海，因為不遵守交通法規而受害最深的，也是行人。他們沒有行人路權。在名為城市的這座叢林裡，代表獅子和老虎的，是貨車或巴士等大型車輛。而中國官員經常乘坐的黑色奧迪A6，用它那高分貝的喇叭聲，張揚著至高的權力。對於沒有玻璃窗那樣的隔音板，毫無防備地穿越車道的自行車騎士而言，喇叭聲彷彿正對著耳朵響起。在上海，喇叭不是真正需要的時候才按的。不，應該說駕駛不按喇叭的時候，才是真正危險的時候。也許是駕駛正在打盹或與旁人聊天，一時不察而錯過按喇叭的時機。

一般而言，中國人「從他人身旁經過時」，總會「打聲招呼」才走。他們肯定是認為汽車本是說話的機器，只是表達方式像三歲小孩一樣單純憨厚罷了。我認為中國車應該拆除喇叭，裝上麥克風才是。如此一來，不僅喇叭聲不再刺耳，比起喇叭的高低音、長短聲，還能有更多種表達方式，像是「我今天有點忙，先走囉！」、「左邊有車，我要往右邊超車喔！」、「讓你嘗嘗我的廢氣，味道如何？」等等。

中國人平時說話嗓門特別大，聽起來總像在吵架，我想可能是經常暴露在喇叭聲中，造成聽力受損的緣故。再加上生活中無所不在的鞭炮聲，也造成中國人普遍有噪音性聽力損失的現象。但是，中國行人看起來似乎沒有太大的不滿。行人闖越馬路或違反號誌，也是家常便飯的事，就連西方人也不例外。再怎麼小的縫隙也能鑽，將道路的空間效率發揮到最大。尤其是號誌變換的三秒間，十字路口宛如解放區一般。只要沒有衝撞或追撞的危險，任何一方的車輛都能通行。

雖然是無法無天的狀態，不過交通事故似乎並不頻繁。中國政府發布二〇一〇年因交通事故死亡的人數，為六萬五五二五人。據統計，二〇〇一年交通事故死亡人數超過十萬人，相較於車輛數量的激增，死亡人數反倒呈現驟緩的趨勢。二〇一一年上半年發布的死亡人數為二萬五八六四人，即使加上下半季，預估死亡人數仍將持續減少。韓國二〇一一年交通事故死亡人數據統計為四千五百人左右，就兩國人口比例來看，中國的死亡人數顯得更少。至於相不相信中國政府的統計數字，就看個人的判斷了。

其實親自在上海騎自行車，幾乎不曾目睹交通事故現場。我認為有兩個原因：第一是對四周的警戒。中國人似乎時常擔心著何時會飛來橫禍，永遠抱持高度的警戒。如果不這樣的話，真正發生措手不及的事情時，便無法處之泰然。要在上海發動突襲攻擊，談何容易。這種處之泰然的態度，也許跟他們的歷史意識有關。翻開中國錯綜複雜的近現代史，世界上不可能發生的事情，似乎都在這裡上演了。中國人的這種態度，在不同的情境下，可能以漠不關心、冷靜、天下太平、剛毅、堅韌等形式呈現。第二是「慢慢走」，是中國人見面分開時一定會說的招呼語。因為慢慢騎自行車、慢慢走，才能彈性應付緊急情況，也才能避免事故。

如此亂中有序的情景，確實相當特別。不過從另一層意義來看，也是可以預料的結果。一般認為在遵守交通規範的國家，只要一切照規定來，就不會發生事故。但是偶爾有幾位不遵守規定的人，造成事故的發生。在上海，我們早已預料到人們不遵守交通規則。因為知道沒有人願意禮讓，從而避免了衝突的發生。前往中國內陸旅行前，在上海接受了對中國交通的行前訓練，效果不錯。感覺自己的身體，已經立刻適應了上海的交通文化呢。

4. 上海，遙想一九三〇年代

之所以選擇上海人民廣場作為萬里長程的起點，僅僅因為這裡是前往西安的三一二號國道起點。人民廣場的變遷，堪稱中國近現代史的縮影。在鴉片戰爭中贏得勝利的英國，利用一八四二年簽訂的南京條約租借上海，並為「辛苦」遠道而來的英國人民，於此地開設賽馬場提供娛樂。一九三〇年代，這裡築起氣氛肅穆森然的軍隊營地，由侵略中國的日軍駐屯，正如位於首爾龍山的舊日軍軍營。一九四五年，於抗日戰爭中協助中國的美軍進駐上海，於此地建設俱樂部，人民廣場再度回到過往的娛樂之地。直到一九四九年建國後，才出現正式的稱謂——人民廣場。

「你現在站的地方就是人民廣場，何須再問？」

警衛大叔對著從人民廣場地鐵站出來，遍尋寬闊空地不著的我，說道：「這裡因為綠化事業種植許多樹木，廣場被分別開發為噴水池、大型劇場、博物館、地下街、停車場等設施。」「現在起，別再以為會有像北京天安門廣場那樣寬闊的空間。」

如果以二〇多歲年輕人的生活來形容人民廣場的變遷史，那麼十九世紀末的年輕人應曾在此販售賽馬券，一九三〇年代的年輕人在此為日本憲兵擦鞋，或是投身抗日運動；一九四五年的年輕人在美軍俱樂部擔任服務生，端著酒瓶滿場跑；一九四九年，年輕人胸中滿懷社會主義革命的熱忱，在廣場上齊聲呼喊。唯有此時，才真正是人民的廣場。此後，無論自願或非自願，人民經常被鼓吹走上人民廣場，參與大規模政治集會。在一九六〇年代末期的文化大革命中，「造反派（反官僚主義運動的核心力量）」青年將上海市長與黨書記帶往群眾面前，進行公開批判，而武裝民兵隊員則是朝天空開槍，意氣風發地踏步前進。

走過文化大革命昏天黑地的幽谷，人民廣場又經歷一段用途不明的歲月，直到一九八九年，上海及鄰近地區的大學生聚集此地，一如當時北京天安門廣場外的集會，人民廣場再次充滿往日的活力。激烈的政治討論持續展開，看似重新回到人民懷抱的人民廣場，卻在示威活動遭到武力鎮壓後，作為廣場的氣數走向末路。各種文化設施瓜分廣場空間，群眾再也無法聚集此地。如今中國身處的時代，究竟是以人民的力量奪取政權的中國政府，卻得時時提防人民集會的時代？還是人民只要不被迫參與政治，就得謝天謝地的時代？

今日的人民廣場上，處處可見約會的青年男女。抵達上海的第一天，夜晚九點來到人民廣場的噴水池旁，打情罵俏的戀人們映入眼簾。不見人民，只見個人。進入廣場地下街，仿一九三〇年代懷舊情調的風情街，沿著走道向前延伸，街上盡是購物消費的民眾。在號稱中國未來城市的上海，仍懷念著一九三〇年代。

「那是黃金般的年代，集自由、開放、先進三個關鍵詞為一體。當時的上海洋溢著開放的精神，接受四面八方湧來的新文化與科學技術。」

陰雨綿綿的第二天，我騎著自行車來到位於吳松江畔、光復路上的「良友紀念館」時，紀念館的編輯秦嶺向我說道。一九二六年創刊的《良友》雜誌，直到一九四五年為止，二〇年來一直是上海藝文界的代表性雜誌。當時的銷售量高達十萬冊。為宣揚其精神，紀念館由舊工廠倉庫改建而成，是一座典雅且富有情調的建築，館內收藏著《良友》雜誌。

在我的印象中，一九三〇年代的上海充斥著西方底層文化，鴉片與犯罪橫行，卻只能無奈地面對沉淪，一副積弱不振的中國形象，但是上海人卻不是如此。參觀良友紀念館時，我發現貼在牆上的歷年雜誌封面中，有一張看來知性且幹練的女性照片。那是在電影《色，戒》中由湯唯飾演的鄭蘋如。換言之，我親眼看見了作為電影範本的本尊照片。據說湯唯的長相反倒更接近一九三〇年代的上海女性，鄭蘋如的外表則較為現代。

眾所周知，電影《色，戒》改編自張愛玲的小說，而小說《色，戒》主要介紹鄭蘋如短暫的一生，其中不免有戲劇性的「虛構」。一九三七年十二月，鄭蘋如原定暗殺汪精衛親日政府的政府機關負責人丁默邨，因事跡敗露而遭逮捕，處以死刑。她在東窗事發前五個月的七月，以燦爛的笑容登上《良友》雜誌封面。我的臺灣友人中國文學系劉怡伶博士，在臺灣發行的《傳記文學》二〇〇七年十一月號中，刊載了這段文字：「鄭蘋如應是想利用《良友》提高知名度後，再藉機施展美人計，因而將照片寄到《良友》雜誌社。」當時的慣例是從讀者寄給《良友》的照片中，選出最佳照片作為封面模特兒，由此可見鄭蘋如對自己的外貌頗有信心。

1937年7月《良友》雜誌封面女郎鄭蘋如

鄭蘋如為曾任國民黨政府檢察官的鄭越原與日本女子所生，她在大學時期加入國民黨情報局，成為一名間諜，並隱藏間諜的身分，將照片寄到《良友》。當時人們只知道她是「鄭女士」。劉博士寫道：「鄭蘋如的日本混血血統與日語能力，使她在接近汪精衛政權時，成為相當有利的條件。」

其實何須改編，她的一生就是一部電影。這位人生如戲的女性，在小說中被描寫成一位與親日分子有染的女子，也難怪張愛玲完成這部作品後，等待了將近三〇年的歲月，直到一九七九年才發表。據說張愛玲本人，也曾與汪精衛政府的宣傳部次長胡蘭成有過一段婚姻……。

上海最幸福的時刻，中國正水深火熱。

這部在反日情緒高漲的中國可能挑起敏感神經的電影，在二〇〇七年十一月一日於上海上映當天，意外掀起了爆炸性的迴響。電影票一張要價人民幣一五〇元，而在電影首映會場上，更有攝影記者為求搶位不惜大打出手，驚動公安出面。這部電影成功的原因，雖然與李安導演及梁朝偉、王力宏等巨星演出不無關聯，該片在中國其他大城市也大受好評，但是我所讀出的另一個原因，在於對「老上海」的鄉愁。

一九三〇年代的中國，正經歷近現代史上最水深火熱的時期。當時唯一沉醉在歡樂中，鎮日歡天喜地的地方，便是上海。無論是《色，戒》的賣座，或是一九三〇年代風情街的流行，都間接反映出上海已進入這樣的時代：重視對個人幸福與欲望的追求，更勝於對民族或革命的慷慨激昂。（順帶一提，據說這部電影中裸露的畫面，經過剪輯後才在中國上映）

我騎著自行車往北走，下一個目的地是位於魯迅公園附近，舊法國租借地上的魯迅故居。正確來說，是魯迅故居的前屋。一九一六年建成的前屋，住著事前已經認識的年輕準夫婦——張家銘與馮少儀。他們剛從上海的大學畢業，正準備離開上海，回到家鄉澳門與廣東。魯迅先生於一九三六年辭世前，一直在故居內撰寫針砭時弊、喚醒國人的文章，而今上海卻反倒懷念起一九三〇年代。如果魯迅先生仍住在故居內，他會怎麼想呢？這是我對這對準夫妻提出的疑問。

「想必魯迅先生會大力批判人們販售不可食用的食物，賄賂與特權橫行，尤其是那些看見他人受害，卻事不關己的人。」

張家銘接著說：「提高社會的透明度，讓政府官員的一舉一動都能攤在陽光下，才是最重要的。」但是究竟該如何執行，並沒有具體的想法。他們認為：「投票選出政治領袖的問題，日後再面對也不遲。」當言論自由一點一滴開放，在網路上形成輿論時，社會的透明度也許會提高吧。在中國中央電視台CCTV頻道中，儘管也有與溫家寶對談的節目，不過中國政府仍厲行對言論的箝制。

預計於六月前往埃及與土耳其蜜月旅行的他們，也坦言自己對政治毫無興趣。我問他們，如果魯迅先生曾針對社會問題提出那樣的批判，是否認為中國將會走向比過去更好的未來，他們點了點頭。

一九三〇年代的上海，正處於國家勢力積弱不振的時期。而當時的上海人，正沉浸在追求個人最大幸福的美夢中，無須理會國家的干涉。「依靠上海，帶動全國。」這是改革開放以後，中國社會追求的價值。過去上海最幸福的時刻，中國正處於水深火熱。如今又是如何？這是此行想解開的疑惑之一。

5. 旅行是迷「路」得「道」的過程

「道路」是「道」與「路」組合成的詞彙，然而韓文在標誌道路名稱時，一般不用道，自然沒有「世宗道」、「江南大道」等名稱。正如國道一詞，若非指稱特定道路，而是表示整段道路時，才使用道。將道字拆開，分別是表示頭腦的首字與表示奔跑的走字。頭腦奔跑，換言之，思考快轉，到達極致的境界時，方可頓悟得道。儘管對於「道」的字源仍存在不同學說，不過其中最具可信度的，要屬以下的說法：據說過去戰爭勝利時，多將敵方首領的腦袋砍下，綁在馬背上凱旋而歸。這種將敵方首腦腦袋綁在馬背上帶回的過程，稱為道，日後再轉變為表示道路的意思。

前往蘇州路上的工業區

老子《道德經》云：「道可道，非常道。」指的是宇宙間的道理無法以言語來表達，不過是否是因為老子深諳道的字源，才主張無法以如此「血腥」的「道」來形容道？總而言之，道除了表示宇宙的運行原理，也用於指稱道路，而用於指稱道路時，在中文裡的用法也與路不同。例如「人民大道」不僅是道路名稱，更蘊含人民之路的價值。若非雙向超過十個車道，不會任意稱之為「道」。用韓文來說，雖然只有길（譯註：可譯為道、路、街）一個字，길卻蘊含了在移動的過程中，追求精神價值的意義。我沿著某條道路騎，並非單純欣賞風景，而是想獲得某些東西。為求方便稱呼，暫且名之為道吧。

出發前往內陸的第一天，我就迷路了。在上海市區來回打轉，數度錯過離開上海的三一二號國道。沿著三一二號國道騎，宛如騎在綿延無盡的龍背上。縱使你盡情馳騁，這條巨龍一個翻騰，便能將你抖落。我一路追尋著牠的蹤影，勉強騎上龍背，卻又被狠狠甩落……。

就我所知，三一二號國道的起點確實位於人民廣場。然而在人民廣場附近搜索許久，卻不見三一二號國道的起點。打開Google地圖，原來從人民廣場向西轉入武寧路後，沿著武寧路向北抵達曹安公路，即可連接至三一二號國道。剛才怎麼也找不著武寧路，可不是因為混淆了東西南北的方向感而迷路，像組裝自行車時忘了螺絲旋轉方向那樣。而是因為心中想的雖然是西邊，身體卻不斷向東前進，這才是最嚴重的問題。想來是因為當初從虹橋機場進入市區，養成了一心一意只想著向東走的習慣。在逐漸增強的雨勢中騎了兩個小時，發現已經兩度經過前一天與住在上海的朋友「山石」見面，印象仍相當深刻的延平路與昌平路街口時，心中忽然產生一股不祥的預感。

即使是迷路，仍有發現新路線的希望，然而原地打轉就像「鬼壓床」，任憑你使勁掙脫，終究徒勞無功。於是不斷重複這樣的過程：往西騎了一陣子，看見其他道路往東的標誌後，立刻轉回東邊，卻又沒有信心，只好打開手機裡的Google地圖，確認路線後再繼續向西。所以旅行得趁年輕，上了年紀後，更得時時檢視自己是否過度依賴習慣。多虧了意外的迷路，得以一窺預期之外的上海面貌。自行車之旅的好處，在於過程也是旅行的一部分。

最後找到三一二號國道時，滿心想著總算苦盡甘來了。在旅行開始前，我竟為找到這條國道而歡呼雀躍。中國交通地圖上的數字與字母全部擠在一起，猶如一堆亂碼。我努力克制攤開地圖就想收起的衝動，仔細端詳一番，發現了G、S、X三個字母與數字結合的規則性。近年來由於高速公路遽增，路線變得更加複雜，不過G、S、X三個字母各有所指，G取自國道拼音Guodao的第一個字母；S取自省道拼音Shendao的第一個字母；X取自縣道拼音Xiandao的第一個字母。中國行政區劃由上而下分別是省或直轄市、市或縣、鎮、鄉、村，暫時先記著縣以上的劃分吧。

九個小時騎了九六公里……

接著解開數字的意義。最前面的數字最重要。以一開頭的國道，指的便是以北京為中心，呈放射狀延伸出去的道路。二是南北縱貫，三是東西橫越。省道基本也是如此。以一開頭的省道，是指以各省省會為中心的放射狀道路。同樣的，二是南北縱貫，三是東西橫越。例如G一〇九是從北京至西藏拉薩，全長三九〇一公里的國道，故為一開頭；G二〇五是山海關至廣州，縱貫南北三一六〇公里的國路，故為二開頭；而本次旅程即將踏上的三一二號國道，是從上海至與哈薩克接壤的邊境都市伊寧，橫跨四九六七公里的國路，故為三開頭。順帶一提，道路蜿蜒曲折，東西向或南北向不明確的國道，以〇開頭。

對我而言，最重要的是橫跨東西的奇數三號，與縱貫南北的偶數二號。唯有如此，至少可以確定方向不至於混淆。這與美國完全相反。正如沿東部海岸縱貫南北的I－九五道路為奇數一樣，美國的南北縱貫道路皆為奇數。而橫跨東西最知名的道路，則是美國六六號公路（Route 66）。連結芝加哥與洛杉磯，總長三九四〇公里的這條公路，另有「美國大街（The Main Street of America）」的別稱，還有以這條道路為名的歌曲、電視連續劇，是美國人相當熟悉的路名。

曾任美國國家公共廣播電台（NPR）駐北京特派員的齊福德（Rob Gifford），在駕車完成沿三一二號國道的旅遊後，出版《三一二號公路》（譯註：該書繁體中文版於二〇〇九年由天下雜誌出版）一書，稱三一二號國道為中國版的六六號公路。兩者相似之處，在於皆是橫跨東西的道路。不過，如果說有哪一條道路足以媲美六六號公路在美國所占的地位，或許會是中國的三一〇號國道。秦始皇在統一中國後，以西安為中心建設九條放射狀的大道，而三一〇號國道正與其中連接洛陽、鄭州等歷代王朝首都的大道重疊。從這段歷史來看，將三一〇號國道稱為中國版的六六號公路，似乎不太妥當，因為道路最先出現在中國呀。

近代隨著汽車的往來，道路系統多已改為西式，然而在古老的中國，早已具備道路的歷史與系統。過去將縱貫南北的道路稱為「經」，橫跨東西的道路稱為「緯」，即經度與緯度的經緯。此外，環繞城郭的道路為「環」，通往城外的道路為「野」。三一二號國道若按照過去的說法，G三一二應改為緯開頭才是。三一二號國道沿途經過今天的目的地蘇州，以及南京、合肥、南陽、西安，那麼過去應是一條連結南京與西安的道路。我將沿著三一二號國道前往西北方的西安，再掉頭沿三一〇號國道前往東北方的北京。如此簡單，只要沿著三一二號國道騎下去就行……。

但是這些都是後話，今日若無法抵達蘇州，後果不堪想像。透過友人介紹認識的項新元先生一家，正在蘇州等待與我見面。前往蘇州的路上，看不見推動任何都市計劃的痕跡。從上海住宅區離開，經過農產品銷售市場，進入荒涼的工廠地帶，又回到美式郊區住宅聚集的中上階層住宅區，接著工廠逐漸出現，再來是農田，接著又是工廠，再來是大學……。抵達崑山後，一棟棟高樓大廈林立……。這是整個中國人陸任意開發的開始。無論如何，我目前正通過長江三角洲工業地帶。這裡締造了占中國國內生產毛額（ＧＤＰ）二〇個百分比的經濟規模。

三一二號國道在遇上河流，必須越過高架道路的地方，將我擋了下來。當時以為正持續向西前進，事實上已經偏離三一二號國道好一段路。項新元先生一家來電時，仍有好長一段路要騎。天色逐漸暗了下來。夜晚不騎車，是我在旅行出發前訂下的原則。因為發生事故的危險性大，夜晚也看不清楚四周。在中國，即使是國道，也沒有路燈。還以為第一天就要打破原則了。在一列喇叭聲響徹雲霄的貨車隊伍中，證明我的存在的自行車車燈，顯得渺小不已。終於在太陽下山時刻，看著地平線彼端廣闊的交叉路口上，立面招牌一一亮起，油然升起初抵陌生城市的感懷。宛如流浪者的夢一般。站在沒有人認得我的遼闊原野上，迎著微風的夢……。

要不是最後出現一位騎著摩托車的青年，為我指引方向，也許還得再迷路一會兒呢。他騎著摩托車作為前導，帶我至項新元一家等待的飯店。已經過了晚上八點半。九六公里的路程，騎了九個小時。第一天就面臨了嚴酷的考驗。我這麼安慰自己：雖然迷了「路」，卻似乎更接近「道」了。旅行是沿著道與路前進的過程。

6.「蘇州的人間天堂」，Eton Village（伊頓小鎮）

縱貫蘇州古城區的人民路，原本不過是一條人街。也許是名稱過於單調，遂以其蜿蜒曲折的特徵命名為臥龍街，沿用許久。抗日戰爭勝利時，曾短暫更名為中正路，而在一九四九年中國人民共和國建國後，乃改為今日所稱的人民路。蘇州擁有許多著名的名勝與古蹟，不過最能代表蘇州的，要屬古城區的街道本身。無論是漫步其中，或是騎自行車漫遊，皆能感受到歷史的氣息。

就從蘇州高中出發，沿著人民路一路南下吧。首先遇見的第一條街道是十全街。過去曾有十口古井，故名為十泉街，後取中文發音相同的全字，改名為十全街。這條街在文化大革命時，曾短暫更名為友誼路，一九八〇年恢復原名。於十全街向右轉，進入書院巷。宋代鶴山書院位於此地，故得名。進入書院巷，猶如回到過去的宋朝。繼續沿著書院巷前進，將與學士街交會，進入明清時代。這裡是明代大學士王鏊府第所在，故得名。學士街為道前街所橫貫，是明清時代官衙的聚集地。文化大革命時短暫更名為紅旗路，之後恢復原名。

不從這條街轉出，繼續前進，可與干將路交會。干將是春秋戰國時代吳國的鑄劍師，與其夫人莫邪竭盡精力鍛造兩把舉世名劍。原本只有一條干將路，因感念莫邪的功勞，另增設

蘇州的伊頓小鎮

一條莫邪路，沿著干將路往西走，即可接上莫邪路，有干將莫邪夫婦相逢之意。在大街小巷間穿梭，處處可見歷史的痕跡在此重疊、融合與分歧。街道本身就是兩千五百餘年的年表。因為從過去至今，蘇州這座都市的發展從未中斷。類似情況在中國並不多見。即使是名聞天下的西安，也曾經歷過秦朝在內的許多王朝，將前朝城池摧毀，再於附近建設一座新城池的命運。

蘇州的問題，在於街道規模不變，人口卻仍持續增加。就像被不斷吹脹的氣球，不知何時將會爆炸。然而事實上，蘇州早已處於人口爆炸的狀態。城牆被敲開，人口向外漫溢。從衛星地圖來看，可知蘇州以古城區為中心，整座都市正向外擴張。為了進行更有系統、更現代的都市開發，蘇州周邊出現了不少新的「氣球」。

由干將路繼續向東，將進入工業園區。造訪中國至今，第一次進入工業園區後，還能聽見鳥鳴。街道如廣場般寬闊，兩旁樹木扶疏，廣闊的湖畔矗立著一幢幢的公寓。最初由美國裴瑞（Clarence Arthur Perry）提倡，並於一九七〇年代落實於韓國公寓住宅建設的「鄰里單元（Neighborhood Unit）」概念，在此澈底實現。園區內有學校與公園，商業建築與住宅區分離，每半徑三公里各有一棟商業建築。學童上學不必穿越大馬路，園區內即可解決休閒與購物。這處閒適且安全，令人懷疑「這裡真的是中國嗎？」的園區，是由中央政府與新加坡合作開發的新「氣球」。整個園區的面積，足足有首爾市的一半。除了有不少外國企業進駐，路旁也可以看見三星半導體的工廠。

距離上海車程一小時左右的這處園區，正如蘇州的別稱「人間天堂」一般，有著舒適宜人的氣候與潔淨的用水。相較於狹窄擁擠的古城區，完全是另一個世界。若真要與韓國相比，大約與首爾近郊的板橋市相仿，然而規模與舒適度更勝一籌。工業園區的街道名稱，也命名為現代大道。迎接我到來的項新元一家，便是住在這裡。

與項新元先生的認識，是由其千金項雯小姐居中介紹。項雯是我的中文老師朱哲聞的朋友。朱哲聞私下告訴我，項雯最近通過公務員考試，整個家庭的氣氛相當高昂。精通英文的項雯，原本就職於跨國企業，最近在數百比一的錄取率中脫穎而出，通過國家公務員考試。中國青年嚮往的職場是跨國企業，然而相較於跨國企業，公務員似乎是更好的選擇。項雯表示，分析過報酬與未來發展的可能性後，決定選擇報考公務員。

六十一歲的項新元先生原本經營中小型成衣企業，於不久前退休，妻子仍繼續從事服裝設計的工作。項雯還有一位雙胞胎弟弟，是典型的中產階級四口之家。項新元先生一家異口同聲說：「自從他退休後，聊天就是他最大的興趣。」當他見到我這個可以整天聊個不停的對象，連忙表示已經等候我多時，我很能體會他的話中之意。他接著告訴我，要免費擔任我的「一日導遊」。

雖然他樂意擔任為我解說當地風土民情的導遊，但是問題在於他使用蘇州方言。對於普通話尚未熟練的我而言，聽這位導遊說話，得花上比騎自行車十個小時還要高的專注力。反之，從他的立場來看，我也不是一位好應付的客人。就像要搞笑藝人梁相國（譯註：梁相國出生於慶尚南道，慶尚道方言較重）整天說標準的首爾話一樣，肯定既辛苦又尷尬。與項新元先生一見面，他便克制不了說話的欲望。在韓國餐廳大方請我吃過晚餐後，又邀請我到府上喝杯茶或咖啡。雖然體力已經在路上消耗殆盡，但是又不好拒絕對方的好意，最重要的是，我對中國中產階級的住宅內部相當好奇。

韓國是衡量經濟成就的標準？

這處住宅區名為Eton Village（伊頓小鎮）。雖然主打歐洲風的建築樣式與庭園風光、舒適的室內空間的房屋廣告，在上海隨處可見，不過這些憧憬似乎都實現在這處住宅區內。從名稱開始，便是借用自英國的貴族中學——伊頓公學。在韓國，伊頓也出現在各家補習班、牙科診所及住宅區的名稱中。國家儘管不同，目標卻是相同的嗎？都想成為伊頓？用名字來虛張聲勢這點，韓國更是技高一籌。從過去的Mansion開始，到後來的Villa，甚至是最近的Palace。我曾經聽過家住Palace的孩子向美國大學申請獎學金，招致他人取笑的趣聞。

項新元先生的家，位於住宅區三層式集合住宅的頂樓，為樓中樓的格局。一進門，映入眼簾的是掛在牆壁上的耶穌像，以這道牆為中心，左邊為廚房，右邊為接待室。房間共有五間，衛浴間兩間。廚房與接待室間的通道，設計為小型畫廊。在中國，即使是相同的公寓，價格也不盡相同。公寓出售時，只有出售房子本身，內部則全由屋主自行決定，因此室內設計決定了價格的差異。項先生家中的沙發與家具、窗簾等，一律採用白色，並在一片純白中加上些許淡雅的色調，令室內整體呈現一股高雅的風格。

項先生說：「地板下還設置了韓國式的暖炕。」並問我：「這種程度的公寓，在韓國售價大約多少？」他說他以每平方公尺人民幣一萬五千元的價格，於兩年前買下這間房子。室內空間看來約有一八〇平方公尺，價格應是在五億四百萬韓幣左右。當然，內部施工與裝潢的費用還不算在內。他繼續與韓國比較：「這種生活水準，大約相當於韓國的什麼階層？」「在韓國餐廳吃到這種程度，得花多少錢？」……。韓國成了他衡量經濟成就的標準。這些問題都還好，只是他接著問道：「你在韓國真的很有名嗎？」「把你的名字告訴這裡三星工廠的員工，他們都會知道嗎？」「我打電話給電視台，讓他們來採訪你。」等等。看來在我被介紹給他的過程中，似乎經過一番加油添醋。「其實我辭掉了工作，整天遊山玩水。」雖然告訴他事情的真相，令他大失所望，我也只能補上一句「總還是有人知道的」，含混帶過。

走出屋外，整個園區就是一座公園。公園湖畔零星幾人正在釣魚，而時常看到晾曬在公寓外的衣服，這裡一件也看不到。如此寧靜的外表下，其實另有原因。不少人買了房子，卻不住在這裡。他們以經商為由向銀行借貸，再拿來購買數間公寓，等待房價上漲。此舉正如過去曾吹起購屋投資風潮的韓國。他說這裡的屋主不少是公務員，同時感嘆公務員的腐敗。他坦言，一名交通警察一個月的收入，甚至可以達到三萬元。他說一般中國人一輩子也買不起這樣的房子，言下之意，他並非一般的中國人。他已經以兒子的名義買下另一間公寓。

他是一名基督徒，每週日到教友家中進行家庭禮拜，因此自家牆上也掛著一幅耶穌肖像畫。菸酒一律遠離。過馬路時，我照著在上海養成的習慣，打算不顧紅綠燈逕自穿越，卻被項先生制止。他向我介紹古城區時，指著髒亂的街道不停咋舌。

「我們家那裡不會這樣。」

來到蘇州，據說一定要參觀園林。儘管也有年代更久遠的園林，不過今日蘇州的園林，多為明清時代商人居住的宅院與庭園。庭園的設計以自然為本，宅院與涼亭皆反映中國式的思想與哲學。儘管觀光客熙來攘往，不復當時的生活風情，不過若在明清時代，這園林應是今日的工業園區吧。正如同遠離人口密集的城內，在城外打造的新都市……。當然，住戶應只限於賺大錢的商人之家。

走入園林，處處皆能感受到中國建築文化的精隨，而來到工業園區，卻一點也不中國。韓國崇尚西方生活已久，如果連中國也如此，世界變得單一化，那該有多無聊呀？不管到哪裡，全是一模一樣的公寓住宅區……。我衷心期盼中國不是經濟開發落後韓國二十年的國家，而是即使為時已晚，仍走向與韓國不同道路的國家。但是這樣的期待似乎過於貪心。下一代的旅人，也許將在「中國的街道」上，為尋找中國而傷透腦筋。中國如今正成為巨大的公寓建築工地。

7.不以物喜，不以己悲

來到蘇州，想順道看看蘇州中學。起初聽見這所江蘇省名校有近千年的歷史時，立刻豎直了耳朵。我的中文老師朱哲聞與他的朋友項雯，都畢業於這所學校，於我有一份特殊的緣分。聽說事前若未聯絡校方，不得任意參觀校園，不過我有一位蘇州當地的導遊——項新元先生。

來到蘇州中學，見校門敞開，正打算拍攝校園時，立刻遭到警衛的制止。不過在我開口回應之前，項先生已經站了出來。

「這位是從韓國來的知名作家……。」

大致上是以這樣的說法交涉，項先生也擺出一副大有來頭的模樣。果不其然，我們不僅進入了校園，甚至獲得採訪該校老師的機會。走進校園，老舊的校舍前矗立著范仲淹的塑像。作為北宋的學者與政治家，范仲淹推動新政，掃蕩皇室外戚的專橫跋扈、貪官污吏的腐敗，減輕百姓生活之苦，卻屢遭誣陷而被逐出中央。

在教職員辦公室答應接受我採訪的，是國文科的張峰老師。他說范仲淹於一〇三五年創辦「蘇州州學」，開啟了這所學校的歷史，因此為他設立塑像。兩所學校不僅在同一個地點上，學校的歷史也未曾中斷，更同樣是公立學校。若從新式教育的劃分來看，這所學校的前身即是一九〇四年成立的江蘇師範學堂。

「府學千年，新學百年」的稱號由此而來，亦即作為公立學校已有千年歷史，作為新式教育學校則有百年歷史。接任新式學校第一任校長一職的，是研究甲骨文的中國考古學先驅與農學開拓者羅振玉，而同樣身為甲骨文研究等各方面碩學的王國維、著名歷史學者錢穆等，多位優秀傑出的師長皆曾在此執教。在深厚的歷史與傳統中，培育出許多金融界、文化界、科學技術界的菁英，直至今日，仍持續栽培出活躍於各領域的人才，例如我的中文老師朱哲聞等。

張峰老師的普通話說得好，我倆的對話意外對拍。陌生的人名與地名以筆代口，溝通毫無阻礙，只是項先生非得居中口譯。他將我說的普通話翻譯為蘇州話，傳達給張老師；張老師以普通話回答，

在蘇州中學校園內，張峰老師與項新元先生（左邊）

他再翻譯為項新元式的普通話給我。項先生的普通話其實更難懂。雖說如此，我仍感謝熱心一人分飾多角的項先生。

張老師為我介紹該校的學風：「本校摒除以升學考試為主的填鴨式教育，開發學生的潛力。」並說道：「例如光是社團，就有六十七個。」因此他強調：「本校積極培養的，是即使無法立刻考進好的大學，未來也能逐漸發揮自我潛能的人。」從他的臉上，可以看出自豪卻謙遜的態度。

校園各個角落皆隱藏著歷史的痕跡。音樂教室位於山坡上，是一座傳統的中國式禮堂。向下眺望，似乎已坐落原地千年的湖畔，植有垂柳數株；寬闊的運動場陰影下，學生們正在練舞。最令人印象深刻的是，學生人數有一千八百餘人，而教師人數有二六〇人，師生比為一比七。

蘇州中學旁，緊鄰著祭祀孔子的文廟。中國幾個主要的大城市內，皆各有一間文廟。除了孔子塑像外，文廟的另一間祠堂內，掛有「一世之師」的匾額，祠堂內亦有范仲淹的坐像。不知道是否是因為蘇州的風景名勝多，文廟顯得門可羅雀。我徐徐讀著范仲淹所寫的〈岳陽樓記〉。

〈岳陽樓記〉一文，是范仲淹應整修湖南省岳陽樓的友人之請而寫。文中經常為後人引用的句子，是「先天下之憂而憂，後天下之樂而樂」一句，道出士大夫的處事態度。相較於此，令我感觸更深的句了，是「不以物喜，不以己悲」。一面讀著這句，一面感受著范仲淹即使遭受誣陷，志不得申而被迫返鄉，卻不因此自怨自艾的堅定意志。用符合這趟自行車之旅的宗旨來解釋，就是「遇到下坡或順風時，別高興得太早；遇到找不著路或迷路時，也不必過於自責」。這不過是一趟自行車之旅。得失心不必太重，隨時探問自己是否正朝預定的道路前進。

中國五大發明之一是科舉制度？

祠堂前是過去的科舉試場。應試生當時身處的一坪大空間，如今由白色油漆加以標示。眼前情景，使我聯想起監獄的窗櫺。為參加科舉考試而淪為經書的「奴隸」，終其一生背誦經書……。六〇五年由隋煬帝創設的科舉制度，儘管各個時期有其不同的規定，不過一般都在通過名為童試或院試的第一階段考試後，經過鄉試、會試，再到第四階段於皇帝面前舉行的殿試。通過童試即為生員，通過鄉試為舉人，通過會試為貢士，最後通過殿試者，方為進士。

我不禁啞然失笑。就像「崔進士家的三女（최진사댁 셋째 딸）」這首歌所唱的，韓國人將進士看得無關緊要，而在中國，「中舉」卻猶如登天。在朝鮮時代，生員科與進士科只是為進入最終考試所考的小科。如果去到明朝，遞出一張寫有朝鮮進士的名片，說著「我們都是進士呀」的話，想必會被甩一巴掌吧。

自科舉施行一千三百年來中舉的十萬進士中，蘇州地區便出現三千餘人，並引以為豪。其中在殿試中考取第一名的狀元，如今身分確認者約有六百餘人，出身蘇州的狀元即占六〇人。因此在文廟內，將科舉制度與紙張、羅盤、活字印刷術、火藥並列中國五大發明（對我而言是前所未聞的概念），並對外展示各種科舉制度相關的資料。

有趣的是，一九〇五年廢除科舉制度後，仿照日本創設癸卯學制，修業期間為小學九年，中學五年，高等教育十一至十二年，總計二十五年以上。若今日仍繼續施行癸卯學制，得超過三〇歲才能進入社會。即便如此，仍比準備科舉的時間要短得許多。童試（院試）三年兩次，鄉試三年一次。如果鄉試落第一次，就得再準備三年。正如韓國過去的司法考試，只要一朝中舉，即可扭轉命運，讀書人自然沒有輕易放棄的道理。

中國中學教科書上的魯迅〈孔乙己〉，便是一篇批評這類「科舉廢人」的短篇小說。孔乙己正是屢試不第，幹些鼠竊狗盜的勾當，卻又極重視顏面的廢人。他來到酒店，對著身為酒店夥計的小說話者問道：「你懂得寫字嗎？」話者反問：「知道又有何用？」魯迅藉此諷刺科舉制度使人徒然背誦與書寫毫無用處的知識，是導致中國落後的原因。

魏晉南北朝後一統中國的隋朝，因不願與貴族共享權力，乃設置科舉制度。受此制度之惠，一般平民也獲得晉升官職的機會，中國的貴族名門由此走向衰敗。問題是出題範圍涵蓋了《大學》、《論語》、《中庸》、《孟子》四書，以及《詩經》、《尚書》、《禮記》、《春秋》、《易經》五經。自朱熹解說四書的《四書集註》出版後，四書成為猶如

《數學的定石》、《成文綜合英語》（譯註：上述二書皆為韓國民間出版之大考教材，曾是考生必讀的參考書）等的基本教材。一千三百年來針對同一教材反覆解題，自然沒有進步的道理。徒有溫故，而無知新。明清時代以八股文取士，科舉因而由重視經書轉變為著重文章形式的考試。

不妨與項雯最近通過的公務員考試科目相比。第一階段為行政能力考試，考法律常識與語文（中文）、數學、推理、政治等五個科目，以及針對例文撰寫回答的申論題。通過筆試後，再進行面試，針對現場給定的題目口頭回答個人意見與觀點。相當重視解決問題的能力。

韓國儘管相去不遠，不過在新的任用考試中，並沒有相關機制挑選出像〈岳陽樓記〉中「先天下之憂而憂，後天下之樂而樂」的公務員。以考試評定一個人的道德品性，固然有其侷限，不過比起選拔專家，科舉制度的目的更在於選出精通文史哲且具備仁德的人才，范仲淹這類名留青史的士大夫，亦是由此管道脫穎而出。

反之，西方的制度以不信任為前提，使彼此互相監視。儘管各國施行相關制度的方式不盡相同，不過行政、立法、司法具有獨立的發言權，便是其中一項證明。中國則是共產黨一黨專政，要人民無條件相信黨，然而官員們卻是先天下之樂而樂，遭致百姓的厭惡。科舉制度已無法死而復生，未來如果堅持要走「中國特殊的道路」，中國將無法避免許多的困難。

8. 在博物館被追憶的資本家

蘇州距離無錫不到六〇公里，三一二號國道沿線盡是寬闊的道路。藉諸葛亮東南風之助，得以輕車快馬前往無錫。七年前騎自行車橫越美國時，我曾經「考察」過六千四百餘公里的道路，雖然這趟中國行尚在開始階段，尚未騎過許多路程，不過就騎自行車的立場來看，中國的道路好太多了。道路兩旁有寬廣的路肩，兼具自行車道的概念，就像來中國以前，在某個部落格上看見的照片一樣。在過去，道路象徵的是人人都能自由往來的公共概念。雙向五線道的大道，在中國稱為馬路。由於古時候馬匹通行的道路寬闊，因而得名，不過其實在今日的馬路上，仍有馬匹往來。牛、驢、二輪拖車、耕耘機、三輪車等，也出現在馬路上。因此，在馬路上騎自行車，自然是理所當然的事。

在橫越美國時，倒是常被「關切」。一路上，我深切感受到「道路是汽車的天下，而自己彷彿在夾縫中求生」的處境。在長途貨車司機的眼中，我是一個可以玩弄於股掌間的玩物，一會兒故意緊貼已經在路肩邊緣岌岌可危的我，一會兒駛向前方猛然擋住我的去路。至於在急忙趕路的司機眼中，我則有如蒼蠅般惹人嫌惡，從喇叭聲中便能感受到他們的不悅。

然而美國的司機一走下車，立刻變成親切和藹的鄰居。汽車與自行車的對決，瞬間回到人與人的關係，亦即人際之間的正常關係。在美國的道路上，惟有自行車是陌生的。美國尚未經過自行車時代，便直接往下一個時代發展。亨利・福特將勞工階級也有能力開車的時代推前，於是美國從火車、馬車時代，一躍進入汽車時代。

中國的道路則辛苦多了，得承載所有交通工具。今日走在馬路上的牛車，原原本本沿用三千五百年前商朝使用過的設計。正如道路概括承載所有交通工具般，中國也必須肩負十四億人口與數千年的歷史。因此，歷史之於他們，有時並非是資產，而是負擔。

一進入無錫，汽車道與自行車道間出現了分隔島，不過卻感受不到對自行車應有的尊重。自行車通行在汽車道上，汽車也一樣在自行車道上奔馳，甚至猛按喇叭，要自行車快快閃開。看來是被當作多功能道路了。在某些區段，自行車道則完全消失。尤其像過橋時道路縮減的決定性瞬間，對自行

中國民族工商業博物館內部

車的同理心也忽然消失。自行車道有時是貨車的停車場，有時是修理汽車的地方，有時則是舉辦活動的場地。道路就是空地。

無錫的意思是沒有錫礦。用這種方式取名，恐怕會沒完沒了。何只無錫，還可以有無金、無銀、無虎……呢。根據無錫地名的由來，可分為兩種說法：一是過去盛產錫礦，因大量開採而礦產耗盡；一是雖蘊含錫礦，為避免被發現而名之以無錫。以上海料理聞名的燒賣、小籠包，亦發源於無錫。

我前往位於無錫的中國民族工商業博物館參觀，這座博物館於數年前才開館。文化大革命當時與地主同樣被扣上成份不良的惡名，受盡百般污辱，甚至無法忍受而走上自殺一途的資本階級，如今被戴上民族的帽子，在博物館重新供人追憶。抵達博物館時，已是下午四點半。博物館正要關門的剎那，我趕緊衝向入口，表明來自韓國的身分後，館方允許我入場。博物館四層樓的幽暗空間內，獨我一人四處參觀，倒是有些詭異。館內陳列著車床、紡織機等，稱不上是多麼精美的各種機械。

但是，我相當讚賞這種將工廠機械當成館藏品的構想。在我看來，這些機械都像是韓國櫛文土器（譯註：櫛文土器時代相當於西元前八千年至前五千年，該時代出土的土器帶有梳子紋、線條紋、髮紋等幾何線條的特徵）一樣，是影響我們生活至深的重要文化財產。在美國堪薩斯州的拉克羅斯（La Crosse），有一座鐵絲博物館（Kansas Barbed Wire Museum），我在那裡也有相同的共鳴。鐵絲網之於韓國人，是國家分裂的象徵，而在牧場中，鐵絲網則是分割土地、標示私有財產的界線。

曾經因為壓榨勞工而被列入黑名單的資本階級，其相片如今被賦予「名人」的稱號，光榮地展示於此。其實在國家間沒有子彈的經濟戰爭中，也許他們才是真正革命的紅衛兵。眾所周知，中國自一九七八年改革開放以後，開啟了工業化的時代，不過在這座博物館內，中國工業化的源頭似乎被推向更早之前，雖然源頭僅回溯到一八四〇年的鴉片戰爭。在這時代之前的中國經濟，尚未有相關討論。在中國國內，難道不曾存在讓商業資本轉變為工業資本的契機嗎？如果沒有西方的槍砲，中國今日是否仍活在封建社會中？我不禁思索起其中的原因。

在此見證中國首富家族的盛衰興亡

此次參觀博物館，是每看完一間展覽室，職員立即緊隨在後關燈的過程。如果對某件展示品有興趣，在原地稍微逗留一會兒，職員就會把手指放在電燈開關上等著。匆匆結束參觀後，我採訪了博物館館方人員。自稱是副館長的支元先生，雖然來自距離蘇州不遠的地方，使用的卻是與蘇州不同的方言。他說除了蘇州話之外，當地還有無錫話。聽過他的介紹後，綜合分析博物館的歷史如下：這座博物館位於過去紡織廠的所在地，紡織廠由榮德生成立，而在工廠廠址建造博物館的人是榮智健，榮智健的父親是榮毅仁，榮毅仁是榮德生的兒子……。好比閱讀《聖經・創世紀》般，一個個人名接連出現。雖然都是榮氏，但是因為太過複雜，遂請支先生為我寫下人名。一看到中文姓名，我不禁喊出「真的嗎？」。

榮智健，這是關心中國經濟的人大多知道的名字，也是曾三度榮登《富比世》中國大陸富豪榜的企業家。其父親榮毅仁被稱為「紅色資本家」，於一九七九年成立中國國際信託投資公司，為帶領中國走向改革開放的人物，並曾任中華人民共和國副主席。其祖父榮德生與胞兄榮宗敬於一九〇一年以麵粉工廠起家，之後事業版圖擴展至紡織業，人稱「麵粉大王」、「棉紗大王」。榮氏家族的另一個兒子在中國大陸全面赤化前逃出，榮德生則選擇與家人留在中國。

榮德生於一九五二年辭世，然而其兒孫卻必須親身經歷現代中國發展的坎坷。榮毅仁遭紅衛兵切斷食指；上海貴族出身長大的榮智健，曾於文化大革命期間，在白頭山的水力發電廠與四川省的少數民族居住地，接受長達十二年的勞動教育。一九七八年持單次護照入境香港的榮智健，進入在中國國際信託投資公司（中信集團）董事長榮德生的遠見下，所成立以特殊鋼、航空、房地產三大事業為主的子公司中信泰富內，成為中信泰富的實際掌權者。

不斷乘勝追擊、勇往直前的他，在二〇〇八年收購澳幣時，為公司帶來數兆韓幣的換匯虧損，因而辭去中信泰富的董事會主席一職。在中信泰富掌理財務的女兒榮明方，在此之前已提前一步離職。隨著他的辭職，「富不過三代」的傳言甚囂塵上。中國民族工商業博物館的歷史始於一八四〇年，也可以解釋為是站在一九世紀末開啟事業版圖的榮氏家族立場來看歷史。

榮智健的辭職，揭示了中國經濟現階段仍處於追趕國際經濟趨勢的位置上，以及企業管理結構無法脫離家族經營侷限的脆弱性。但是中國能屈能伸。從鴉片戰爭向英國投降，到共產黨接手中國，近百年來受盡外來勢力的欺侮。懶惰、無力、腐敗與自我懷疑。然而韓國學界的中國史學泰斗閔斗基先生曾說：「對照中國漫長的歷史，近代百年的試煉豈能稱得上是試煉。」這是放眼所有朝代的洞察力。相較於春秋戰國時代起，每經歷一場戰亂，總得承受數百年苦難的歷史，近代百年算不上漫長的時間。試煉過後，中國又將變得更加強盛。

一九四九年中華人民共和國建國以後，中國併吞新疆與西藏（用共產黨的說法是解放），成為領土比過去任何時代都要廣大的國家。猶如蒙古侵略中國而將內蒙古帶給中國，滿族侵略中國而將滿州帶給中國，曾經為西方國家拉攏的沿岸島嶼與半島，在在牽動著中國未來的發展。由此看來，歷史之於中國並非負擔，而是教訓，亦是資產。

中國既是如此，榮氏家族的盛衰興亡又將到此結束嗎？榮智健的長子榮明杰放下身段，在中信泰富任職經理；受到中國女性熱切愛戴的么子榮明棣，目前在與家人共同成立的個人投資公司隆源控股擔任經理；女兒榮明方則畢業於哈佛大學。一家三子女都在美國取得學位。榮德生家族的第四代是否會被寫入中國民族工商業博物館，似乎將與中國經濟的未來一同受到檢視。

9. 中國的手機與怪談

今日首度挑戰超過一百公里的距離，目的地是江蘇省鎮江，小說家賽珍珠故居所在。我也像多數人一樣，從姊姊書櫃上的賽珍珠《大地》開始，一腳踏進閱讀的世界。成天在巷弄間玩耍嬉鬧的中學一年級生，竟能將毫無插圖的厚重書本啃完，《大地》帶給我的，是這樣令人驚奇的經驗。當時富有文藝氣息的青年們，都是從《大地》開始，經過赫曼・赫塞的《知與愛》與《德米安：徬徨少年時》，再到杜斯妥也夫斯基的《附魔者》或《卡拉馬助夫兄弟們》。

離開無錫前，總算解決了一件攸關生死的問題：取得作為緊急聯絡工具的中國手機號碼。與韓國不同的是，中國手機可以各自選擇空機與電信公司。只要持有空機，就能購買電信公司的sim卡，插入手機內使用。也沒有簽約兩年的規定，只要購買二百元、三百元的預付卡即可，因此可以省下不必要的花費。申辦手續更簡單，在香菸攤即可購買sim卡。

我在上海虹橋機場買了張二百元的預付卡，抵達住宿處後，試著將sim卡插入手機，但是大小並不符合。Sim卡呈五角形，是四方形卡片剪下一角的形狀。在這張五角形卡片的一面，鑲著如小拇指指甲大小般的晶片。iPhone的sim卡卡槽也是五角形，看起來似乎吻合，不過要是真那麼放進去，sim卡的晶片將會翻面，iPhone便無法辨識晶片。多方嘗試未果，遂找上手機行。職員只是以剪刀剪出與iPhone卡槽吻合的形狀，為我裝入sim卡。先進科技的sim卡，臣服在青銅器時代就早已存在的剪刀之下，這般如「哥倫布立蛋」的發想，令我忍俊不禁。

在中國旅行，安全是最緊要的問題。每個人或多或少都曾聽過中國的怪談，像是開膛剖肚、食用人肉等。其中亦不乏故事結構完整的怪談：在鄉間的短程公車上，兩名流氓戲弄著女乘客，不一會兒命令司機停車。司機不從，流氓便對司機動粗，停下車將女乘客強押至附近草叢內強姦。其餘乘客或置之不理，或袖手旁觀，此時一位男乘客出面制止，不幸遭刺傷，流氓最後悻悻然離去。受害女性哭著返回公車，坐在駕駛座上，代替無法再繼續駕駛的

綿延不絕的工程車隊伍

司機。遭刺傷的男乘客也打算上車，卻遭反問：「為什麼要多管閒事？」只能望著公車車門關上，駛向遠方。男乘客深感遭到背叛，一拐一拐地向前走，忽然看見路旁人群吵雜，一問之下，原來是不久前發生車禍，一輛公車墜落懸崖。而這輛公車，正是他剛才搭乘的公車。

來到這裡，才發現中國人皆未曾聽過這則故事，甚至有人反問我這件事是否發生在韓國。除了上述的怪談外，身旁韓國友人也言之鑿鑿地附會證詞，有的目睹遭車撞倒的人被搶了皮包，有的說某人以棍棒猛擊在餐廳用餐的親人頭部……。書中亦不乏類似故事，例如在飯店用餐時，目睹小偷從二樓窗戶攀入自己的房間，或是喝下計程車司機給的飲料，醒來時竟全裸躺在大馬路邊。更有人提出數據佐證，說從農村進入都市的農民工約有二億五千萬人，其中一部分（數千萬人）淪為無業遊民，喜歡找外國人下手云云。

總歸一句是要我別去中國。多少有些擔心的我，也親自上網搜尋，真讓我看見這樣一則文章：一位騎自行車旅行中國的韓國年輕人，在經過秦嶺山脈時，被騎著摩托車靠近、手持利刃的兩名歹徒洗劫一空。之後他再也沒有張貼文章。從部落格中的文章來看，似乎沒有受到太大的傷害，不過旅行應是被迫中斷了。

在漫天飛舞的怪談中，將生死繫於一組手機號碼

一位友人曾約定和我一起旅行，他是給我自行車的金正浩先生。他原本打算準備急難救

助專機，以避免任何突發狀況。他說在中國做生意時，曾有過以救援專機載送急診患者的經驗。雖然我嘴上的回答是：「果然思考的層次不同啊！」心裡想的卻是：「要呼叫救援專機的話，得要能打電話才行吧！」對歹徒說先讓我打通電話，請歹徒諒解，可是比派遣救援專機要困難許多呀。即使成功通了電話，從指派機師，到駕駛飛機降落於附近的機場，再飛車趕來，意外大概已經結束了。不過要是一息尚存，仍有機會搶救，所以我並未反駁友人這樣的計劃不切實際。然而他最終仍沒有與我同行，我則是將個人生死繫於一組中國手機號碼。

但是就連手機號碼也出了狀況。我所購買的手機電話號碼，僅限於上海使用。每次用韓國的情況來推想，下場總是落得狼狽不堪。中國幅員廣大，整個國家並非單一的手機通話圈。才離開上海一帶，便收到餘額已用盡的訊息。看著最後一道安全防線瓦解，亦即號碼再也無法撥通，我趕緊在無錫重新購買一張sim卡，取得可全國通話的號碼。

「一五二六一五三一二五一」，這組號碼明明和韓國同為十一個數字，卻怎麼也記不起來。前三個號碼如同韓國的〇一〇，是電信公司本身的號碼。從一三〇到一八九，三大電信公司本身的號碼加起來，就高達二十九個之多。此外，手機開頭號碼為一，而非〇。〇是長途區域號碼的第一個號碼，韓國的情況正是如此。在韓國，首爾的區碼為〇二，〇後面接著的號碼為二，因此手機號碼可以用〇一開頭，但是中國北京區碼為〇一〇，手機號碼只能以一開頭。關於這點，得感謝在無線電話面世之前，遞信部（譯註：一九四八年成立的政府機構，負責郵政通訊等業務，一九九四年改組為情報通信部，二〇〇八年再改組為放送通信委員會）時期某位保留下〇一號碼的不知名課長，今日韓國人只要記住九碼的有線電話號碼，或是全面以〇一〇開頭，只剩後八碼不同的無線電話號碼。

中國手機號碼雖然都是一開頭，不過從第二個號碼開始就得背下來，所以並不容易記住。於是我打消背下手機號碼的念頭，只記住兩組號碼：一一〇與一二二。前者為緊急事故報案專線，後者為交通事故報案專線。當然，與救援專機的情況相同，使用電話的時間，通常已經是意外發生之後了。最好不要用到電話才是。

從無錫前往鎮江的三一二號國道，主要由貨車通行。自內陸向東移動的求職者，在近海地區受人雇用，將當地製造的物品裝載上車，運往內陸。這是人流與物流的交錯往來。駕駛汽車在城市間移動的人甚少。三一二號國道雖然被《中國國家旅遊》雜誌選入「十大自行車路線排行榜」內，不過自行車旅人並不多。離開城鎮，道路上盡是單調的貨車隊伍，別說是搶匪或盜割內臟者，就連行人也不易看見。所以當地人認為我相當奇特，不只是因為自行車，也因為身上揹著四個背包，這似乎是極其罕見的光景。

中午抵達某間餐廳正要用餐時，廚師、服務員、附近汽車修理廠員工，全都聚集了過來。聽到我從韓國來，更是吃了一驚。他們對韓國的印象不錯，因為收看不少韓國連續劇，待我如同對待韓劇中走出來的人物。如果受到這般歡迎，想必即使是搶匪，也會先對我有幾分好奇吧？對於中國旅行的不安，遂稍稍減緩。是因為中國人平時生活太無聊？還是因為內心擁有關心他人的餘裕？答案也許就在其中之一，也或許以上皆是。

一天騎車超過一百公里，自有其意義。因為目標在六十天內騎完四千二百公里，平均一天騎七〇公里即可，不過一星期總得休息一天，還得算進迷路的距離。為了取得快慢間的平衡，必須訓練出一天騎車超過一百公里的能力。在旅行之前，我的練習並不充分。出發前兩個月，曾經從位於水西（譯註：首爾市江南區水西洞）的自宅騎至果川（譯註：京畿道果川市），來回僅僅三八公里，就已肌肉痠痛。雖然也有從事馬拉松或游泳等其他運動，但是畢竟與騎自行車所使用的肌肉部位不同。直到出發前，一天還不曾騎超過五〇公里。當時心想：「橫越美國時不也如此，將旅行初期當作練習就行啦。」打著這樣的如意算盤，下場卻是屁股疼痛不已，肩膀上的背包肩帶嵌入肉裡。再加上逆風騎車，數度偏離了道路。

騎乘距離將近八〇公里時，後方傳來某個人的聲音，是一位住在南京的大學生。他說為了在夏天挑戰出四川省成都到西藏拉薩的川藏線自行車之旅，騎自行車往來上海當作練習，目前正在返回南京的路上。川藏線，這條我曾計劃挑戰，最後宣告放棄的路線。中國的大學生不必當兵，因此為紀念大學時代或畢業，多會挑戰與眾不同的壯舉，其中川藏線最受歡迎。因為有了旅伴，一路上更加輕鬆。騎在前方的他，也多次錯過三一二號國道，令我寬慰不少。是啊，就連當地人也會迷路……

與他分離後，三一二號國道前往鎮江的十一公里路程，再度折磨著我。看了一眼計速器，已經騎了一二〇公里。累了就數數，這是從事耐力運動者的經典催眠法。踏板每踩四下數一、二，如此數至一百，再重新數一、二。在記住數字的同時，可暫時忘卻痛苦。賽珍珠的故居，位於市場狹窄巷弄盡頭的山坡上。巷弄的入口亦不明顯。來到此處，經過幾番峰迴路轉，終於抵達賽珍珠的故居，卻已是日落時分。長長喘了口氣，我定睛望著這座古色古香的故居，落下了一滴淚。宛如朝聖者般，我終於回到漫長知性之旅的起點。

10. 人民之友——走訪賽珍珠故居

位於江蘇省鎮江的賽珍珠（Pearl S. Buck）故居，掛有「賽珍珠故居」的匾額。賽珍珠是她的中文名字，賽為姓，珍珠取自pearl（珍珠）。其傳教士父親賽兆祥（Absalom Sydenstricker），以德國姓Sydenstricker為賽姓。如此簡單。因為期望自己未來鴻運呈祥，乃以兆祥為名。

這間屋子裡出了一位諾貝爾獎得主，自是如兆祥的名字般春風得意。相較於此，美國的家卻是幽深陰鬱。知道他們家族的歷史後，更能理解箇中原因。賽珍珠曾住過南京、上海，以及其小說《大地》的舞台——安徽省南徐州，其中到上大學以前，住了十五年的這間屋子，才算是真正的故居。

這棟建築仿照賽珍珠位於西維吉尼亞州希爾斯伯勒鎮（Hillsboro）的老家，由兩根柱子撐起的玄關，突出於兩層樓的建築外。不過與全木造建築的老家不同，這棟為磚造建築，已在此矗立百年以上，未來更將永存千年之久。一樓大半空間為寬闊的客廳，以通往二樓的中央樓梯為界，左邊掛著一幅聖母瑪利亞手抱耶穌的畫像，右邊掛著一幅色調偏暗的秋日風景畫。在中式屏風旁，擺著一架管風琴。

賽珍珠故居

透過屋內空間的配置，可一窺住在同一個屋簷下，卻過著不同生活的賽兆祥夫婦的差別。住在左邊的丈夫，對宗教有著無比熱忱，卻無心世俗的一切；而以傳教士身分隨丈夫前來中國的夫人卡洛琳（Caroline Stulting），隨著時間的經過，逐漸失去對信仰的虔誠，轉而進入世俗，追想起美國的故鄉。小女兒葛瑞斯曾看見母親卡洛琳彈奏右邊客廳的管風琴以排解鄉愁，忽然留下淚水而停止演奏。

卡洛琳與賽兆祥共生下七名子女，其中四人甚早離世，為了讓這個孩子務必在美國產下，他們選擇暫時「赴美生產」，生下賽珍珠。儘管卡洛琳懇求留在美國，丈夫賽兆祥卻不為所動。賽珍珠在描寫母親一生的《流放者》（The Exile）中寫道，這間屋子竟成為禁錮母親餘生的流放地。當時美國傳教士多聚居於租界地，然而賽兆祥認為應當與中國人一同生活，於是另外建造房子居住。自從一九〇〇年義和團事變以來，中國人攻擊外國傳教士的

賽珍珠彈奏過的管風琴

事件頻傳，在這樣的時代背景下，離開租界地獨立居住，需要有超越勇氣之上的信仰支持。當丈夫外出至各地傳教時，卡洛琳立刻被孤立在中國人群之中。

與中國小孩玩在一起的黃髮鬼——賽珍珠

但是賽珍珠不同。從四歲起住在這間屋子的賽珍珠，其房間位於一樓的後方。她在家穿過的中式服裝，仍掛在衣架上，就像是短暫外出而未歸。隔壁房住著她的保母王媽，王媽是賽珍珠與中國連結的管道。賽珍珠儘管被嘲笑是黃髮鬼，仍與中國小孩玩在一起。她曾說過，自己在寫小說時，先以中文思考，再翻譯為英文。

賽珍珠成長的鎮江，是經考證至少擁有兩千五百年歷史的地方。在《三國演義》中，劉備精心策畫與孫權之妹孫尚香結婚的甘露寺，正位於鎮江的北固山。鎮江還擁有歷史超過一千四百年的金山寺、定慧寺與隆昌寺三大古剎，以及超過兩千年的道教宮觀茅山道院。然而在賽兆祥眼中看來，鎮江不過是撒旦的巢穴。從一八八〇年起在杭州傳教，到逝世於上海，五十一年來傳教不輟的賽兆祥，出生於美國維吉尼亞州。在美國南北戰爭時，維吉尼亞州隸屬於南方的美利堅聯盟國（譯註：簡稱邦聯，相對於北方簡稱聯邦的美利堅合眾國），賽兆祥的四名兄長為美利堅聯盟國而戰，因年幼而未受徵召的賽兆祥，則懷抱著慘敗的苦痛，為了將自己放入比戰爭更危險、更困難的試煉中，遂決定前往中國。一如過去西方為開發大量低薪勞力與市場而來到中國，對於十九世紀末二〇世紀初的美國基督徒而言，人口眾多的中國亦擁有許多可開發的傳教對象，是極具魅力的「惡魔之窟」。

在我的旅行中，兩個全然不同的國家，有時也有命運交逢的時刻。橫越美國時，我曾經順道拜訪位於維吉尼亞州萊辛頓（Lexington）的華盛頓與李大學（Washington and Lee University）。該大學原名華盛頓學院（Washington College），於南北戰爭中戰敗的美利堅聯盟國總司令羅伯特・李（Robert Edward Lee）將軍，曾擔任該校的校長一職，在李將軍死後，將其名字放入校名中，成為今日的華盛頓與李大學。今日李將軍的遺體覆蓋著美利堅聯盟國國旗，安放於大學校園內。賽兆祥正好畢業於這所大學。萊辛頓是著名的大學城，維吉尼亞軍事學院（Virginia Military Institute）亦坐落於此，不過現今仍是人口不到七千人的小都市。賽珍珠也畢業於附近的蘭道夫・麥肯女子學院（Randolph-Macon Women's College）。

走入萊辛頓，清一色白人的悠閒農村與福音教派傳統的教會、倔強固執的脾氣、因南北戰爭失敗而受傷的自尊心，以及充滿南部風情的景象，處處感受得到。因此，賽兆祥一家離開美國偏遠的維吉尼亞州西南部，落腳於商販、流浪漢、農夫、兒童等人聲鼎沸的鎮江的狹窄巷弄內，兩種生活模式令人難以聯想在一起。如此超越現實想像的、完全相反的兩個世界，以致於連結這兩個世界的方式，也全然不同。

一如南方人的個性，賽兆祥對信仰的堅定態度不曾動搖。他使用中國姓名，穿中式服裝，騎著毛驢四處傳教，並致力於將聖經翻譯為白話文。賽兆祥對傳教以外的事情毫不關心，甚至連自己女兒寫的《大地》一書，也沒有時間閱讀。儘管如此，只強調福音的基要派傳教方式成效不彰，五十一年來改信基督教的異教徒，據說不到萬人。二〇世紀初由美國外派的傳教士超過八千人，而他的成績落在倒數一千人中。至於改信宗教者人數的判定，當然是很美式的。

再說，賽兆祥還失去了兩位基督徒。一位是他的夫人卡洛琳，賽珍珠在《流放者》中寫道，卡洛琳對丈夫盲目的信仰與對女性施暴的態度感到絕望，遂放棄基督教信仰，終老一生；另一位是賽珍珠自己，賽珍珠沒有選擇隱身於客廳的左右兩邊，而是衝破大門，一步步走出自己的路。

賽珍珠在大學畢業後，也以傳教士的身分在中國活動二〇餘年。不過在她成為知名小說家後，她在一篇名為〈一九三三年復活節〉的文章中，宣稱耶穌並非歷史上實際存在的人物。她進一步強調，宣教士帶有的文化傲慢與殘酷，正不斷破壞傳教地區的傳統與文化，此一主張引發了極大的爭議。相反地，賽珍珠最終成為向全世界介紹中國人與中國文化的中國「傳教士」。

近來在賽珍珠故居旁，有一座甫開幕的紀念館。在這座紀念館內，掛著她在一九三八年諾貝爾獎頒獎典禮上的演講文。當時，中國正與日軍進行正面抗戰。

「中國人民的生活，多年來也是我的生活。對於我自己的國家和養育我的中國，在許多方面心情是相同的。在熱愛自由這方面，今日較之以往更是如此。現在整個中國，正展開最偉大的鬥爭——爭取自由的鬥爭。我從沒有像現在這樣讚揚中國……。這種爭取自由的決心，深深根植於中國的基本美德，我知道中國最終是不可征服的。」

而在東西冷戰情勢最嚴峻的一九六二年，於費城召開的中國新年宴會上，賽珍珠表示，「我相信他們能以光速推動工業化與現代化」，對中國的未來投以無限的信心。她甚至向美國政府建言，應推動與中國兩國關係的改善，若非如此，就是「對偉大民族的污辱」。

然而，賽珍珠在中國竟被冠上「文化帝國主義者」的帽子，遭到背棄。一九三四年離開中國後，她再也回不了中國。尼克森總統於一九七二年訪問中國時，賽珍珠儘管四處奔走，尋求同行入境中國的機會，不過中國駐加拿大大使館二等秘書如此回信道。

「考慮到長期以來，您在著作中對新中國人民及其領袖抱有歪曲、中傷和誹謗的態度的事實，我授權通知你，我們不能接受您的訪華申請。」

知名駐美中國小說家閔安琪曾坦言，在她就讀上海五一中學時，接到毛澤東夫人江青的指示，參加批判賽珍珠為「美國文化帝國主義者」的官方活動。日後移民美國，以《紅杜鵑（Red Azalea）》一書享譽文壇的閔安琪，曾在芝加哥某間書局內，因為中國人的身分，得到一位不認識自己的美國人贈送《大地》一書。而在從芝加哥飛往洛杉磯的機艙內，她讀著《大地》，按捺不住情緒而啜泣不已。因為她仍清楚記得，自己當時是如何對賽珍珠進行批判。她說，至今從未見過像賽珍珠那樣，在作品中對中國佃農的生命懷抱尊敬、真情與關愛的作家。於是帶著懺悔的心，閔安琪寫下了小說式的賽珍珠自傳——《中國珍珠（Pearl of China）》。

雖然晚年住在美國的賽珍珠曾說，自己的心仍住在中國，不過她仍在一九七三年三月六日於美國溘然長逝。如果說她的母親被流放至中國，賽珍珠自己則是住在美國的「流放者」。然而中國對她的態度轉變了，就像資本家如今也被冠上民族的帽子，被展示於博物館中。紀念館牆上，掛著周恩來寫的一段話。

「對中國人民懷有深厚感情。在抗日戰爭方面，她同情中國，是中國人民的朋友。」

歷史的翻轉並未在此畫下句點。挾船堅炮利推動的「傳福音」，隨著一九四九年共產黨的成立而宣告結束，然而近來基督教又重新在中國傳播開來。如今，中國人開始自發地信仰基督。異文化的衝突與融合，總是令人驚奇。

11. 連鎖加盟化的中國

道路原是為連結各個村莊而開通，然而由於道路的往來，村莊變得相似。藉由道路，人群與物資得以互通有無，使彼此逐漸同化。相反地，過去的村莊遺世獨立，人們為了解決食衣住行與培養下一世代的教育，於是在固定的區域內群聚而居。當連接外界的道路出現，村莊將喪失自給自足的完整性。

在過去的歐洲，沒有絲織品的生活並未帶來任何不便。最先帶來改變的，應是游牧民族。游牧民族在各國間逐水草而居，與定居民族發生衝突，並以暴力方式強取、強奪定居民族的文物。透過游牧民族發現絲織品之美與耐用性的定居民族，主動出發尋找產品源頭，道路於焉形成。

除了絲織品與陶器、茶、紙等物品外，宗教與美術等文化，也透過道路向外傳播。如今，道路上一座座的村莊，彷彿一串串掛在樹枝上的果實。沒有道路，這些村莊將不復存在。不同類型的道路，造就不同型態的村莊。卡車行駛的道路周邊，多供應卡車必需的冷卻水與燃料，以及提供司機休息的旅社。

三一二號國道如今就在眼前。看似三〇多年前鋪設的柏油路、雙向六線道的寬度、差

居易快捷酒店

不多也有三〇多歲的街道樹、沿途村莊內整排的餐廳、商店、汽車保養廠、旅館，還有大小不一的村莊內，分別經營著販售茶葉、手機、農藥、摩托車等的專賣店。由於大型道路較安全，也容易尋找路線，因此起初選擇了三一二號國道，然而騎在國道上，不管再怎麼深入內陸，全是一成不變的風景。於是，我開始尋找省道、縣道以及如微血管般分布的鄉道等地方道路。

搜尋從江蘇省鎮江前往南京的路線，立刻出現三〇三號縣道。大膽捨棄三一二號國道，走上三〇三號縣道，與國道截然不同的風景立刻在我面前展開。但是心裡還有另一個揮之不去的憂慮：隔天就是五一勞動節四天連假，觀光區南京的住宿恐怕一房難求。我用手機將房間預定不成的消息發布在一五〇字微型部落格me2day上，人在韓國的中國友人看見訊息，幫我預訂了飯店，並透過中國通訊軟體微信通知我。與七年前橫越美國相比，完全是不同的世界了。

用手機內建的相機拍照，發布在me2day上，即可顯示我所在的位置。韓國使用me2day的友人回應我：「今天的速度怎麼這麼慢，還在那裡啊？」我用辯解兼抱怨的口氣說道：「颳風下雨的，無法加快速度啊。」相較於七年前時時體驗著絕對的孤獨，此次萬里長程全程對外公開。朋友們就像坐在防空作戰的中央控制室內，一邊看著航道，一邊向我下達往哪裡走的「指令」。當然，說話的口氣較莊重有禮，例如「如果您到了南京，請務必前往夫子廟一遊。」

人們總好奇住宿的地方，我每天也有同樣的好奇。在日落時分抵達陌生的城市，第一件要緊事是尋找投宿的地方。住宿品質的好壞，將影響對這座城市的印象與經驗。如此重要的事，飯店預訂手續卻極其繁瑣，結果想當然也不太好。

中國飯店制式的入退房手續

在中國，外國人依然是被監視的對象。外國人可投宿的飯店另有規定，例如國際大酒店這類有「國際」二字，或是加上「涉外」二字的飯店。除了青年旅館，一般皆為三星級以上的飯店。我在無錫已經接連遭到三間飯店拒絕。抵達目的地時，當天的體力已消耗殆盡，卻得為了尋找住所而在都市裡輾轉游移，這般遭遇想必連孔老夫子都會感到惱怒。即使不談價錢，大飯店的房間也容不下自行車。將「萬里馬（me2day好友「如風」為我愛駒取的名字）」停放在地下室陰溼的停車場，揹著四個水桶與馬鞍包爬上樓，還能笑得出來的話，那不是得道的仙人，就是精神異常了。

住房手續一樣繁瑣。飯店人員先將護照與簽證掃描後，傳送給公安，公安再將新的檔案整整齊齊放進標示我名字的資料夾裡。我的行蹤已被me2day好友及中國公安掌握得一清二楚。身分確認結束後，得支付相當於住房費兩倍的押金，退房時再從押金扣除房客所使用的物品。房內提供的使用指南內，最先出現的不是各種服務清單，而是物品毀損賠償表。這肯定是先收了客人，再來擔心客人的心態。從最高價三千元的電腦起，到最低價五元的煙灰缸，詳細條列出房內任何一項物品受損時，房客應支付的費用。

中國旅遊指南書建議，旅客應與飯店員工一同檢查房間，對房內各項物品的狀態達成共識後，再確定住房。雖然這是最明智、最理想的建議，但是當時只想倒頭就睡。如果之後才發現檯燈燈泡不亮、水龍頭斷裂、馬桶故障等問題，退房時心裡肯定會感到不安。

飯店員工主要以無線電聯繫。退房時，櫃台以無線電發出「搜索狀」，由客房負責人（多為中年大媽）執行搜索。每間客房皆備有保險套、內褲、刮鬍刀等收費衛生用品。保險套在中國稱為「安全套」，意思是保障安全的套子。如果房客使用了保險套，大媽回傳「安全套兩個」的訊息，此時站在櫃台前結帳的客人就得提心吊膽了。也許會聽到「那個人一晚用了兩個啊？」的耳語。櫃檯員工在帳單的保險套欄寫下「兩個二〇元」，畫了底線後，親切地退還房客剩餘的押金。由於房內備有一種以上的保險套，如果因好奇心驅使而使用震動保險套這類新型的保險套，無線電對話內容還會更複雜一些。我是此一退房手續的受惠者。退房時，我確定已經澈底檢查過房內與浴室，絕對沒有任何遺漏的物品，殊不知在「搜索」過程中，竟搜出了筆電的滑鼠、充電器的轉接頭、防水夾克。如果沒有這樣的退房手續，也許一路上要弄丟不少必需品了。

中國本地人也得填寫住房簿。過去韓國也有黑色厚紙封面的住房簿，用綁著黑線的原子筆填寫個人資料與下一個目的地。雖美其名為保密防諜，其實是為了過濾反政府人士的手段，直到一九九八年才由規制改革委員會廢除。過去韓國填寫住房簿時，由於不必檢查身分證，甚至曾出現一八五〇年生的人物，然而在中國不同，必須確認房客身分證，因此不得任意填寫。經常有知名人士或高階公務員的投宿紀錄外流，致使飯店網路瀏覽次數暴增的情況。這該說是國家過度干涉私人生活所帶來的正面效果嗎？

初次前往北京時，我曾經因為「大酒店」、「大飯店」的名稱大吃一驚。在感嘆「果然是泱泱大國」前，打聽之下，才知道大酒店、大飯店（譯註：韓文中的酒店（술집）和飯店（밥집）皆指餐廳）指的都是飯店（Hotel）。來到中國，住宿種類更多了。從招待所到旅社、旅館、酒店、賓館、飯店、客棧等，應有盡有。雖然也有像公營的國賓招待所那樣富麗堂皇的住宿設施，然而大致看來，招待所都是像中國社會主義一樣日漸沒落的小旅館程度。旅社、旅館也是如此，往上是賓館、客棧，再往上是酒店。當然，各住宿設施差異極大，不可以一概之。酒店與飯店皆為住宿設施，正如同過去的客棧一樣，是一處結合用餐、住宿功能的複合生活空間。

酒店也有各種類型，這讓從星級旅館與飯店等住宿設施種類不多的國家前來的旅客大為頭痛。有接待商務客的商務型、休息型、經濟型，而在經濟型內，還有代表express的快捷型。無論如何，只要名稱前面沒有「大」字，價格一般都在一百元至二百元之間。

近來連鎖酒店迅速擴張，中國友人為我預訂的飯店「漢庭連鎖酒店」，同樣是美國Holiday Inn或Super 8類型的連鎖加盟酒店。以相對低廉的價格，提供均一化的服務。二〇〇五年成立的漢庭，如今已擴張為全國擁有二五〇〇家分店的連鎖酒店，而作為中國最大連鎖酒店的如家，旗下更擁有一千家酒店。這類住宿設施無論座落何處，即使是房間內的床單，也可以達到完全一致。退房時，更會以蒸氣式吸塵器為房間消毒。

人類最特別的，是為了追尋新事物而出發旅行，卻仍希望延續與家同樣的住房環境。對我而言，沒有什麼事比去到哪裡，都在相同的飯店使用相同的床單來得可怕。但是在上海、蘇州，我卻選擇投宿連鎖酒店，甚至在南京也是。原因在於可以選擇的飯店並不多。中國正逐漸轉型為像美國那樣，由龐大資本經營的連鎖加盟店獨占的社會。各種住宿名稱之間的微妙差異將就此消失，連鎖加盟店亦將使旅人的道路更加單調乏味。或許這是將路途上的一切事物同化的道路，最後必然帶來的現象。

12. 死而成神的男人——孫文

抵達江蘇省南京的第一天，我前往南京鬧區新街口吃過晚餐，在返回飯店的路上，順道繞進這座城市的巷弄間。中國大城市的特徵，想來在於「共存」，如摩天大樓般高聳的超現代建築群，緊鄰著一般庶民聚居的窄巷矮房。一到夜晚，巷弄儼然是幽黑寂寥的農村。偶有幾處如韓國蝴蝶炮的爆竹乍響，令人心驚。在這裡，使用爆竹的目的主要在製造聲響，而非施放煙火。越是這種情況，越該往明亮寬敞的大馬路走，但是無奈好奇心不斷將我領入巷弄間。在陌生的異鄉，似乎又更了解了我自己。

翌日，我前往紫金山。在中國八大古都中第一個造訪的古都南京，當地中國人建議我到孫文的中山陵上看看，更勝其他古老的遺跡。孫文是中國、臺灣共同認可為國父的歷史人物，不過相較於他在眾人眼中那種追求現代化的生命態度

從南京中山陵向下眺望的全景

的形象，他的墓地倒是一派肅穆而樸素（倒是沒想到紫金山東邊斜坡上的墓地如此廣闊）。我總認為廣闊的墓地看來與人類虛妄的執著無異，去了一趟紫金山，果真值回票價。在這趟旅行中反覆經歷的某種經驗的原型，似乎已在此見證。

「洪水滔滔，逆流者死」的群眾

正好遇上五月一日的勞動節長假，大量人潮湧入孫文的中山陵。中國人口雖多，人口密度仍不及韓國。就南韓而言，九萬八千平方公里的面積上，住著五千萬人口，而中國在九六〇萬平方公里的面積上，住著十四億人口。國土面積大上百倍，人口卻不及二十八倍。即使扣除中國西部的沙漠地區，以一半的面積來算，韓國的人口密度仍高出許多。

然而正如土石流發生的原因，不在於一整年的降雨量，而是瞬間集中豪雨，無論國土面積大小或整體人口密度如何，當大量人潮瞬間湧入同一個地方時，必然有其危險性。中國某某超市舉辦大特賣，造成踩踏意外發生的事件時有所聞，也正是因為這個原因。看著湧入中山陵的群眾，頗有「洪水滔滔，逆流者死」的感受。但是墓地之廣，容納這些人潮綽綽有餘。

穿過中山陵的大門，眼前是一座指示墓地所在的牌坊。牌坊上書「博愛」二字，故亦名為「博愛坊」，走過這座牌坊，兩旁植有松柏的墓道綿延三七五公尺（日後查詢資料得知），盡頭處才是中山陵的正門——陵門。陵門上「天下為公」四字，為孫文親筆揮毫的墨跡。再往上走，碑亭內的一塊墓碑上，書有「中國國民黨葬　總理孫先生於此　中華民國十八年六月一日」。看著這塊墓碑，或可感受中國人對歷史的態度。孫文雖然曾任辛亥革命後成立之中華民國的臨時大總統，但是並未正式就任為總統，是故墓碑上的職稱只有寫上國民黨總理。即使日後追尊為國父，在回溯這段歷史時，中國人似乎仍採取較嚴謹的態度。

「現在總該出現墓室了吧？」正做此想時，不料又在此開始登階。一、二、三，沿花崗岩石階拾級而上，共數得三九二階，這才抵達有三座拱門的祭堂。拱門上各書有三民主義的民族、民生、民權，上方正中央為「天地正氣」四字。排隊進入祭堂的大廳，人潮沿中央的孫文坐像繞圈而出。大廳後有圓形墓室，當中擺放孫文臥像，不過據說最近免費開放後，大量人潮湧入，墓室只得被迫封閉。取而代之的，是祭堂外空地上，擺著幾架可以觀賞墓室內部照片的望遠鏡。看一次得投兩枚一元硬幣。意思是要遊客到這裡來，看這些代替墓地實物的照片。好比美術館不給看真正的畫，而是要人看畫冊一般荒謬。公安甚至扯開嗓子大吼，禁止遊客拍攝大理石雕塑的坐像。

儘管如此，沒有人發出抗議。在中國，只要一句「人太多」，許多事都可以被原諒。反倒是人們接連按下快門，拍下狹長墓地內熙熙攘攘的人潮。雖然說不上是對自己成為這壯觀人海中的一人感到自豪，但是肯定覺得有趣。從祭堂往下眺望，人潮如江水朝遠處山底傾瀉而下。這是我第一次真真切切感受到中國人口規模之驚人。

從中山陵往西邊山下步行約二〇分鐘，即為明孝陵，一三六八年首度將中央集權王朝定都於南京的明太祖朱元璋，正長眠於此。明孝陵是朱元璋生前投入十萬人力建造，歷時三十二年施工，至其子成祖（永樂帝）始告完工的結晶。單是與皇后馬氏夫人合葬的陵墓本身，就是一個直徑達四百公尺、名為「寶頂」的圓形土丘；而圍繞著陵墓的方城周長，也長達二二．五公里。這裡一樣無法親眼目睹墓室，因為將朱元璋安置於地宮後，便就此封閉，不讓任何人參觀。雖然有傳言盜墓者已將所有遺物盜走，但是既然已經封閉，也就無從考證事實。

參觀過明孝陵後，依舊無法小覷中山陵的規模。近代政治革命指導者的墓地，與皇帝的墓地比肩而鄰，共同埋葬於風水寶地紫金山上，好比上身著西裝洋服，下身穿韓服褲般格格不入。南京自古有「鐘山龍蟠」、「石城虎踞」的美稱。意思是鍾山（紫金山）如龍盤踞山巔，石城如猛虎高臥。紫金山海拔四四八公尺，高度介於清溪山（六一八公尺）（譯註：橫跨首爾市瑞草區與京畿道果川市、城南市、義王市的山）與牛眠山（二九三公尺）（譯註：位於首爾市瑞草區與京畿道果川市交界的山）之間，然而地勢由平地拔尖而起，頗具威嚴。最初在這裡建造墓地的「名人」，是距今一千八百年前，首度在南京建城的吳國君王孫權。但是貪圖這塊地的親日「國民政府」首腦汪精衛，將孫權的墓地破壞，並於一九四四年死後埋葬於此。日本撤退後，一九四六年國民黨政府再度破壞汪精衛的墓地，改建為梅花山公園。在此過程中，只有無辜的孫權墓地被犧牲。

英雄死而成神嗎？

查閱孫文去世時的報紙，當孫文臥病在床，人們正討論他的墓地時，是孫文主動說出「紫金山」。根據一九二五年三月十九日的《申報》，孫文在擔任臨時大總統，居住於中華民國首都南京時，曾至紫金山遊覽，並在今日中山陵所在的位置上，一面欣賞地勢，一面稱讚此地較明孝陵為優，心中早已屬意這塊地。孫文臨終時，守在他身旁的正是汪精衛，汪精衛也是聽取孫文持續推動國共合作之遺言，並將之寫下的人物。當時，汪精衛仍是孫文身邊最忠誠的親信，他甚至不知道紫金山何在。

其實，相較於明孝陵陰溼之氣籠罩，中山陵位置更高，日照更充足。擁有優先選擇權的朱元璋，也許是因為明孝陵距離南京都城更近，所以選擇了今日的位置。也可以說即使在長眠之後，依然俯瞰著中國子民吧。但是孫文不同，他沒有朱元璋那般嚮往廣大墓地的野心。他被埋葬於此，只求國人為他撒一抔土。

生前曾經是風雲人物的孫文，死後並未就此平靜。與他強調民生、民權的意志背道而馳，國民黨從徵選中山陵的設計圖至建設完工，足足花了四年。在這段期間，孫文的遺體被安置於北京香山的一處寺院，由美國醫師泰勒將其內臟取出，抹上福馬林後，進行長期防腐處理。那是中國最艱辛的時期。在外來勢力進犯中國的嚴峻時刻，整個中國被軍閥分割得四分五裂。當時在南京大學執教的傳教士賽珍珠，敏銳洞悉此一現況。她認為權力尚未穩固的蔣介石，為了獲取孫文繼承人的大位，興起大規模的工程，以此墓地作為繼承的證據。為建設喪禮隊伍經過的道路，數百間的房屋與店鋪就在蔣介石的推土機下被剷平。

「賽珍珠這麼形容：『當蔣介石命令將道路整平的那天，就是共產主義者不費一顆子彈，便獲得第一場勝利的一天。』」（《賽珍珠傳（Pearl S. Buck: A CulturalBiography）》，彼得・康恩（Peter Conn））

南京與武漢、重慶、南昌並列為中國最熱的四大火爐。泰勒醫師擔心五、六月移靈期間，遺體可能因此腐壞，果不其然，孫文的兩隻手腐爛而斷裂。原先計劃仿照早孫文一年被安置於莫斯科紅場的列寧，將孫文遺體放入玻璃棺內，供眾人瞻仰孫文的面容與身體，最後別說是玻璃棺木，在告別式上連孫文的雙手也無緣公開。中山陵日後又經歷了兩次災難。中日戰爭當時，日本人占領南京後，中山陵恐遭日本人鑿開的憂慮四起。日本人甚至因此提出聲明，表示絕不破壞中山陵。最後蔣介石逃亡臺灣時，曾研議帶走孫中山的遺體，但是爆破過程恐將傷及遺體，只得放棄，於是中山陵便成為南京最具代表性的觀光景點。

墓地選得好，看來並不能就此庇蔭後代。在明孝陵紀念館內，記錄著各個皇帝的壽命。除了朱元璋七十一歲與成祖六十五歲、世宗六〇歲、神宗五十八歲外，其餘十二名皇帝的壽命如下：二十六、四十八、三十八、三十八、三〇、四十一、三十六、三十一、三十六、三十九、二十三、三十五。如此大費周章在風水寶地建造墓地，多數皇帝的壽命仍無法超過四〇歲，不過是當時一介平民的壽命。明朝皇帝的平均壽命為四一・二歲，低於清朝的五二・四歲、南宋的四五・六歲。統治者的墓地，終究只是統治者與其後代強化權力的形象操弄罷了。

但是無論統治者的意圖如何，中山陵今日仍有眾多民眾自發前來，這點確實相當神奇。以韓國的情況來說，就是在非顯忠節（譯註：訂於每年六月六日的國定假日，用以紀念和祭祀過去為國家犧牲的先烈將士）的黃金假期，參拜者將李承晚、朴正熙、金大中前大統領墓地所在的國立顯忠院擠得水洩不通。也是，韓國也許是個奇特的國家。不知道孝昌公園（譯註：位於首爾龍山區孝昌洞，為多位抗日義士及抗日運動家的墓地所在）內金九先生（譯註：一八七六～一九七九，為朝鮮獨立運動家，被推尊為韓國的國父）墓地位置的人，可以說不計其數。

在中國，過去當英雄去世時，人們多為其建造祠堂，並在祠堂內的英雄靈前奉獻錢財，祈求願望實現，而這樣的傳統仍流傳至今。毛澤東符咒熱銷，也可視為同一現象。英雄死而成神，神將不受人類評價的拘束。接受孫文為神，儘管也可能是受其三民主義等思想的感化，不過在我看來，或許是承襲自中國將英雄神格化的傳統思維。因為期待英雄出現的心態，無異於期待某位至高無上的領袖現身穩定社會。換言之，在「人太多」的這個社會，當英雄不復存在，背後隱藏著的是秩序即將崩解的不安全感。看著中山陵摩肩接踵的人潮，自然能理解這樣的恐懼。

又或許是源於共產黨一黨支配的心理基礎吧。站在西方社會保障個人人權與政治自由的民主主義立場來看，中國仍有好長一段路要走，但是坦白說，中國人崇拜的是帶領平凡老百姓的英雄。登上中山陵，釐清了理解中國社會的些許頭緒後，便就此下山。

13. 如果鄭和繼續西進

如果中國人老早將目光放在海外，向海外發展，中國也許會蛻變為以太平洋為內陸海的世界霸權，今日也可稍稍紓解人口過多的問題。若真是如此，美國也許將不會出現，中國也許將不再是今日「人太多」的社會，而是更加保障個人自由與權利的國家。至十五世紀為止，中國國力堪稱世界最強，當時美洲大陸仍是毫無一物的廣袤大地（雖然這樣的形容對美國原住民有些抱歉）。當時的中國，並不是沒有躍升為世界霸權的機會。因為一向側重大陸西邊的中國王朝，曾一度將目光放在遠方的地平線上。

在南京的最後一站，我來到中國歷史上最傑出的探險家——鄭和的公園。鄭和受明朝第三代皇帝

長江風景

永樂帝之命，帶領大規模的使節團於十五世紀七下西洋，長征地球超過五萬公里。這是人類在無動力時代創下的偉大成就，足以媲美登上月球的創舉。我這趟探險四千二百公里的旅程儘管微不足道，仍希望仿效他勇於進取的氣魄。再加上今天是「萬里長程」啟程後，邁向了第一個別具意義的里程碑，那就是騎自行車跨越世界第三長河的長江。如同中國漁民向媽祖祈求航海平安順利，我則是在鄭和公園獲得了勇氣。

十五世紀鄭和的世界一周

在現代中國，鄭和忽然間受到廣泛的關注。各地矗立起鄭和塑像，以鄭和命名的島嶼、都市、船艦也相繼出現。南京的鄭和公園過去並不存在。因太平天國之亂而燒毀的鄭和故居，曾一度改建為太平公園，直到一九八五年為紀念鄭和下西洋五八〇週年，改名為鄭和公園，並於六百週年的二〇〇五年擴建為今日的規模。紀念鄭和的原因，像是對當時沒有繼續向海外拓展的「遲來的後悔」。若是當時繼續西進，中國也許就不會受到十九世紀西洋勢力的侵擾，甚至可能已經統治全球，翻轉今日的歷史。

進入二十一世紀，鄭和的探險開始獲得全球矚目，這是因為根據推測，鄭和當時若未返航，繼續西進，也許會抵達美洲大陸。英國孟席斯（Gavin Menzies）在二〇〇二年出版的《一四二一：中國發現世界（1421: The Year China Discovered the World）》一書中，主張鄭

鄭和塑像

和艦隊曾經實際到達美洲大陸，引發極大的爭議。曾經擔任潛艇艦長的孟席斯，退役後以研究海洋地圖為樂，卻發現早在一四八八年狄亞士發現非洲南端的好望角、一四九二年哥倫布發現美洲大陸、一五一九年至一五二一年麥哲倫繞行世界一周之前，十五世紀初的世界地圖上，已經可以看見好望角、美洲大陸與麥哲倫海峽。他懷疑，在這些人之前，應該有誰已經繞行世界一周，才能畫出這樣的地圖。這樣的疑問，與當時只有中國具備這般航海技術與經濟能力的事實息息相關，於是他將源頭追溯至鄭和艦隊。

孟席斯尤其關注中國船隊使用橫帆，因此必須借助風力與洋流航行的事實。於是沿著從印度洋流向大西洋，再到太平洋的洋流，追尋暖流的痕跡與據推測為船隻停泊處的石塔等，找出數量龐大的相關證據。最後得出這樣的結論：鄭和艦隊分散船隻，達成環南北極與澳洲等世界一周的創舉。

有趣的是，在他所依據的地圖中，有一幅由朝鮮時代李薈（一五六七～一六二五）等人繪製的疆理圖。全名為「混一疆理歷代國都之圖」的這幅地圖，是以中國地圖為基礎，加入朝鮮與日本土地繪製而成。原件已亡佚，如今僅留下十五世紀下半葉的抄寫本，收藏於日本龍谷大學。在現存的世界地圖中，疆理圖是首度出現非洲的地圖。令人「得意」的是，非洲大陸與朝鮮半島相比並不大，但是下方如陀螺底部般突出，如實呈現了好望角的地形特徵。孟席斯表示，修正傾斜度的誤差後，非洲海岸線與實際地形相符，可作為鄭和艦隊曾經環繞好望角的證據之一。但是，疆理圖製作於一四〇二年，比鄭和艦隊第一次下西洋的一四〇五年要早。孟席斯儘管指出這幅地圖在一四二〇年代經過多次修正，可惜最終並未正面處理這個問題。

公園內附設的紀念館內，展示著一幅第七次下西洋前，鄭和親自矗立的「天妃之神靈應記」石碑拓片。拓片上列舉出六次下西洋造訪的國家，全部是印度洋周邊的國家。鄭和立此碑文，應非有意貶低「宣威皇恩」的航海成就。在我看來，比起證明鄭和艦隊曾經繞行世界一周的結論，孟席斯的貢獻更在於否定以歐洲為中心的地理大發現。即使不是鄭和的艦隊，至少也已經有人早歐洲人一步到達好望角與非洲。甚至最根本的問題，在於那塊土地上已有人居，「發現大陸」的說法本身就是白人主義的想法。

無論如何，中國這場盛大的出航，在鄭和艦隊之後被全面禁止。繼永樂皇帝後登基的洪熙皇帝，因擔憂財政缺口擴大而下令禁止海外遠征，更打算將航海紀錄全面銷毀。這項海禁措施延續至清代，最終招致中國的孤立與海洋勢力的入侵。儘管如此，這似乎是不得不做出的抉擇。鄭和第一次下西洋，動用了二百餘艘船隻，搭載二萬七千餘名隨行人員。據說艦隊的船體長一四四公尺、寬五十四公尺，規模可比一座足球場。以當時的技術而言，堪比今日的航空母艦。寶船上滿載陶器與綢緞、玉飾品等，沿途賜與承諾朝貢的國家之國王。航海的目的不在於征服，而是在於宣揚國威。篡奪侄子皇位而登基的永樂皇帝，積極開拓向明朝跪拜稱臣的海外國家範圍，也許是為了建立統治的正當性吧。當然，日後登基的洪熙皇帝毋須如此。

總而言之，由於經濟與文化上的隔閡，鄭和下西洋形塑出對他國「無甚可觀」的認知，反倒深化了自身的中華主義。十六世紀末生活在中國的利瑪竇，在其見聞錄中描寫中國人視出使藩屬國如赴死，家人莫不涕泣相送。「中國近代化的失敗，是中世紀以前的成就伴隨而來的枷鎖」，這種說法似乎更加恰當。

鄭和是雲南省回族人，原是成都馬氏一族，日後獲皇帝親賜鄭姓。馬氏是信奉伊斯蘭教的回族中常見的姓氏，由馬合麻（Muhammad，即穆罕默德）而來。據傳鄭和父親與祖父均曾朝拜過麥加。覆滅元朝的朱元璋進軍征服雲南省時，殺害不少當地的回族人，並將童子去勢後帶走。十二歲的鄭和正是當時其中一人，終生攜帶裝有去勢後生殖器的「寶貝袋」。鄭和原是服侍永樂皇帝的宦官，因深受永樂皇帝信任而獲得前往海外的機會，海洋之於他，或許是得以脫離世間恥辱的廣闊宇宙。他在一四三三年的最後一趟遠航中，於印度加利卡特（Calicut，Kozhikode）結束其波瀾壯闊的一生，享壽六十二歲。

「觀夫海洋，洪濤接天，巨浪如山，視諸夷域，迥隔于烟霞縹緲之間。而我之云帆高張，晝夜星馳，涉彼狂瀾，若履通衢。」

銘刻於「天妃之神靈應記」石碑上的這段文字，是在逆境中依然不為所動的勇氣的象徵。驚起巨浪狂濤的海洋，於他應是如行走於陸地上的大道般，既平靜又能全神貫注的世界吧。我期盼這趟旅行亦是如此。

跨越既是南北分界線，亦是南北交通屏障——長江

離開鄭和公園，騎自行車往北約一小時左右，我來到跨越長江的長江大橋。在大橋建設當時，也許不曾考量到自行車的通行吧。雙向四線道路禁止自行車進入。以欄杆與車道區隔的人行道同樣狹窄。風雨吹來，模糊了視線，加上人行道地磚凹凸不平，已經是寸步難行，又有摩托車與電動自行車穿梭其間，試圖超車。我的自行車兩側綁著背包，幅度加寬。一台摩托車自後方碰撞我的自行車，情急之下跳開，幸好最後人車均安。雖然覺得不可理喻，也只能避開讓路。大橋中間的瞭望台大門緊閉，勉強能避雨的瞭望台入口處，瀰漫著一股尿騷味。

眼前的長江廣闊浩大，非首爾漢江可以比擬。中國南北分界線一般認為是由秦嶺山脈與淮河所連結而成的線，不過將長江視為南北分界線的大有人在。親身來到此地，似乎能理解這樣的想法。長江發源自海拔高度五〇二四公尺的青藏高原，長達六二一一・三公里的江水流經十一個省，匯集成浩蕩的巨流，最後由上海附近流入黃海。長江在不同的區段，又有川江、峽江、荊江等別稱。其中江蘇省揚州的長江下游地區，稱為揚子江。儘管隨著上海外國居民的廣泛使用，揚子江逐漸成為國際上對長江整條河流的稱呼，不過在中國各地仍統稱長江。長江促成中國發展出綿密的水運系統，並蓄積為日後建造鄭和艦隊等大型船隻的技術。如今，長江每年的貨物吞吐量仍高居世界第一。

然而進入動力時代後，長江卻成為切斷南北交通大動脈的屏障。欲從北京搭火車往來上海，必須在長江停下，以快艇運送火車過江才行。直到一九五八年，由蘇聯的技術與鋼鐵支援的第一座跨江大橋始於武漢建成。而第二座跨江大橋，就是我現在所在的南京長江大橋。這座大橋於一九五六年開始測量作業，但是在赫魯雪夫上台後，中蘇關係逐漸惡化，蘇聯的技術人員全數撤離，以致於未曾建設過如此大型橋樑的中國，動員了各方智慧與不拔的毅力，終於在十二年後的一九六八年建設完工。

為了將橋墩打入江水下的岩層中，必須潛入水深七〇、八〇公尺的江底。十五世紀初已創下遠征五萬公里紀錄的中國，卻只擁有能潛水四十五公尺深的潛水裝備，剩餘三〇公尺得憑藉著革命的精神潛水，才得以完工。於此同時，在距離地球三十八萬三千公里遠的月球上，美國阿波羅十一號已完成登陸。起步已晚的中國，近年來已成功達成太空船載人任務，急起直追美國。起初在這場歷史競賽中居於上風的鄭和艦隊，若是如孟席斯所言繼續西進，並且開啟橫跨太平洋的海上航線，部分中國人口由此向美洲大陸移動，那麼今日又會是怎樣的光景？

現在我已跨越長江，繼江蘇省後，踏入第二個省——安徽省。

14. 丟了錢包迷了路，卻沒忘了笑

用最無趣的一句話來形容旅行，就是一場將帶出門的行李原原本本帶回家的遊戲。完整歸來則得勝，若是有所遺失，即被判定為失敗，心情將大受打擊。在旅行途中，無論再怎麼小心謹慎，最終仍難逃物品遺失的命運，如命中註定失敗的遊戲。唯有獲得精神上的滿足，才能翻轉這場勝負。如果非得遺失些什麼，也希望是最不心疼的物品。

這趟旅行帶往中國的背包，除了筆記型電腦包外，還有五個。在橫越美國時，我在自行車後綁上附有輪子的拖車，只要攜帶一個放置於拖車上的大背包即可。不過這也是個問題。當天抵達目的地後，要拿出所需物品，得在人背包中如大海撈針般四處翻找。有時還不是大海，而是深不見底的黑洞。有幾次搜尋未果而放棄，卻又在睡夢中忽然想起。

這次我選擇四個馬鞍包和一個後背包。馬鞍包的英文Pannier，來自於過去橫越沙漠時，掛在駱駝背上，向兩側垂下的行囊。前後車輪各掛一組，即有四個馬鞍包，可維持自行車的平衡。如此一來，自行車就成了駱駝，無論是沙漠或上山下海，都沒有問題。在自行車旅人之間，對於馬鞍包與拖車何者為優，有著不輸進化論與創造論的爭論。拖車只要攜帶一個背包，容易保持平衡，但是車體拉長，迴轉半徑大，較不具備機動性。簡而言之，變換車道所需時間較長，容易與後方來車發生事故，而在轉彎時，拖車因離心力作用造成移動範圍增加，也可能撞上其他車輛。但是使用拖車可減輕自行車本身的負擔，即使行李再多，爆胎的可能性也不大（但是就我個人情況而言，在橫越美國時卻經常爆胎）。馬鞍包的優缺點，正好與拖車相反。因為無法確定中國的道路情況，這次選擇了機動性較高的馬鞍包。馬鞍包的另一個優點，是分成四個背包分裝物品，取出物品也相對方便，不過要到許久之後，我才發現這個優點並不適用於五〇歲的旅人，

細數我所攜帶物品的件數，足足超過五〇種以上。每天抵達目的地，打算取出換洗衣物時，總是搞不清楚放在哪一個背包。為求方便，我為每個背包編號。前輪左側的背包是一－一，右側的背包是一－二，而後輪的左右側背包各是二－一與二－二。不過有時心想「這在一－二吧」，打開背包卻遍尋不著。混淆的原因之一，是我將馬鞍包卸下，翌日一早再安裝於自行車時，經常沒有按照編號順序。有時更想不起一早是否確實按照編號安裝。

文明越是高度發展，行李中的物品越多。這次行李箱中最多的就是電線。我帶了一台me2day連載專用的三星Galaxy S II，以及我原本使用的iPhone 4s，共計二台手機，因此有各機型專用的充電器二組、連接兩台手機充電孔的充電線二條。為預防路程中電池電力耗盡，特別準備太陽能充電器一顆，又因為雨天無法使用太陽能充電器，額外攜帶能以一般插座充電的電線一條、各機型連接太陽能充電器的充電線二條，這樣已經有五條電線。在旅行美國時，帶了五本書出門，最後一本也沒看，這次為了避免重蹈覆轍，於是攜帶一台迷你輕巧的

電子書（kindle），當然也就有電子書專用充電器與連接線一條。另外還有數位相機與數位相機專用的充電器一組、連接相機與充電器的充電線一條，再加上將相機拍的照片儲存至筆電所需的傳輸線一條。最後是連接筆電與充電器的連接線一條，共計九條電線。這九條電線彷彿緊緊纏繞著我的身體，使我永遠無法擺脫這些線的束縛。

這趟旅行，我帶來了韓宗鎬先生給的茶杯。這裡有許多人隨身攜帶茶杯，倒進熱水，就能喝上一整天的茶。中國自來水的品質無法令人安心，乾脆決定只喝熱茶。下自行車休息時，猜茶杯放在哪一個馬鞍包內，就像刮運動彩券一樣令人緊張，不過最後大多沒有猜中。有一次怎麼也找不到茶杯，心情相當鬱悶，幾天後才在二一二「出土」。

後背包有許多口袋，如迷宮般複雜。首先是三個帶有拉鍊的夾層，兩側各有一個沒有拉鍊的口袋，後面有一個以繩子封口的口袋。還有為了減輕肩膀負擔而增加的寬腰帶，上面也有一圈口袋。後背包的右邊有兩個附有拉鍊的口袋，左邊有一個以魔鬼氈開闔的口袋，以上總計九個口袋。自行車專用上衣的背上，有三個口袋；自行車短褲上一般沒有口袋，不過我帶來的鐵人三項專用短褲上，前面有三個口袋之多。這還沒有結束。為預防下雨而準備的防水夾克上，也有二個口袋。除了馬鞍包之外，可以說最多還有十七個口袋。口袋之多，似乎已經到了得額外設計電腦管理程式才行。就像打地鼠遊戲機一樣，要找的物品經常出現在意想不到的地方，而在原本以為物品所在的地方，卻怎麼也找不著。因此，得隨時做好可能遺失物品的心理準備。萬萬沒想到，遺失的偏偏是錢包。

在人煙稀少的鄉間遇上一場亂局

在南京前往安徽省全椒的三三一號省道旁某間店鋪點了飲料，正要拿出錢包結帳，卻不見錢包蹤影。心想就像茶杯總會出現在哪裡吧，一面四處翻找，仍是徒勞無功。剎那間，我清楚感覺到自己的臉正逐漸僵硬。好像本來是放在上衣背上口袋內，找不到。後背包上十七個口袋和四個馬鞍包、馬鞍包上的兩個口袋依序搜尋過一遍，再反方向搜尋一遍，最後不得不承認我有生以來第一次弄丟了錢包的事實。該怎麼辦？已經迷了路，平白兜了許多圈子，想要在天黑前抵達全椒，得放棄錢包才行了。因為事先已經將金錢分散保管好，短時間內還能以剩餘的金錢旅行。

儘管如此，我還是轉身沿來時路搜索。轉過身後，一陣風立刻迎面吹來。這時我才明白，先前乘著順風之便，才得以一路騎得平穩。豈料過沒多久，後輪的煞車器竟貼緊車輪鋼圈，前輪的擋泥板也解體掉落。在人煙稀少的鄉間，遇上了一場混亂的局面。連六〇八號縣道旁如此美麗的風光，也都隨之失色。

為了進行地毯式搜索，我果斷沿著來時路逆向前行，一邊低頭搜尋地面。迎面而來的車輛紛紛閃避，並對我鳴按喇叭。我肯定是個少根筋的樂天主義者，心裡還這樣幻想著：如果警笛聲響起，那肯定是因為找到了錢包，要歸還給我吧。那時，公安會一邊拿出我的錢包，一邊告誡我：「以後別再弄丟錢包了。」而我則是驚喜得闔不攏嘴，連聲稱道：「奇蹟出現啦……。」不過，也許是因為我已經意識到除此之外，別無他法的事實，為了自我放棄才編造出那樣的幻想吧。看見警車經過時，雖然也一度猶豫是否要報案，不過這麼一來，只是在緊湊的路程中又浪費更多時間而已。回到走錯路而折騰好一陣子的一〇四號國道後，我才終於下定決心，打了通電話回首爾，請太太掛失卡片後，再度轉身繼續旅程。六〇八號縣道旁的居民，看著打扮怪異的自行車旅人兩次往返同一段路，臉上露出莫名其妙的表情。

回想遺失錢包的過程，大概是這樣的吧。整個事件始於相機。要取出放在後背包第一個夾層的相機，必須把後背包卸下，打開拉鍊才行，但是放入取出的動作不斷重複，不禁感到厭煩，於是我改為繼續背著後背包，需要時才將後背包拉到身旁，取出相機。可能是將背包放回原位的過程中，放在上衣背上口袋的錢包跟著掉了出來。如果立刻掉到地上，應該會聽見聲音才是，但是也許因為身上穿著雨衣，錢包卡在雨衣與腰際間，要到繼續騎車時，錢包才順勢滑落。而錢包掉落的聲音被雨聲覆蓋，這位天下太平的自行車旅人當時又醉心於風光，輕車快騎走天涯。

接受了錢包確實在某個瞬間掉落的事實與無法再找回的結論後，這位天性樂觀的旅人再度哼著鄭泰春（一九五四～）的〈詩人之鄉（시인의 마을）〉，繼續向前騎。

通往全椒的三三一號省道二十餘公里區間，雖然是一段柏油道路，卻沒有比這更惡劣的路況了。遭貨車車輪輾壓破壞的路面龜裂下陷、凹凸不平，加上下雨，四處出現小水坑；而從龜裂的道路隙縫間外露的土壤，與雨水混合成爛泥。一言以蔽之，就是亂七八糟。頂多只能以時速十公里的速度前進。

再加上先前為了尋找錢包而浪費不少時間，我為此付出了極大的代價。黑夜很快籠罩了大地。中國連國道也沒有路燈，更何況是省道。忽然間，我進入了某座農村的深處，在迷了路又丟了錢包，結局杳然無望的情況下，騎上了一條水泥石塊滿布的陌生道路。一路上絕無人跡，偶有幾輛貨車或摩托車呼嘯而過。儘管試著藉由他們的車燈照明，但是出現的時間太短。經過民宅時，總有惡犬齜牙裂嘴地跑出屋外，對著我狂吠。我曾經對付過美國肯塔基州那些有勇無謀的狗兒們，倒不至於受到太大的驚嚇，不過厭惡的情緒是相同的。

在這樣的情況下，我站在客觀角度審視自我的習慣依舊如昔。「如果這時候又爆胎的話，那就會是一場大災難了耶。」我已經做好心理準備，面對在伸手不見五指的黑暗中補胎的最糟情況。不過Marathon Plus Tour輪胎可非等閒之輩，它挺過了水泥石塊散落的尖銳道路，帶領我成功抵達全椒。

過了晚上九點，我才抵達全椒，趕著訂好飯店後，便外出準備用餐。在中國，多數餐廳只營業到晚上九點，不過幸好當地仍有餐廳營業。店家為我燙了名為「龍蝦」的土蝦，正適合作為啤酒的下酒菜。由於蝦殼軟滑，不易剝開，於是餐廳大媽為我示範如何剝殼，代價便是請大媽吃自己剝好的蝦子。大媽反問我一句：「只給一隻蝦呀？」接著便自己笑了出來，笑聲許久未停。我不是會放聲大笑的人，但是不知怎地，笑聲像是從肚子深處響亮出來似的。像這樣真誠地開懷大笑，似乎是好久好久以前的事了。這是沒有經過意識思考，單純隨著身體自然律動所發出的聲響。

15. 初遇中國農民

才離開南京，立刻進入一派閒適的農村，全無都市漸進農村的過度地帶。都市的吵嚷與農村的寂靜，竟如此比鄰而存，著實令人驚訝。以都市為主的失衡發展，或許是其原因之一，不過對於旅人而言，不必歷經千辛萬苦便能深入農村，內心只有感謝。

當然，如果沒有迷路的話，就不會進來這裡了。原本從南京跨越長江大橋後，得沿著三一二號國道繼續前進才對，不料沿途有多條岔路，又遇上路邊某場活動的人潮，無暇顧及身在何方。騎了一段時間，看見標示進入安徽省的路標上，寫著一〇四號國道，這才發現自己正糊里糊塗地往北移動。一開頭的國道是通往北京的道路。這下只得沿著六〇八號縣道南下，再轉入三三一號省道往西。

與滁河並行的六〇八號縣道上，儘管顛簸的路面為騎乘自行車帶來不便，卻能享受平和靜謐的景致。牛兒嚼著青草，鴨子三五成群聚集於河邊，微風徐徐吹來。船夫搭上小船，搖槳划出水面，雨過天青的西邊天空上，雲朵逐漸染上深黃。

但是人們打量我的神情，卻令人費解。旅途至今遇見的中國人，總能一眼看出我不是中國人。皮膚黝黑，瘦削的臉頰上有著尖挺的鼻子，人高馬大的我，究竟是從哪顆星球來的呢？臉型圓而扁平，鼻子並不那麼突出的南方中國人，總是按捺不住心中的好奇，主動向我走來。然而這座農村的人們只是瞧著我。偶爾自四方傳出鞭炮炸響的聲音，讓人以為是年輕人騎著機車疾馳而過。氣氛似乎有些詭譎。

其實來到中國以前，農村的情況最令我不安。每每出現關於中國農民的報導，大多脫離不了示威抗議。二〇一一年秋天於廣東省烏坎村爆發的農民示威，受到西方媒體大篇幅的報導。地方官員未經農民同意，將土地使用權變賣給開發業者，是此次示威的導火線。

示威進行過程中，一名示威領袖被捕，冤死獄中，更激發農民揭竿而起。封鎖村莊的戒嚴令隨即發出，雙方對峙數個月後，廣東省政府最後接受農民的聲音，示威領袖獲選為村代表。揭露這則消息的二〇一一年十二月二十五日紐約時報上，大膽使用了「烏坎可能是農民反動的前兆」的標題，並報導「在中國，仍有六十二萬五千多個像烏坎一樣，正經歷腐敗之苦的潛在烏坎村」。

三三一號省道旁某座村莊的農民們

當中國某地出現示威，其他地區也會接連響應，這是西方媒體的主要解讀方式。對此，中國政府批評西方媒體此舉是為了動搖中國的安定，故意誇大其辭。然而對於「何不坦然公開一切？」的疑問，中國政府卻又回以「一旦壞事傳開，恐將敗壞社會風氣，導致更多壞事發生。」在這種社會主義箝制言論的背景下，可能對社會安定造成影響的烏坎村示威活動，在中國自然被禁止報導。

我不知道該相信誰的說法。在我看來，設想仍有許多潛在的烏坎村，並對此預作準備，會是較保險的做法。中國農村自改革開放以來，在資源分配上屬於弱勢地區，加上年輕人口大量進入都市成為農民工，或許是導致農村逐漸走向衰退的原因。當社會規範瓦解，人心惶惶、犯罪叢生之際，像我一樣從國外獨自前來，而且是騎著無法快速逃難的自行車的旅人們，可能會被視為天上掉下來的肥羊吧。因為這樣的想法，使我無法灑脫地走向前與他們對話。其實，就中國的現在與未來聆聽農民的想法，是我這趟旅行中極為重要的課題。然而眼下尚未掌握實際情況，又不明白他們如何看待我這個意外闖入的來訪者，在在令我踟躕不前。

安徽省儘管被稱為農業大省，卻也是集體農莊形式的人民公社最早崩解的一省。那同樣是一場由社會底層發起的革命。衝擊與混亂的文化大革命結束後兩年，即一九七八年十一月二十四日，在我目前所在之處北邊不遠的鳳林縣小崗村，有十八位農民聚集在茅舍中，冒死蓋下了紅色的手印。契約書上的內容，寫的是決議以個人生產代替集體耕作，將農地平均分配後，只要繳交規定的生產量，其餘可由個人擁有。「依照能力工作，依照需求消費」的社會主義原則，在這一瞬間被摧毀。

然而，日後官至國務院副總理的安徽省書記萬里，竟認可了這項決議，並將之擴大至安徽省全境。翌年，這十八位農民的作物收成情況，出現了戲劇性的變化。他們締造了驚人的收成量，為去年收成量的五倍，也就是五年來收成量的總和。由此體認個人成就動機至為重要的黨中央，於一九八二年將此包幹制推廣至全中國，中國於是得以宣稱史上首度「野無餓莩」的時代來臨。

由此可見，安徽省是點燃農業生產革命火苗的一省。曾經，農村歌頌著較都市豐饒富足的生活，然而在一九九〇年代以後，東南沿海都市急速成長，導致農村再度倒退。加上憂心物價上漲的中國政府，積極推動低穀價政策，無疑使農民的生活雪上加霜。

中國與北韓、非洲西邊小國貝南共和國，是全球不具有居住遷徙自由的三個國家之一。雖然可以在都市工作，卻無法遷移戶口。獲得上海戶籍的手續，堪比移民美國，必須滿足如與上海人結婚、購屋、取得碩博士學位、具有特殊專業技術等十二項條件中的一項才行。中國政府擔心一旦放寬遷徙自由，農村人口將大量湧向都市，造成農村荒廢與都市人口暴增，進而導致雙邊功能瞬間停擺的後果。因此，除了維持地區間的隔離外，中國政府亦致力於降低都市與農村間的差距。

自二〇〇六年起推動的三農政策，便是這項努力的一環，為農業、農民、農村三方面分別實施之政策的總稱。掠奪農民長達兩千六百年的農業稅，因該政策而於二〇〇六年遭到廢除。光是這個政策的廢除，每位農民每年即可獲得一千三百多元的減免。另外也提供補助金，於農村地區開發投入大筆資金。

連聲說道「很好」的農民

最後終於見到了中國農民。在全椒縣過了一晚，翌日在通往安徽省省會合肥的三三一號省道邊，發現某座村莊正舉辦婚禮。原想趁著大喜之日，人們放下戒心時，走入賓客之中，卻被一位穿著很都會而「俗氣」的中年男子搖手趕走。通常牽著自行車，說自己來自韓國時，中國人總會舉起雙手歡迎，但是這名男子在我開口說話前，已經下了逐客令。覺得丟臉的我，只好在場外游走，小心翼翼地拍照，此時一位身材魁梧的男子走來，問我從哪裡來。當我表明從韓國來時，他立刻牽著我往裡走，叫我吃過飯再走，還問我抽不抽菸，一副不知道該如何招待才算周到的表情。我倆談話的同時，眾人開始圍著我，顯露出一直以來對異鄉客的無限好奇。如此大陣仗的對話有個好處，那就是其中必然有一人能說或能聽懂普通話。果不其然，在人群之中，有一位小學教師。

韓國女生漂亮，是中國人必定談論的話題。看來是收看了不少韓劇。如果我說藝人是動了整形手術才變漂亮的，他們又會急著問是不是有錢就去動整型手術，按捺不住心中的羨慕。他們對三星等韓國產品的印象也不錯。說起北韓，他們則是連聲嘖嘖，說現在的北韓就是他們過去的年代。接著也期許南北韓關係盡快改善，就像中國與臺灣的關係日漸友好一樣。在中國農村展開這樣的對話，是我始料未及的。每當我丟出一個問題，他們總是立刻異口同聲地回答。

「你們種什麼呢？」

「米、小麥、玉米。」

「今年收成好嗎？」

「很好。」

「你們怎麼看中國的現在？」

「很好。」

「那你們怎麼看中國的未來？」

「還可以。」

「都市過得更好，你們沒有什麼不滿嗎？」

「但是這裡安靜，空氣又好呀。」

眾人的回答正面又樂觀。這與一般認為農村動盪不安又逐漸走向衰敗的先入為主的觀念，差異極大。是因為舉辦婚禮，眾人心情極好才這樣嗎？還是對來自韓國的稀客不好說些嚴肅的話？又或者這座村莊本是如此？無論答案如何，我開始產生了期待，也許越往中國內部走，越能發現與今日新聞報導或西方作家的描述截然不同的中國和中國人。果然走遍萬里路，還是得眼見為憑。

還有一點與韓國感受特別不同，那就是中國人深諳離別之道。原本滿心好奇地圍著我的農民們，聽見一句「我得走了」，立刻為我讓出一條路來。如果是在韓國，肯定是抓著對方不放，要對方過一會兒再走，而在中國，卻是瀟瀟灑灑地道別。我在美國也有過類似的感受，想來應是大陸人民的特質吧。在國土面積遼闊，以致於離別後，此生可能再也無法相見的國家，可不能對離別有一絲繾綣。而對於像我這樣日復一日上演見面與離別的旅人，更應該如此。但是，再怎麼萍水相逢的緣分，一想到日後再也見不到面，不禁黯然神傷。我果然是韓國人。

16. 中國人不畫簡易地圖

為什麼經常在三一二號國道上迷路，我在吃盡苦頭後終於明白。地圖上由全椒往安徽省省會合肥的道路，看來清楚明瞭。從全椒朝東北方前進（從昨天傍晚騎來的路再稍稍往回走），就能接上三一二號國道與高速公路G四〇並行的區間。心想從這裡接上三一二號國道，往西騎一二〇公里，就能抵達合肥。同時帶著再也不要看到三三一號省道的決心……。

騎上自行車，先往北前進，抵達全椒火車站後，再向人問路。原先設想的東北方是右轉，豈料在此得到的回答是先左轉，一直走再左轉，一直走再右轉，便可一路向西騎。居住在農村的農民們，由於在熟悉的地理環境中活了大半輩子，因此無法站在旅人的立場指引道路。最令人鬱悶的回答，就像這個人說的「一直走」。最常聽見的話，是「往前一直走」。究竟該一直走到哪裡？這樣的疑問總要等到新的道路出現時，才得以解開。有時也簡稱「往前走」或「一直走」。其實話中的意思，是要你往前走，到了附近再向其他人問路。因為前往合肥有一二〇公里的路程，無法一一詳細說明。甚至也有「三、四個紅綠燈以後左拐」的敷衍回答。殊不知一個紅路燈的差異，就得多繞點冤枉路，竟只是隨便回答「三、四個」。

在旅行美國前，我曾經參考過「單車探險協會」（Adventure Cycling Association）編寫

前往合肥的路上，日正西沉

的自行車路線指南，即便如此，偶爾仍難免迷路。然而中國不僅沒有長途自行車路線圖，地圖的繪製也並不發達。因為地圖曾有一段時間被視為軍事機密，不容易取得。如今書店架上雖然擺滿各種地圖，不過在地圖繪製、校對、印刷的同時，道路又「改頭換面」了。

我主要參考手機中的Google地圖，但是選項只有開車、大眾運輸與步行三種。開車地圖多導向高速公路，無法使用；而步行地圖又經常導向山路這種自行車難以通行的道路，不可盡信。於是向當地居民問路，成了唯一可靠的途徑，問題是中國人不願畫簡易地圖。有時對方口音較重，聽了幾次也無法理解時，便會請對方寫下來，然而對方寫下的卻是簡短的敘述句。他們似乎沒有將空間換算為客觀的距離，並以抽象圖形表示的習慣。自古以中國為世界中心，以周邊國家為蠻夷的相對空間觀念，肯定削弱了中國人的空間知覺能力。所以即使鄭和船隊下西洋回來，也只是強化中國為世界中心的體認，至於是否因此產生擴張王朝國土面積的野心，就不得而知了。

有時中國人也會提示明確的方向，例如往東或往西，但是對於不知何處是東，何處是西的異鄉客而言，一點也派不上用場。又或者從地形來看，中國的中原主要位於平原或丘陵地帶，因此由高處向下眺望的立體空間知覺，似乎較不發達。像首爾那樣登上社區的後山，整個市區便可一覽無遺的制高點，在這裡並不容易發現。所以中國人一般這麼說。

「從這裡騎到兩百、三百公尺遠的地方，會出現一個十字路口，在那裡左轉。然後往前走一會兒，看見一棟高樓，在那裡右轉。」

「走一會兒」是要走多久呢？「高樓」又是指多高的建築呢？是要經過高樓後再右轉呢？還是在高樓之前右轉？雖然問題一個接一個冒出，但是再追問下去有些失禮，乾脆作罷。

騎上自行車時，我心裡並不願意稍微迂迴地往東北方騎，問了在車站前的人，說是有往西的路，於是開心地「一直走」，不料過了不久，竟出現道路施工的標示，無法繼續向前。按照此人所言，稍騎一段路就得左轉，而眼下不過才騎了一小段路。無可奈何之下，只得返回原路，接上新的道路再向南。但是到了該再次右轉才能往西通向合肥時，偏偏又沒有可以右轉的道路。正疑惑自己是否繞了太多冤枉路，再次向路人問路時，得到的答案竟是起初我打算往東北方走的道路。因為向西騎了一段路，又接著向南騎，所以現在得往東才行。以早上出發地為起點，我只是順著北、西、南、東的軌跡繞行，最後又回到原地。

從原地再往東北方騎七、八公里，抵達了該出現三一二號國道入口的地方，但是眼前只有四〇號高速公路的收費站。高速公路管理局員工告訴我自行車禁止進入高速公路，並為我指出另一條道路，但是必須再次回到來時路。我無法相信，也不願意相信。要我這種同一本書不會再讀第二遍的個性的人，回到之前走過的路？我想再也沒有比這更令人抓狂的事了。儘管又找了許多人，幾近懇求地問：「不會是這樣吧？」答案依然如出一轍。沒辦法了，開始向南，騎上第三次騎過的路，喔不，加上昨晚一共是第四次的路，再次通過早上出發的地點，最後還是得走令人厭煩的三三一號省道。

農村路

今天又在路上看見了夕陽

我不曾想過道路就像一條巨蟒，也會把另一條路吞下肚。從Google地圖來看，三一二號國道與高速公路像是緊挨著的兩條道路，實際上卻是高速公路將三一二號國道併吞的區間。如果駕駛的是可通行無阻的汽車，當然沒有影響，但是對於自行車旅人而言，無異於道路忽然停在懸崖前。三一二號國道就在眼前消失了。之前騎在三一二號國道上，卻眼睜睜地迷了路，部分原因便是在此。因為當地居民幾乎不曾以自行車在都市間旅行，不了解道路情況，才會將我指向變成高速公路的三一二號國道。如今回想起來，早上第一位為我指路的人，他的說法才是最正確的。往南騎了好一段路後，我才找到他所說的該右轉的道路。

高速公路將國道吞下肚後，在靠近都市的地方，才又將國道吐了出來。在自行車旅人看來，三一二號國道有如海市蜃樓般，反覆出現又消失，令人氣結。不過也多虧於此，在迷路的過程中，得以看見新奇的事物，遇見意料之外的中國人，反而更加深入中國，正所謂「吃虧就是占便宜」。這番說服自己後，便不覺迷路之苦。雖然每天誠心祈求順利抵達預定目標，但是幾乎不曾真正實現。

前一晚經過的恐怖三三一號省道，如今越遠離都市，越顯得美麗。道路兩旁種植的合抱大小的路樹，在遼闊的油菜田中形成一條長達數公里的綠色隧道。有時孩子們騎著自行車跟在一旁，有時羊群大舉穿越馬路，有時居民坐在緊臨路旁的民宅大門前，一派悠閒地看著我。

騎在柘皋鎮上，正巧經過一座希望小學。校舍是紅磚牆配上藏青色屋瓦的小巧建築。看來是上海市盧灣區為當地興建的學校，校名上寫著盧灣柘皋。為了讓受惠於先富論而率先發展起來的地區或企業，對落後地區做出貢獻，中國政府目前正推動「希望工程」計劃。「希望工程」中最具代表性的建設，便是興建學校。提供我自行車的金正浩先生，也曾贊助中國兩所希望小學。由草地改建的小型操場上，幾名小朋友原本正玩著，發現我的身影後，立刻跑了過來。其他小朋友見狀，也跟著向我這靠過來，抓著校門的鐵欄杆問道。

「哇，長得好高喔。你從哪裡來？」

「韓國。」

「哇，第一次看到韓國人。」

「為什麼在外面玩？」

「現在是體育課。但是韓國人為什麼說中文？」

「我學了一點。」

「但是為什麼要拍我們？」

「因為你們可愛。」

「為什麼來這裡？」

在我正要開口回答前，老師已經走來將孩子們帶進校舍裡。在風和日麗的春天忽然出現的我，將在他們腦海中留下什麼樣的殘影？「為什麼會來這裡呢？」「該不會是從韓國騎自行車過來的吧？還是飛過來的？」「如果是飛過來的，難不成是外星人？怎麼想也不明白他為什麼來到這裡。不過真好玩。」

向西前進的路上，正面迎上太陽。太陽緩緩向西移動的同時，我正奮力踩著踏板，趕在日落前抵達目的地。但是上午因為多繞了路，今天又在路上看見了夕陽。經過肥東時，天色已全黑。幸好路燈及時為我照亮前方，騎自行車不致於有太大困難。我再次進入了繁忙喧囂的都市。

17. 比季風汙濁多變的中國政治風向

來到安徽省省會合肥，我最想一探究竟的地方是中國科學技術大學。在天安門事件發生前三年的一九八六年，這裡首次出現民主示威活動。日後成為中國人權鬥士的物理學家方勵之，當時是這所學校的副校長，在示威活動後遭到解雇。

作為第三條道路的社會主義市場經濟，如何為中國所接受，是我相當好奇的問題。用社會主義唯物論來看，上層結構為一黨獨裁，下層結構為資本主義社會的型態相當畸形。也有不少西方學者認為這條道路終不可行。西方主要觀點認為，中國人民最終將奮起要求政治自由，並帶來一場動盪。齊福德在《三二二號公路》中寫道：「中國人如今已不再滿足於選擇披薩上的餡料，他們渴望的是選擇政治領袖。」究竟身為當事人的中國人，也是這麼認為的嗎？

與此最具關連性的事件，便是天安門事件。從一九八九年四月十五日改革派胡耀邦總理的追思會開始，到六月四日出動坦克車鎮壓為止，這場發生在天安門廣場與全國主要都市的民主示威運動，共持續七個星期。此事件至今在中國仍被視為禁忌。網路上為躲避「和諧（審查）」，改用「五月三十五日（即六月四日）」、「平飯六塊四」等隱晦字眼。意

郭沫若像
邓小平题

中國科學技術大學校園全景；自行車上的是退休教授

指和平協調的「和諧」，是中國政府所推出的社會政策，該用語在網路上被賦予各種意義並加以嘲諷，而在此指的是「審查」。表示「用餐」的「平飯」，發音與伸張冤屈的「平反」相近；表示價格六元四十毛的「六塊四」，則是六四犧牲者的代稱。即使如此，又有多少人努力記住這段往事？

我在綠意盎然的校園停妥自行車，向校園望去，四處盡是一對對的情侶。向躺在女友大腿上的男學生，詢問他們出生前發生的示威活動，大概是最不知好歹的行為了。一如上海人民廣場那樣，這裡如今不再是討論政治的場所，而是人們互訴情意的地方，明明白白揭示了世事的轉變。噴水池的一角，被譽為中國「歌德」的郭沫若像，正站立抱胸，看著這座校園。塑像背後的說明文中，寫道「郭沫若像」四字由鄧小平親筆寫就。郭沫若在擔任中國科學院院長時，成立了這所學校，並出任中國科學技術大學首任校長。在知識分子頻遭苦難的一九六〇年代中期的文化大革命中，郭沫若幸蒙「右派代表人物」之名，得以在紅衛兵的包圍中全身而退，然而在他的十一名子女中，有兩名兒子最終因自殺或不明原因而辭世。

一位上了年紀而外貌斯文的長輩，正騎著自行車環繞噴水池。他說自己原本教授地球科學，退休後每天同一時間來此騎自行車。短短幾句對話，卻相當謹慎小心。在中國，政治風向可是比季風汙濁多變。自己的言論或論文，隨時可能成為砸了自己腳的大石。他並未告訴我姓名，當然也不同意我拍照。即使如此，他也像我在中國遇見的其他人一樣，對我充滿了好奇。

他堅持說英語，而我堅持說中文，於是展開一場沒有翻譯的英中對話。就像移民國外的家庭，孩子說英語，而父母說韓語一樣。最特別的是，我倆對自己選擇的語言都不太在行。對話出現困難時，我便協助他的英語，而他協助我的中文。對於一九八六年發生在這裡的示威和方勵之，他自然是知之甚詳。方勵之不久前（譯註：二〇一二年四月）於美國亞利桑那州的圖森市（Tucson）逝世。

「他是我的同事，豈有不知道的道理？」

「你怎麼看他？」

「他人不錯。」

「方勵之投身民主運動，最後逃亡海外。你如何評價他這樣的行為？」

「他不是逃亡，而是中國政府同意他前往美國。」

事實並非如此。示威遭到武力鎮壓的隔天，也就是一九八九年六月五日，方勵之躲入美國大使館內，獲得逃亡許可。然而中國政府懸賞緝拿方勵之，並對美國施壓，美國則提供他在美國大使館一年的保護。經過季辛吉（Henry Alfred Kissinger）與鄧小平的會面協商，方勵之才得以經由英國逃亡美國。

「你如何評價他的行為？」

「他的想法是不錯，不過……。」

他還是逃避了問題。在中國，關於政治的話題其實無法暢所欲言。

「楊振寧教授過得還好嗎？」

為了解除他的戒心，我向他詢問合肥出身的諾貝爾物理學獎得主楊振寧的近況。楊振寧在八十二歲那年的二〇〇四年，與二十八歲的翁帆再婚。在中國搜尋網站百度上輸入他的名字，便會自動出現詢問他與翁帆之間是否有孩子的問題，可見許多人對此感到好奇。直到我問了這樣的問題，這位老教授的表情才豁然開朗。

「他在清華大學應該過得不錯吧……。哈哈哈。」

清華大學是與北京大學並稱中國「雙璧」的名校。如果中國科學技術大學仍像建校當時一樣留在北京，也許今日會與清華大學並駕齊驅。雖然目前也是不易擠進窄門的名校，但是位置偏遠，難免受到一定的影響。

「這所大學為什麼會遷移到這裡呢？」

對於這個問題，他只回答是政治上的原因，便沒再多說。其實這算不上什麼敏感的問題。一九六〇年代末期，中國為預防雙方關係惡化的蘇聯侵襲，將北京的主要機構分散安排至全中國。中國科學技術大學起初遷移至安徽省安慶，因位置狹小，復遷校至合肥。

他不願回答我的問題，卻問我南北韓關係不見改善的原因，以及我個人對北韓的看法。又問了我南北韓分裂的原因，在我就所知回答後，他卻說自己早已知道。看來是想測試我。我丟出了最後一個問題。

「你認為天安門示威會重演嗎？」

「中國目前經濟持續成長，政治領袖比過去更為優秀，我想未來不會再出現那樣的示威了。中國的未來是光明的。」

遺忘方勵之的中國科學技術大學

我走向坐在長椅上的年輕人。他們是在附近資訊通信（ＩＴ）業上班的工程師，午餐時間到校園內來休息。他們對中國的現在與未來相當樂觀。我告訴他們路上遇見的中國農民，他們的回答是中國政府正提供各種補助，未來農村的情況將日漸改善。但是，他們對於一九八六年的示威和方勵之一無所知。在校園內遇見的其他學生，也都是如此。在與他們談話的同時，老教授再次向我走來，丟出一個在我看來有些莫名其妙，不過似乎是他思索許久的問題。

「你認為美國會攻打中國嗎？」

中國官方媒體近來報導美國在澳洲部署兵力，並強化與菲律賓的軍事合作，認為這是為了牽制中國而實施的海上封鎖策略。在中國以外的國家，憂心國力日漸壯大的中國對外將採取強硬路線；而在中國內部，卻擔憂日後美國的侵襲。這是一種歷史受害者的思維。我認為，中國未來在領土紛爭上，可能會採取更激烈的手段。帶有被害意識的掌權者或強國，具有極大的危險性。

蘇聯沒有對美國發動攻擊，而是蕩盡舉國之財於軍備競爭，致使國內民生凋敝，中國若要避免重蹈覆轍，或許努力消除國內貧富差距，會比擔憂美國的威脅更為重要。在我提出上述的看法後，他的解讀是美國無論如何都不太可能攻打中國，便結束了對話，領我前往附近的餐廳，請我吃了碗炸醬麵。

後來，終於遇見了知道方勵之的學生。就讀物理學研究所的陳沖，主動向頻頻張望四周的我搭話。他去年曾經騎自行車挑戰從四川省成都到西藏拉薩的川藏線，因此看見我那台綁著背包的自行車，似乎特別高興。陳沖看來聰明伶俐又親切熱心，毫無保留地向我說起方勵之。

「我知道他是相當優秀的學者與愛國人士。但是在那樣的時代，他的行為背後究竟隱藏了什麼，這點我並不清楚，所以無從評論他的行為。」

「今日有可能發生像當時那樣的事件嗎？」

「我覺得不會。雖然有環境汙染、食品安全和腐敗的問題，但是百姓大多感到滿足。」

不僅是他，走過上海、南京，再到這裡，一路上遇見的大學生都持相同說法。他們對於政治結構的改革並不關心。共產黨一黨獨裁的上層結構，反倒像是被市場經濟支撐著，看來更加堅固。那麼，將自由民主主義視為歷史終點的西方觀點，難道是言之過早嗎？還是根本派不上用場？又是否該用中國比歐美漫長的歷史來解讀現在？

仔細想想，在中國本地還不曾以全國為單位舉辦民主投票。換言之，中國尚未發展為一個必須實施投票的社會單位。政治自由更接近為追求其他目的而行使的工具性概念。一九八九年學生在天安門廣場上喊出的政治自由與改革，毋寧說是為解決社會腐敗問題而提出的方法。相較於政治自由，天下太平這種社會安定的價值，在中國似乎更受到重視。那是因為中國這個國家，在實現天下太平的道路上，背負著各種無比艱困的條件。在歐洲大陸大小的土地上，住著歐洲與美洲大陸五十五個國家人口總合的人口，生活超過五千年的歷史，如此龐大的社會經濟壓力，是任何一個國家或人民都不曾經歷過的。

所以即使有些許不公平，人們似乎仍忍耐地生活著。再加上中國不久前才經歷過天翻地覆的社會劇變，今日人們更加渴望安定。那樣巨大的痛苦，遠遠超過在韓國所能想像的程度，關於這點，我在河南省的新陽有了深刻的體悟。

18. 追著貨車車尾跑的高速公路闖越記

這趟旅程逐漸變得困難重重，全是因為載運建築資材與石材的貨車所致。無力承受大量貨車使用的道路逐漸塌陷，貨車往來頻繁的道路路面宛如月球表面。加上貨車車廂未確實覆蓋，沙土隨風揚起，近半已付之空中，不過大地上灰濛濛的塵土與沙石，又將再度沉積於車廂之上，想來重量應該是不變的。

貨車鳴起震耳欲聾的喇叭聲，如消毒車般噴出褐黑的烏煙，像是要趕走路上那些為閃避窟窿而左右蛇行的小車與摩托車。這是否已超出汙染排放標準，已毋須費心檢測。不過車輛與居民自有防塵對策，小車四處閃避烏煙，居民則偶爾提著臉盆向馬路潑水。「這種程度算不上什麼大麻煩。」如此不以為意的態度，令人連連驚嘆。如果是在居民自治較成熟的國家，肯定早已走上馬路，阻擋貨車的通行。

即便如此，貨車可是中國經濟的血液。即使這條名為「道路」的血管破裂，即使血液汙濁，唯有血液持續循環，經濟才能活絡起來。當地居民既已接受這樣的現實，像我這樣偶然涉足其間的異鄉人，又豈有置喙的餘地。卡車經過時，只好稍微減緩速度，盡可能與卡車保持距離。然而情況嚴重時，豈止是一兩台的程度，幾乎是上百台貨車毫不間斷地經過，

無意間騎上的高速公路G40

彷彿譏笑著我：「經濟開發的激烈廝殺正如火如荼，你又抵擋得了嗎？」要我別做無謂的抵抗。貨車的種類繁多，其中由耕耘機改造而來的三輪車，想必是以煤炭作為燃料。若非如此，不會噴出燃燒不完全的烏黑煤煙，也不會移動如此緩慢。尤其行駛於上坡路段時，速度與自行車無異，若是被甩在三輪車後，下場肯定是吸入滿滿的鎘、氯、氟化氫、鉛、二氧化硫等氣體，滿臉像是剛從坑道中爬出的礦夫。

由於道路處於毀損或將要毀損的狀態，四處正進行翻整既有道路，以拓寬或重新鋪設道路的工程，因此未鋪設混凝土或瀝青的砂礫道路也增加不少。道路的破壞與復原處於現在進行式，更添自行車旅人的勞苦。幸好此行騎的是越野自行車，若是一般道路用的自行車，輪胎或車體恐怕早已無法負荷。

一如預料中的，在合肥附近開始出現的起伏丘陵，無疑是雪上加霜。過去乘著順風在平原上奔馳的回憶，得忘得一乾二淨才行。現在正進入中國的第二級階梯。若是從闖入小人國的格列佛之眼來看，中國應是由三級階梯所構成。第一級階梯為海拔高度五百公尺以下的東部丘陵與平原；第二級階梯為海拔高度一千公尺至兩千公尺間的廣闊高原與盆地，簡單來說，就是秦嶺山脈與青藏高原之間；最後一級階梯為海拔高度四千公尺以上的西南青藏高原，是中國也是全球地勢最高的地區。在尼泊爾被稱為聖母峰（Mount Everest），高度達八八四三公尺的珠穆朗瑪峰，正位於此。此次旅行，將經過第一級與第二級階梯。

為迎接日後最辛苦的時刻，目前我先將前輪變速固定為第二段，以第一段作為最後備案，只調整後輪變速，但是來到這裡，我第一次感受到想將前輪變速調整為第一段的渴望。不過比起咬牙苦撐，我選擇的是站立式騎法。也就是臀部離開椅墊，以雙腳奮力踩踏的力量越過丘陵。如此反倒更好。旅行前沒能練習騎自行車，臀部的肌肉鍛鍊不足，無法忍受長時間坐在椅墊上產生的痠痛，只能不斷變換坐姿，忍耐至臀部肌肉逐漸發達為止。不過若是採用站立式騎法，即可避免臀部的痠痛。不只是臀部，右肩也經常感到疼痛。就連背包的寬背帶，也像是鞭笞般嵌入皮肉中。呼吸急促困難，又無處躲避貨車的烏黑煤煙。儘管是一場險惡的苦鬥，但是一旦下了自行車，痠痛便立刻消失。這算不上什麼太嚴重的問題，只是得不斷休息。過去旅行時，平均兩個小時休息一次，此行甚至無法忍耐到一個小時，就得停下自行車。

儘管如此，我仍持續調整每天騎乘的距離，一點一滴拉長。在旅行的前半部，就像是為了挑戰六〇天萬里長程的休養階段，先全力將地面修補平整，鋪好砂礫後，再灌上混凝土，覆以麻布袋，以完成日後的康莊大道。即使稍微吃力，也得盡可能擴大體能的極限。無論如何，若能將一天騎乘的距離拉長，便可為日後立下新的標準。從合肥經過六安，再進入河南省的路上，竟意外獲得可望刷新一日騎乘距離的機會。

試了再說吧，不行就算了

從六安騎上三一二號國道，一路前行，再度遇上四〇號高速公路吞噬三一二號國道的情況。眼前是高速公路收費站，一旁亦有道路分岔而出，若是走上岔路，不但路面崎嶇，貨車也往來頻繁，似乎還得繞許多路。於是我直接騎過收費站，從柵欄旁的縫隙鑽出。我在中國學到一點：「試了再說吧，不行就算了。」中國是通融度極高的國家。

經過收費站時，沒有任何人出面阻擋。應該沒問題吧？通過當下，立刻猛踩踏板向前衝。這一刻起，可以說走遍了中國的各種道路。繼鄉道、縣道、省道、國道之後，如今又踏上了高速公路。就道路的硬體條件來說，高速公路果然還是最好的。一路上幾乎沒有車輛通行，這是因為過路費昂貴，致使貨車司機捨棄這條便利舒適的道路，一窩蜂擠進國道或省道。高速公路的路肩也相當寬闊，即使身旁車輛呼嘯而過，也絲毫感受不到生命威脅。其間有兩台公路巡邏車經過，並未將我攔下來。這下看來沒問題了。道路平坦，加上順風的助力，騎乘速度開始加快。突破平均時速三〇公里時，肩膀與臀部的疼痛也暫時煙消雲散。

乘著破竹之勢，終於進入了河南省。進入今日目的地固始的交流道就在眼前，但是我捨不得這條公路，不願停車。再往前騎十公里左右，出現了河南省收費站。心想該不會在那裡被逮個正著，要我舉起雙手站在原地吧？相較於此，我更擔心要我騎回原出發地。先試了再說吧。豈料一名一臉稚氣的交通警察將我攔下，真是要我騎回原出發地。我擺出一副不可置信，幾乎要昏厥的表情。

「我只是把這條路當成三一二號國道，就這麼騎過來罷了。」

「下個出口一定下交流道，拜託放過我吧。」

儘管苦苦哀求，對方仍不為所動。表面看來和善的這位交通警察，像是努力克制著逐漸軟化的心，斬釘截鐵地說聲「不行」後，往收費站的方向走去。我可不會就此放棄。望向四周，兩名資深幹部在收費站屋頂陰影下瞧著我，發出戲謔的笑聲。

我閃過進入收費站的許多車輛，走向他們，用這世上最楚楚可憐的眼神懇求他們。他們得知我來自韓國，並滿足了對我的各種好奇後，向菜鳥交通警察做了個手勢。我心中大喊

「萬歲」、「這就是中國」，一邊從收費站的柵欄鑽出。他們在我身後高喊「一路好走」。我沒有在下一個出口離開，而是索性一路騎到信陽市的商城縣，刷新一天騎乘距離達一四二公里的紀錄。

高速公路與村莊之間，被圍牆完全阻隔。原為三一二號國道的地方，在被徵收為高速公路用地後，原本人口稠密的村莊生態系因此崩解。仰賴用路人消費維生的餐廳與旅館，紛紛關門停業，村莊內的居民也逐漸外移。高速公路只不過是都市間點對點的連接，而非連結沿路村莊的道路。美國的情況也是如此。州與州之間的州際高速公路（Interstate Highway）所經過的農村，如果不是在高速公路的出入口處，反倒走向衰退。通訊與道路的發達，將整個地球打造為一座地球村，然而全球化本身，卻帶來這般財富的傾斜與兩極化。

騎在高速公路上，除了交通警察外，沒有機會與任何人交談。如果可以繼續利用這條通往西安的四〇號高速公路，當然能更快、更輕鬆地抵達目的地，但是這並不算是騎自行車橫越中國。即使感受著臀部與肩膀的雙重痛苦，吸入滿滿的煤煙，還得忍著大腿內側撕裂般的痛楚騎上山丘，我依然選擇騎入人群之中。下定決心後，我拐進出口，沿著二一六號省道來到商城，果然依然是道路施工中。因施工而寬度限縮的道路上，混雜著卡車與公車、三輪車、汽車、摩托車、電動自行車等交通工具，而一旁還有農夫牽著牛呢。遠方的農地上，農人正忙著換工插秧。日已西沉。

19. 市中有市？

自行車計速器除了速度外，亦可提供騎乘距離、騎乘時間等各項數據。我主要關心的數據是時速。維持平均時速二〇公里是我的目標，若時速降至二〇公里以下，就得更努力踩踏板。另外，距離也是不可或缺的重要數據。因為滿心焦急地想知道又接近了目的地多少，所以每次出發時，便開始關注計速器上的數據。「還剩下一百公里，算入午餐時間和休息時間，還得再騎八小時才行。」像這樣不停地計算距離與時間。得再接受多少鍛鍊，才能消除對距離的擔憂呢？

出發地與目的地之間的距離，我主要參考手機中Google地圖自動計算的資訊，不過也經常對照實際路牌上的距離，藉以正確計算路程又減少了多少。其實這並不是為了真正的測量，只是一種莫名的心理，期待剩餘的路程不多，只是在Google地圖中被錯誤標示為較長的距離。並且在路牌和Google地圖兩者中，選擇性相信距離標示較短者，而對另一個的「錯誤」嗤之以鼻。但是由於時常迷路，依然得騎更長的距離，所以這樣的差異最終並無太大意義。

不過，有時也會遇上天壤之別的差異。我在前往蘇州時，曾經看見「蘇州市」的路牌而高聲歡呼「終於到了」，豈料往前騎了十公尺，竟又出現「蘇州六十四公里」的路牌，頓時心中涼了大半。其實Google地圖上已標示剩餘距離為六〇公里，一開始並沒有抱太大的期待。河南省的信陽市也是如此。從安徽省進入河南省，信陽市的路牌立刻出現在眼前，但是實際進入信陽，還得再騎上三天才行。

原因就在於中國市中有市，市中亦有縣的現象。蘇州市內，有崑山市等五個市與八個區；信陽市內，有商城縣等八個縣與兩個區。這兩者都是所謂的地級市。在中國，市的等級

信陽市區市場一景

可分為直轄市、副省級市、地級市、縣級市四種。直轄市相當於省的等級，地位等同首爾特別市，目前計有北京、上海、重慶、天津等四個直轄市。副省級市為人口超過百萬的都市中，被視為居於省之下的都市。以韓國的情況來說，大概是廣域市的等級吧？目前共有南京與青島等十五個副省級市。縣級市是相當於縣的行政單位，規模為都市等級，而非農村。至於地級市，就是最容易混淆的等級了。地級市下轄縣與縣級市，其「地」字由「地區」而來，是指位居某個地區中心的市。所以「蘇州市」為地級市，表示進入蘇州地區，而「蘇州六十四公里」是指真正到達蘇州的距離。由於行政區劃系統與韓國不同，致使產生對距離的誤解。

人口亦是如此。蘇州人口雖然號稱千萬，不過這只是統稱，蘇州真正人口僅有二四〇萬人左右。信陽人口號稱六百萬，也是同樣的道理，是對信陽地區人口的統稱。其實信陽人口不過一二五萬人左右。縣可視為近似於韓國「郡」的概念。縣下轄鎮、鄉、村，一如韓國的郡下轄邑、面、洞。依照規模由大至小排列，至少有以下七個層級的地方行政單位：（一）直轄市與省；（二）副省級市；（三）地級市；（四）縣與縣級市、地級市內的區；（五）鎮；（六）鄉；（七）村、社區等。

地級市信陽市的面積為一萬八八一九平方公里，比面積一萬六八六六平方公里的江原道要大。以自行車來說，怎麼騎都是信陽，怎麼騎也都不是「信陽」。信陽是中國百大姓氏中，黃、賴、羅、蔣、白、陳、潘、廖、孫、江、傅、沈、謝等十三個姓氏的祖籍地。中國並不像韓國如此在意籍貫，記錄於戶口名簿上的籍貫，指的是祖父的出生地，而非韓國「本貫」表示的遠祖出生地，自然也不如韓國「本貫」那樣具有行政上的重大意義。由於遷徙自由受到限制，最重要的是稱為「戶口」的戶籍證明。在中國，不會因為祖籍相同而視為同族，出現「叫聲叔叔、伯伯」、「原來是孫子輩呀」的對話。即使姓氏相同，由於人口眾多，再加上經常出現姓氏變更的情況，因此並不執著於姓氏的正確度。

不願再回想起的記憶現場

起源於信陽的姓氏繁多，正代表信陽是中國文明的發源地之一。若要選出中國歷史上最重要的省，當然非河南省莫屬。僅僅在河南省內，便有洛陽、開封、鄭州、安陽等四個歷代集權王朝的首都。信陽位於河南省的南方一隅，是黃河文明跨越淮河前的南端起點。然而在中國現代史中，信陽也是發生最慘絕人寰的歷史事件的現場。

一九五九年至一九六一年的三年間，自然災害加上人禍，全中國上千萬人因此餓死。主要原因在於為促進鋼鐵生產，甚至將農具熔化，製造劣質鋼鐵的大躍進運動，以及將農場集體化的人民公社，而其中信陽被認為是犧牲最慘烈的地方。率先提出結合社會主義與市場經濟之理論，並留下相關著作的經濟學家顧準，曾被冠上右派之名，下放至信陽的商城縣接受勞改教育。根據他所留下的日記，一九五九年冬天至一九六〇年春天，商城縣的道路旁擺著一具具餓死的屍體，人們因飢餓而分食屍體。甚至丈夫殺害並食用妻子、姑姑食用姪子等駭人聽聞的事件，也接連發生。當時這些事情都不得為外人所知。當地的共產黨封閉道路，加強盤查，阻止居民外出，並且審查信件，斷絕居民上報的機會。

儘管一九五九年穀物生產量減少確為事實，卻未達到缺乏穀物糧食的程度。再說信陽號稱魚米之鄉，是物產豐饒之地。當革命的熱情走向偶像崇拜與獨裁的瞬間，將變質為群眾暴力，使世上不可能發生的事情成真。秦始皇終結戰國時代，建立集權王朝後，以集權王朝之名行焚書坑儒等殘害眾生之舉；消滅蒙古族並建立明朝的朱元璋，同樣以收復天下的漢族王朝之名，大肆進行慘無人道的報復與肅清。一九四九年社會主義國家建國後，至一九七六年毛澤東過世為止，新中國二十七年來經歷了不亞於前述事件的混亂期。餓死於大饑荒時代的人，據說少則兩千萬，多則五千萬。根據統計，信陽在一九五九年十月至一九六〇年十月的一年間，在當時八百萬的人口中，就有一〇七萬人非自然死亡。

其原因，就在於打倒右派運動。當時無法達到規定生產量者，將會被打上右派的標籤，因此信陽的黨書記浮報兩倍的生產量，並指示向農民徵收浮報的穀物生產量，而底層官吏為展現自己的忠誠，強行搶奪比原定徵收量更多的穀物。若有農民不從，則予以監禁，並倒吊鞭打。農民剩餘的穀物不足三、四個月，又無法外出尋找糧食，最終導致數個月後餓死，或是殺害他人以食用人肉的慘況發生。

餓死人數大量增加的事實，最後經過中央黨部向毛澤東彙報。然而餓死事件發生的原因，竟被上報為「右派的反革命行動」，毛澤東對此下達指示，「加強信陽地區民主革命任務，澈底剔除地主階級與偽裝成共產黨的國民黨殘存勢力」。造成大饑荒發生的人，竟以大饑荒作為強化自身權力的藉口。

大饑荒的真相在一九八〇年代以後，逐漸攤在陽光下，直到二〇〇〇年，安徽省與青海省亦曾發生食用人肉事件的事實，也接連被報導出來。我從光山縣沿二一三號省道進入信陽，據說在這條道路旁的一座村莊內，有一塊刻有當時喪命者名單的紀念碑，矗立在農地中。這塊由農民自費於二〇〇四年設立的紀念碑，是關於信陽事件的唯一紀念碑。翻地時偶爾出土的人骨，自然也是使人們回想起該事件的「紀念」。

商城縣的聯想電腦代理店職員李強說：「那是祖父時代發生的事情。」「今日難以想像會有那樣的事情發生。」發生難以想像的事情時，該如何處理呢？當時整個河南省估計有三百萬人因非自然原因死亡。黨書記吳芝圃也曾經在文化大革命當時受害，直到死後多年的一九七九年獲得平反。李強憂心地說：「為過去平反，可能因此導致新的糾紛與失和。」

由於信陽事件過於殘忍，至今已多不願再次談起。但是不將這件事說出來，人們心中的傷痛將無法被治癒。在這場餓死事件中倖存的人們，如何繼續過著往日的生活？而在那之後，經過文化大革命的混亂，改革開放的腳步匆忙來到。上一個事件結束，新的事件緊接著發生，過去的記憶被層層覆蓋。然而多少遠離了飢餓的今日，過去的回憶已成為春日縹緲蕩漾的湖光掠影。基督教在河南省快速傳播開來，也許與此有著一定的關聯。

20. 河南處處矗立的紅色十字架

繼續騎著自行車前進，路旁的教堂印入眼簾。與中國建築外觀大不相同的教堂，立刻攫住我的目光。在共產黨控制的國家，這座教堂真的是進行禮拜的場所嗎？即使不說宗教自由的問題，基督教真的符合中國人的特性嗎？

在一九四九年中華人民共和國建國以前，基督教一三〇〇年來持續在中國叩關。眾所周知，最初來到中國的，是唐太宗年間（六三五年）的景教。唐太宗不僅給予景教傳教的自由，更盛情款待。在十字軍東征失敗後的中世紀歐洲，曾流傳東方有一位可從東方夾攻伊斯蘭勢力的「祭司王約翰（Prester John）」，此一傳聞的來源之一，正是景教。然而這股勢力日後式微，至今基督教勢力仍不曾在中國發展為具有較大意義的規模。

然而自從進入河南省後，隨處可見的教堂引起我的好奇。只是教會大門深鎖，原以為沒有拜訪的機會，最後機會終於到來。自河南省商城縣沿三三九號省道前往光山縣的路上，一棟淺灰色建築的尖聳屋頂上，插著的不是紅色的旗幟，而一座紅色十字架。教堂大門敞開，於是我騎著自行車逕自進入。

以《生活的藝術》一書享譽韓國的林語堂，於一九三五年出版的《吾國與吾民（My

在河南省當地看見的其中一座教堂

Country, My People）》（譯註：該書繁體中文版於二〇〇五年由遠景出版社出版）中，寫道中國人絕不可能成為基督徒。這本站在中國人的觀點，以流暢的英文向世界介紹中國的著作，是受到賽珍珠的建議所寫，在躋身暢銷書之列的同時，深深影響了西方人的中國觀。林語堂說：「中國人熱愛生活，熱愛這個塵世，不情願為一個渺茫的天堂而拋棄它。」他的父親是基督教傳教士，因此他能以對東西方文化廣泛的經驗為基礎，提出這樣的論點。然而林語堂在二〇餘年後出版《從異教徒到基督徒》，宣告自己皈依基督教，由此可見，原本被認為不可能成為基督徒的中國人，也開始信仰基督教。

這座教堂名為天恩堂。清潔大媽聽到我從韓國來，興高采烈地為我介紹教堂的各個角落。就他們的認知，韓國是一個基督教國家。禮拜堂內部相當寬敞，容納四、五百個座位綽綽有餘，講壇上方同時設有鋼琴與打擊樂器組。兩種樂器的兼容並蓄，暗示著與美國、韓國大相逕庭的禮拜氣氛。想必信徒們平日也練習著聖歌，使這座教堂充滿活力。據說已加入的信徒人數多達兩千餘人，是信陽市最大的教會之一。

大媽們歌唱聖歌的背影，與韓國的大媽並無二致，只是耳裡傳來的盡是中文聖歌，彷彿歌頌著其他神祇。為我介紹的大媽口音較重，無法順利溝通，於是她請來另一位幫手——指揮聖歌演唱的教堂聖歌隊隊長。這回情況稍有改善，隊長聽懂了我說的話，我卻依然一頭霧水。於是我拿出筆記本，請對方寫下來。當我詢問設立這座教堂的目的時，隊長如此寫道。

「為了傳播福音，並獲得精神上的救贖。」

對於如何開始信仰基督教的疑問，他寫下一句簡潔有力的回答：「神的呼喚」。雖然這是他最正確、最真實的答案，卻沒有回答我所需要的細節。我問：「這座教堂的牧師不在嗎？」他告訴我「沒有牧師」，並以手機聯絡這座教堂的長老。不到十五分鐘的時間，李正台長老騎著摩托車趕抵教堂了。

農村基督徒遽增的原因

教會辦公室的牆面上，寫著密密麻麻的傳教推動計劃。長老為我倒了一杯信陽特產毛尖茶，一邊向我介紹這裡的故事，表情滿是真誠與自信。他說這座教堂建造於二〇一〇年。我對於這座大型建築的經費來源頗為好奇，沒想到竟得到了答案。原來百餘年前，這裡有座中國牧師成立的教會，在文化大革命期間遭到破壞，就此廢棄。改革開放以後，宗教自由獲得允許，於是以政府支付的賠償金，在原地建起新的教堂。教堂被視為個人財產，並且由政府出資興建這點，最令我驚訝。

我問長老，中國有真正的宗教自由嗎？他答道：「在農村，取決於管理宗教的公務員的態度。」換言之，有監控群眾集會的公務員的地方，可能存在傳教的限制。法輪功在中國澈底遭到鎮壓，也是因為群眾聚集的力量。他說，直至今日，他仍持續與管理宗教的公務員進行協商。隨著交通的便利與教堂面積的擴張，信徒人數也日益增加。

長老說，中國基督徒人數超過一億八千萬人。若長老所言屬實，在中國人口十三億七千萬人中，基督徒就占了十三個百分比，這可是相當可觀的數字。但是基督徒的實際人數，沒有人說得準。根據中國社會科學院所屬世界宗教研究所的資料，在二〇一〇年的今日，新教徒有二三五〇萬人，舊教徒有六百萬人，合計約有三千萬人。加上許多未登記而實際運作的家庭教會，可以說略勝約有七千萬人的共產黨員。當然，不能因為教會沒有共產黨那樣嚴苛的加入手續，就以此作為信仰基督教者較共產黨多的根據。總之，考量到中國無神論者占絕大多數的事實，基督教擴張的速度足以令人吃驚。新教徒壓倒性的人數，或許在全球排行美國之後。相較於新教徒人數的遽增，牧師人數嚴重不足，像這樣沒有牧師的教會，據說為數不少。

走在河南省，不少住宅大門上的匾額，寫的不是祈求家庭平安與福氣的「闔家歡樂」、「五福臨門」，而是「以馬內利」。我用盡腦中所有的漢字，試著解釋這句成語，卻不得要領。後來才知道，這句是Immanuel的中譯，意指「上帝與我同在」。毫不掩飾地宣揚「我們這家信基督教」，足見居民已獲得信仰自由，亦可見得他們對信仰的虔誠。河南省人口達一億人，為中國人口最多的省份，也是基督教人口最多的省份，這點在河南省可親眼證實。

在這處農村地區，基督徒遽增的原因何在？在中國，原罪論是基督教不被接受的文化背景之一。根據基督教的教義，亞當與夏娃偷嚐禁果，犯下原罪，而耶穌被釘在十字架上，以死贖罪，因此我們應篤信耶穌，接受他的贖罪，方能進入天堂。正如林語堂所言，太平盛世中的中國人歌頌著生長於斯的喜樂，並以個人後代的繁盛追求永生。

然而近半世紀以來，河南省經歷了各種慘絕人寰的災難，歌詠現世顯得日益困難。長期支配中國人思考方式的儒家，遭共產主義全盤否定，而一度讓農民陷入狂熱的共產主義，因為接連發起的大躍進運動與文化大革命，將所有人捲入加害者與被害者的複雜關係中。改革開放以後，儘管貧窮已經遠離，極端的物質至上主義仍無法作為心靈的依歸。曾經挾船堅炮利前來叩關不成的基督教，帶著「拯救」的訊息，創造了基督教足以發展的空間。

李長老今年四十四歲，根據他的說法，他在十四歲那年偶然接觸聖經，因而開始信仰基督。儘管母親得知此事後大發雷霆，他在過去三〇年的歲月裡，不曾有一刻放棄信仰。原本務農的他，如今一面幫忙在美容院工作的太太，一面協助教會各項事務。他在每句話的結尾，總會加上一句「感謝主」，不知怎地，聽來令人發癢。

我問他是否可以公開接受採訪的事實，他回答只要不是在中國就行，並爽快地允許我使用他的照片與本名。採訪李長老結束後，我離開教會，將自行車停在一旁，正打算用相機拍下教堂，意外發現教會外牆上寫著的標語。

「全面做好人口工作／功在當代利在千秋」。

在基督教的規範中，墮胎視同殺人。這種可能包含墮胎行為的家庭計劃標語，被漆在教會正門的圍牆上，縱使非教會一方所為，要是被美國的基督徒看見，想必會大為光火。我的腦中瞬間閃過這樣的想法：中國基督教或許是在中國的土地上，產生了新的改變。就拿天主教來說，中國區主教由中國政府任命。握有全球主教任命權的梵諦岡，自然不願承認這樣的主教，中國也不承認梵諦岡作為一個國家的事實，因此兩國間不存在外交關係。那麼，參加中國政府任命的主教所進行的彌撒，可以稱得上是一位天主教信徒嗎？我想，日益擴張的中國基督教，未來或許將會呈現與西方基督教全然不同的面貌。與共產主義的差異更不在話下。

21. 前進中國創世神話的發祥地

從光山縣前往信陽市的途中，總騎乘距離終於突破一千公里。一千公里是此次萬里長程最具實質意義的首座里程碑。如今，萬里長程的目標似乎指日可待了。只要攻下四座里程碑，應該就能抵達終點了吧。儘管途中又是迷路、弄丟錢包，又是肩膀紅通通像拔罐、屁股抹乳液，一早起床，總是想著「好像再也撐不下去了」，但是我相信只要方向對了，一步一步踩下去，總有一天必能抵達目的地。

離開教會，下一站前往中國創世神話主角盤古的廟宇。進入以盤古故鄉著稱的桐柏縣，向當地文化館詢問之下，得知必須前往二〇公里外的桐柏山，才是盤古廟的所在。原打算就此放棄，不過文化館館長提議願以汽車為我導覽。他當場指示一旁的職員帶我前往，並問我能否支付一百元。金錢往來雖然有些彆扭，不過價格並不貴，又有專人導覽，於是決定將自行車停在文化館，搭上了車。今日原定前往一一六公里外的南陽，因此行程相當緊湊。我告訴這位名為李清的職員，最晚在午餐時間前就得回來，方可繼續上路，他告訴我沒有問題，要我放心。

但是從未去過盤古廟的李清，立刻露出了馬腳。桐柏山是淮河發源地，位於深山窮林之中。他多次向路旁販售食物的大媽問路，最後一副「找到路了」的表情，為我指出一條山路。當時我仍未警覺，這是折磨我這條老狗的漫長苦難的開始。他在陰影下等待，而我則帶著相機開始登山。由於穿著鑲有扣片（Cleat）的單車鞋，不利登山，不過心想不久後便可抵達，遂沿著山路蜿蜒而上，豈料絲毫不見盤古廟的蹤跡。大約走了一個多小時，來到登山客

為我綁緊鞋底的文化館職員

休息處，一座老舊的樓房與一段下坡路出現在眼前。該處有一座滑車站與一位售票員。中年男子售票員告訴我，盤古廟不在這裡，在對面的山裡。我不由得雙腳一軟。

他趁此機會勸我搭滑車下山，三〇元。我問他滑車在哪裡，他立刻為我示範如何搭乘這個不必使用動力，僅依靠重力與摩擦力前進的「超先進環保滑車」。登山路旁緊鄰著一道如上了釉彩的光亮石板路，直通山下。售票員毫不遲疑地坐在石板路上，手抓欄杆搖晃身體，利用此一向下的力量以屁股下滑。為避免褲子磨破、手掌破皮，另外提供了加厚的軍服墊布與手套。雖然時間寶貴，但是我可不想搭這個看起來相當愚蠢的「滑車」。我一邊走下山，一邊想著如何用中文向李清表達我的憤怒，而原已「開口笑」的單車鞋鞋底，竟在此時完全脫落。早知道就搭那個愚蠢的「滑車」了……。

急就章的盤古故鄉

李清早已知道自己指錯了路。在我開口發難前，他急忙跑來，檢查單車鞋的情況，口中說著「得趕緊處理才行」，一邊走下山谷。正一頭霧水時，只見李清抓著一把葉子回來，我差點就被感動了。他用草葉將鞋底緊緊綁在單車鞋上，隨後指著遠處牌坊的方向，告訴我應該走那條路才對。實在連生氣的時間也不願浪費，只好再度上路。雖然是中國創世神話的發源地，卻是人煙稀少。一方面也擔心這條路不對，戰戰兢兢走了一段路，終於看見了石碑。

「盤古之君，龍首蛇身，噓為風雨，吹為雷電，開目為晝，閉目為夜。死後骨節為山林，體為江海，血為淮瀆，毛髮為草木。」

上段文字節錄自西元前三世紀三國時代吳人徐整所寫的《五運歷年記》，為盤谷神話最早的紀錄。其中「血為淮瀆」一句，正是判定桐柏山為盤谷故鄉的關鍵線索。淮瀆意指淮河，而淮河正起源於桐柏山。由於淮河經常被視為中國的南北分界線，因此也象徵盤古神話發源於中國的正中心。

相較於韓國的檀君神話為建國神話，中國的創世神話充滿了黃河文明發源地的色彩。其中最特別的，是中國的盤古在開天闢地後，因氣衰力竭而亡，這與基督教的創世紀相當不同，應與中國的來世觀有著密切的關係。神死後化為自然的國家，與打造這片土地成為神之國度的國家，自然天差地遠。中國的漢詩或書畫，皆為描繪大自然之作。縱有「捨己為君」的說法，也不曾聽過「捨己為天」。在中國，絕對的神並不存在，因此這樣的世界，是接受協商的對等世界。也許是因為如此，中國人在任何情況下都相信協商必然可行。

再往上走，是一座混沌池。據說當世界仍處於幽邈晦暗之際，盤古以斧頭劈開混沌，建造了這座池子。規模倒是比我在首爾常去的游泳池小。水清則清矣，池底卻躺著牛奶盒與塑膠袋。盤古開天闢地的歷史現場，並不如想像中的宏偉氣派。讀著山路上處處矗立的石碑文，一路往上走，約莫四〇分鐘後，遇見了一對年輕男女。從鞋子與穿著來看，不像是要走下山的樣子，似乎在尋找人煙罕至之處……。他們告訴我，再往上走一會兒就是盤古廟，那裡有停車場，他們是開車來的。如果當初李清載我到那裡，就能節省更多時間了……。不知道李清是真的一無所知，還是為了省下車油錢而故意如此。

在這座盤古殿內，盤古上身左托地球，右抓斧頭，下身穿著一件以樹葉製成的草裙。儘管有些不敬，但是這模樣不禁令人聯想起非洲酋長。文獻上雖說盤古龍首蛇身，不過眼前的盤古像已被形塑為人格化的神祇。而在牆面上，貼滿了記錄桐柏山與盤古關係密切的文獻根據，反倒令我產生「看來反對桐柏山為盤古故鄉的聲音也不少」的想法。桐柏直到二〇〇五年，才正式以「盤古故鄉」獲得中國民間文藝家協會的宣傳，算是近年才發生的事。這座盤古殿完工至今，也並未經過太久。發掘與宣揚中國固有文化以對抗西洋文化，固然是好事，但是不免給人急就章的感覺。盤古殿的管理員只有一位，這位名為沈振洲的管理員告訴我：「管理員總共四位，每人輪流一次到此工作一天。」以下是與他的對話。

「這是什麼時候蓋的？」

「本來只是一間小廟，在二〇〇六年重新擴建。」

「好像沒什麼人來。」

「到了盤古誕辰的九月九日，就會有很多人來。現在天氣不好，所以才沒什麼人。」

「來這裡的路上，看到不少教會。這是和盤古創世神話天差地遠的宗教，中國人為什麼會信奉基督教呢？」

「當然也有信奉基督教的人，但是佛教徒其實更多。」

就像至今見面聊過天的中國人一樣，他的回答迂迴且謹慎。

「盤古不是死了嗎？」

「你過來的時候，沒有看見溪谷的水嗎？盤古死後，他的血流成溪，匯集成河。山是他的肌肉……。他以大自然的型態繼續活著。」

「你相信那樣的說法嗎？」

「神話就是神話。基督教也有用土造人，再取肋骨創造女性的神話，其實都是一樣的。」

這種不相信形而上的世界，充滿中國人風格的合理反駁，相當有趣。他說在這裡工作非常好，山中處處充滿了陽氣。喝過他招待的信陽茶後，我便就此下山。

李清聽我說車子可以開上盤古殿，回了一句「真的？」後，便告訴我還有兩個地方可去。我說如果今晚要到南陽，現在得立刻回文化館才行，但是他不肯放我走，說是既然來到了桐柏，得再看看這兩個地方，才算是真正來過桐柏。他甚至半威脅地說：「如果你是作家，錯過了這兩個地方，還能寫得出桐柏縣，那真是天方夜譚。」

他說接下來要去的地方，一個是河南佛教學院，為中國第二大的佛教大學；另一個是革命紀念館，是鄧小平與李念先在革命期間暫住的地方。他承諾下午兩點前會帶我回文化館，因此我決定一遊。對於這般積極為我介紹當地文化傳統的誠意，我也不便拒人於千里之外。

於是他再度上車，往山裡開了三〇分鐘左右後，在一座壯觀的佛寺前停車，叫我進去繞繞。這次我依然獨自揹起相機，走入佛寺內。

盤古塑像

因三腳貓導遊耗費的時間與金錢

河南佛教學院的規模果然非比尋常，彌勒菩薩石膏像比一般建築物要高。圓滾滾的肚子、下垂的眼尾，還有上揚的嘴角，憨笑呵呵。不過根據大雄寶殿內遇見的和尚所言，這座佛教學院並非中國第一大佛教大學，學生人數也不過四〇餘人。即便如此，院內有許多宏偉的建築物，光是繞一圈，就得花上不少時間。

我告訴李清，這裡的學生人數只有四〇人，李清再度丟出一句「真的？」，並沒有太在意，繼續開車載我前往革命紀念館。已經過了下午兩點，我告訴他已無暇前往紀念館，然而李清堅持要帶我去，說紀念館就在回文化館的路上。如今我已確信，他並非因為對故鄉的熱愛而如此。但是方向盤握在他的手上，我也無可奈何，只好在心中放棄前往南陽的計劃，改為參訪鄧小平的革命遺跡。

到了當地，並非一無可觀。在與國民黨內戰當時，中原的共產黨高層徵收這座擁有數十棟獨立建築的富賈之家，設置臨時指揮中心，如今已將之改建為紀念館。如果以超大型鑷子將每棟建築夾起來看，便能發現每一棟建築本身就是一個完整的「口」字形房屋。在封閉式的房屋內籌劃及推行共產革命的戰略與戰術，似乎道出了中國共產革命的特徵：不是由資本主義邁向社會主義，而是由封建主義走向社會主義。在每棟獨立的「口」字形房屋內，各有一座李先念、許子威、陳少敏、鄭位三等人的胸像，彷彿他們各自是每棟臨時住所的屋主。我在紀念館內四處尋找鄧小平，卻不見他的胸像，更遑論鄧小平的名字。

最後在返回文化館的車內，我告訴李清「找不到任何鄧小平的遺跡」，他這次的回答依然是「真的？」，一副「反正已經照你的計劃走了一趟，該看的也都看了吧」的冷淡表情。原本掏出事先說好的一百元，思及李清的辛苦，遂將兩百元交給李清，這時他才露出真面目。「剛才桐柏山的門票原本是七〇元，開車進入得多付三〇元，總共得給一百元才行，我說我從文化館來的，只付了五元不是嗎？你想想這樣就得付多少錢了？再說我從剛才到現在等了多久？油錢更別說了。」雖然早已料到他並非真心要向外國人介紹桐柏縣的文化遺跡，才不辭辛勞帶著我四處奔波，但是如此赤裸裸地論錢講價，倒是令我不知所措。直到我掏出三百元，他才終於鎮定下來。金錢與時間兩頭空的想法，不斷縈繞在我腦海中。不知道李清最後會上繳文化館館長多少錢，但是這種半日「計程車外快」的生意，倒是讓他撈到了不少油水。

由於遇上突發狀況，無法按照預定行程抵達南陽，遂將自行車停在名為唐河的地方。早知道會在這裡邂逅另一段緣分，就不會心煩意亂地想著先前的突發狀況了。旅行的樂趣，常在於新的邂逅正等在某個時間或某個地點。關於這個邂逅，之後將為各位說明。

至於以樹葉臨時固定的單車鞋鞋底，在桐柏縣市區修理皮鞋的老爺爺巧手修復下，回到最完美的狀態。「讓舊鞋起死回生的修鞋匠」，這種形容真是再貼切不過。

22. 統一全國時間的共產黨與南水北調

在美國也是由東向西騎，迎面而來的午後陽光再熟悉不過，像是一場與太陽的競賽。此行每一天的目標，是在頭頂上的太陽逐漸西沉，隱沒於地平線彼端之前，抵達當日下榻地點。不過即使用盡全力，每次在通過終點線前，日頭早已落下。天色漸黑，心情也愈加沉重，在美國不會這樣的……。

起初誤以為中國和美國不同，因為各地沒有時間的區分，日落時間來得較早。所以在本書的韓文版中，寫道每次總在競賽中失敗的原因，不在於我，而是在於將中國各個時區統一起來的「中國共產黨」。不過翻譯本書的譯者林侑毅先生提出疑問，經過再三思考後，原來是因為沒有了時間的區分，反倒越是往西騎，越多少受惠於時間的幫助。

以經度等分地球圓周所畫出的二十四個時區（time zone），中國就占了五個。由東邊算起，依序為長白時區、中原標準時區、隴蜀時區、回藏時區、崑崙時區。一九四九年當時，共產黨統一的不僅是空間，更將中原標準時間改稱北京時間，並以此統一全國時區。美國當地共有東部、中部、山地、太平洋等四個時區，時間由東向西平均遞減一小時，因此各時區皆可在相同時間迎接日落。越靠近夏至，日落時間出現得越晚。

但是中國統一使用北京時間，因此北京的東邊日落時間較早，西邊日落時間較晚。假設北京上午八點半上班，下午六點半日落，那麼在中國與塔吉克接壤的國境附近，則是上午十一點半才上班，晚上九點才日落。這麼看來，日落前抵達目的地應該是較容易的，實際上移動速度卻比橫越美國時要慢了許多。雖然下定決心要早點出發，最後仍陷入晚到目的地，翌日也晚出發的惡性循環。

往西移動有一個好處，那就是衣服更容易曬乾。我似乎能體會主婦們將曬得蓬鬆乾爽的衣物收進屋內的心情。先前曾經因為日落後才抵達，隔天一早衣服還未曬乾。將濡溼的衣服放入背包內，經過發酵後，飄散出酸腐的氣味。如果再遇上下雨天，衣服的味道簡直可比生醃魟魚（譯註：韓國傳統料理，具有強烈的阿摩尼亞味）。從上海到河南，一路經過潮溼的北副熱帶，淋了不少雨。從信陽到桐柏的途中，連續淋了五個小時的雨，彷彿是跨出這一氣候帶的最後通關儀式。如今經過唐河後，便進入半乾燥的溫帶氣候，幅度橫跨至西安。之後將進入空氣中塵土飛揚，發出隆隆聲響的乾燥草原氣候。中國橫跨熱帶、副熱帶、溫帶等氣候帶，各氣候帶內又區分為北、中、南三塊，總計九個小型氣候帶，此外另有高原氣候。對於像我這樣從溫帶氣候來的旅人，實屬難得的經驗。怎麼騎都是雨天，怎麼騎又都是晴天……。在這趟旅行中，一次到體驗這般氣候變化。

最重要的變數還是在於水

中國的運河相當發達

從唐河起，我開始信心滿滿地使出在美國之旅中習得的沐浴洗衣法。簡而言之，就是穿著衣服洗澡的意思，是可以全面節省時間、洗潔劑與水的「環保」洗衣法。一早起來，雖然衣服尚有幾處未乾，不過騎上自行車後，不消一小時便能變得乾燥舒爽。我的身體不僅是洗衣板，也是曬衣場。如此一來，自然無須多餘衣物。

換言之，現在正進入水資源珍貴的北方。南北失衡是中國土地的特徵之一，耕地南少北多，而水資源南多北少。因此，中國的歷史即是不斷翻越秦嶺山脈，跨越淮河，一路往南方移動的過程。若以秦嶺山脈與淮河為南北分界線，則唐代南方人口已超越北方人口，宋代南北人口比率為六比四，明代初期為七比三，差異逐漸擴大。近來在一九七八年改革開放以後，廣東省與福建省的沿海城市引領經濟開發，南方人口亦持續成長。

北方頻仍的戰亂，也是導致人口向南方移出的原因。魏晉南北朝時，從北方南下的僑民推動南方的開發，確立了南方與北方的對立概念。然而最重要的變數還是在於水。南方水資源豐富且氣候溫暖，農作可一年二熟或一年三熟。北部近來則因工業用水與都市生活用水的需求增加，用水不足的問題日益嚴重。解決方法相當簡單：南水北調，也就是將南方的水引至北方。中國稱人造蓄水池為水庫，意指水的倉庫，這種形容深得我心。在河流的上游建造水庫，毋須理會地形的高低差，只需蓋起高聳的檔水壩，待水庫注滿後，再轉開水閥，即可藉由人工水道將水送往北方。此一輸水方式，稱為南水北調。這種「說來容易做時難」的事情，大概沒有人做得比中國好。一句「在邊境線上修築城牆，抵禦北方外族」，便築起了萬里長城；一句「開鑿連結南北的運河，將南方豐富的作物運送至北方」，便鑿出了長度超過一千七百公里、縱貫南北的京杭大運河。即使施工難度高出設計許多，中國早已具備了投入數百萬人，耗時數十年或數百年完成這項工程的本事。

進入信陽市時，正好經過南水北調的暗渠。南水北調目前以三條管線進行：東線於江蘇省江都區的長江下游取水，運往山東省與河北省的唐山，全長一千一百五十公里，預計於二〇一三年開通（譯註：已於二〇一三年十二月開通）；中線於長江下游漢江的丹江口水庫將水輸送至北京，全長一二七七公里，預計於二〇一四年開通（譯註：已於二〇一四年十二月開通），有趣的是，這條管線途經黃河，因而將管線設置於黃河之下；西線由西藏自治區內的長江上游取水，輸送至黃河上游，目前仍未施工。至二〇一二年為止，南水北調已投入二〇一六億元，是極其浩大的工程。

注滿水後，流域面積增加，被水淹沒的區域亦隨之增加，丹江口流域三〇萬以上的居民必須遷移他處。攔截河水後，水庫下游的生態系勢必遭受衝擊。基於上述利弊得失與社會成本，地方政治發達的國家可是想都不敢想。若非共產黨一黨獨裁的中央集權體制，恐怕無法完成這項工程。南水北調日後也許將會繼萬里長城與京杭大運河後，登上中國三大歷史工程之列。如果真是如此，可得好好觀察中國由北至南的人口移動，是否將首度進入停滯期。

23. 龍首吐珠，蟾蜍銜珠——地震預報

為了縮短與西安的距離，我決定以鎮平縣為河南省最後一個停留地，並打算於途中只進入南陽市，唯一參觀中國引以為豪的科學家張衡的博物館。但是前往博物館得朝北蜿蜒二〇公里，於是我想了個計策。

先將自行車與行李寄存在南陽市區的某處，再搭計程車前往！來回時間加上參觀時間，總作戰時間為兩小時。如此一來，下午五點即可結束，日落前應可抵達距離南陽三〇公里外的鎮平。雖然初次造訪張衡博物館，卻像從江南到果川的科學館一樣，熟門熟路地完成行程的安排。不過，我心中的懷疑主義者對此提出三個問題：第一，寄存自行車的地方會適時出現嗎？第二，能立刻找到願意載你來回城外，並且等你參觀完的計程車嗎？第三，寄存的地方和計程車司機都值得信賴嗎？但是有一個更棘手的問題，就連我心中的懷疑主義者也始料未及。

進入南陽市區，看見三一二號國道旁的商務飯店，二話不說立刻牽著自行車走進去。飯店女服務生睜著圓溜溜的眼睛，聽我說明過情況後，要我將行李放著，不收分文。第一關過關。走回國道上，三輪車司機走來，似乎早已等候多時。雖說是三輪車，其實只是在摩托車

張衡的地動儀

的引擎與駕駛座後方安上一個方形的「客艙」，乘客緊挨著便可坐進八人左右，彷彿一輛無車頂的九人座「ＳＵＶ」。戴著太陽眼鏡的司機大哥油腔滑調，有如地痞流氓。計程車沒有出現，而司機大哥又從旁糾纏不停。再繼續等下去，恐怕打壞這次的作戰計劃，遂將司機大哥要求的八〇元殺價至六〇元，成交後搭上「ＳＵＶ」三輪車。

穿梭在一望無際的果樹平原間，輕盈颯爽的心情何其短暫。隨著道路由柏油路轉變為混凝土，路面宛如龜殼般四處龜裂凹陷。由於三輪車沒有避震系統，身體隨著震動上下跳動，加上汽車經過揚起的褐黃沙塵，叫人難以呼吸。司機大哥為了閃避坑洞與沙塵，多次開上對向車道。即使如此，也不免經過凹凸不平的地方，此時屁股必須微微抬起，避免震動造成的衝擊。但是對路況一無所知的我，只能無可奈何地因震動而向上彈起，又重重落下。

司機大哥吸進灰塵時，總是將灰塵連著口水吐出。坐在後座的我因為沒有隔板，對口水的飛行角度相當敏感。也許是顧慮到我，他起初將脖子向左邊伸長才吐口水，後來可能嫌麻煩，便直接轉頭吐口水。看見他轉頭向左時，我原本打算靠右邊坐下，但是為了抓牢兩側的欄杆，無法完全靠向右邊。司機大哥似乎透過後照鏡看破了我如此膚淺的閃躲伎倆，偶爾也會朝右邊吐口水。

他沿途多次指著遠方某處，問我要不要過去看看。我其實已經識破他想敲詐我一番的詭計，但是更大的問題是，原本該右轉的地方，他卻直直前進。我心中的懷疑主義者立刻跳出來指責我：「看吧，你怎麼會相信這個人，還上了車啊？」從他那吐口水的模樣來看，就算把我載到暗巷都不無可能。一會兒是身體被震得幾乎要彈了出去，一會兒是灰塵造成的呼吸困難，還得閃避他那水平飛來的口水，忍受震耳欲聾的引擎聲……，再說我的身體正坐在三輪車上，被載往未知的遠方。

就這麼過了一會兒，三輪車終於右轉了。看來是因為不清楚確切位置而轉彎。先前信誓旦旦說知道路的他，仍向四、五個人問了路，最後在博物館前下車時，已經過了一個小時以上。就在當下，內心的懷疑主義者沒有提出的一個問題出現了：如果博物館沒有開門呢？

出於天才科學家張衡之手的觀測儀

博物館平日午後關門的情況，倒是在我意料之外。但是來到中國，得有心理準備面對任何事都可能發生的情況。由於張衡博物館正在整修，我千辛萬苦來到此地的努力瞬間化為烏有。先前參觀《資治通鑑》作者司馬光的光山縣故居時，也正在整修中。當時敲了敲門，便逕自入內，而這次也打算如此，直接走入張衡博物館內。試了再說吧，不行就算了。

月球上的某座火山口，在國際間正是以「張衡」為名。最早發現月亮無法自行發光，而是折射太陽光的人，正是張衡，此一命名可說是對張衡最恰當的禮遇。他發明「渾天儀」以觀測天體的運行，也就是印在韓國一萬元紙幣背面，令中國網友看過後直呼「歷史小偷」的那具渾天儀。東洋科學技術史大家李約瑟（Joseph Needham）認為，所有鐘錶裝置的製作皆源自於渾天儀，對張衡有極高的評價。太陽系中的小行星一八〇二，即是為紀念他的貢獻而命名為「張衡星」。

儘管張衡博物館正在整修，他的墓園與讚揚其貢獻的石碑、「渾天儀」模型、觀測地震的儀器「地動儀」模型，仍可以參觀。中國的儀器沒有實用性工具給人的枯燥生硬感，而「地動儀」正是反映當時的世界觀與表現方式的藝術品。如果說裡面還裝著陳年老酒，也許真的會被騙倒呢。橢圓形的圓筒上，八隻龍如把手般盤據其上，龍首朝下。龍口中銜著的不是如意珠，而是銅丸，當地震發生時，震源方向的龍口將銅丸吐出，而安置在地面上與龍首相望的八隻蟾蜍中，位置相應的其中一隻，則從下承接銅丸。這是報知地震最直接且可見的方式。地震即是「龍首吐珠，蟾蜍銜珠」的現象。但是作為觀測儀器，地動儀的準確度並不那麼高。

張衡生活於西元七十八年至一三九年的東漢，相當於希臘人托勒密（Claudius Ptolemaeus）活動於埃及的時期。此二人皆主張天動說，儘管不脫其時代的侷限，但是兩人有幾點不同。托勒密出版《天文學大成（Almagest）》一書，而張衡發明儀器。張衡發明的「地動儀」已失傳，即使後人試圖復原，仍告失敗。中國科學家雖於二〇〇五年宣告復原成功，其真偽亦無從考證。中國雖有新的發現與發明，卻沒有相應的理論。必須具備理論，方可接受驗證，而在此過程中若有新的理論出現，便可望成為科學發展的契機。托勒密的天動說在一四〇〇年後，由哥白尼深入分析《天文學大成》後予以推翻，並演繹為「地動說」。

就個人的力量而言，張衡可謂功績卓著，指南針、記里鼓車皆為張衡所發明。此外，他也以文學家享譽盛名。首任中國科學院院長郭沫若曾這樣讚揚張衡：「如此全面發展之人物，在世界史中亦所罕見。萬祀千齡，令人景仰。」但是看著張衡，不禁令人思索起這樣的問題：對比中國古代科學技術的先進，具有悠久歷史的中國，其科學何以較為落後？想來應是天才一人的貢獻孤掌難鳴，難以成就科學的發展。

因來時路崎嶇坎坷，回程時請司機大哥走另一條路，不料他竟喜出望外，車子開了就走。然而貨車排出的煤煙與揚起的沙塵，讓回程的道路與來時路同樣令人不適。我不知道他是否真朝著出發地返回，其實我連出發地在哪裡也不知道，甚至沒有記下寄存自行車的飯店名稱。如果他在途中要我下車，我肯定會變成迷路而無家可歸的中國乞丐。我真是個魯莽冒失的傢伙啊。

儘管他幾番糾纏著我，要帶我多繞幾個地方，但是令人慶幸的是，他最後依然將我載到飯店前。只是當我掏出六〇元時，他竟暴跳如雷，扯開嗓子大吼。我在中國偶爾遇上這樣的情況：聽見我說一句「你好」，便稱讚「你在哪裡學中文的？中文怎麼說得那麼好」的人，與我意見分歧時，總是連珠炮般以中文破口大罵。他的主張是回程走了不同的路，得多付點錢才行。對於這邏輯不通的要求，我還是在討價還價中敗下陣來。我以一路上深受口水之苦為由，要求對方打折，最後終於講定額外給予十元。即便如此，相較於遭遇險境得付出的代價，這點錢算不上什麼。其他三輪車司機把我叫過去，問我是否給了六〇元，令我忍俊不禁。同行之間互相詢問即可，卻向我問起，或許是彼此間有什麼不可言說的祕密吧。

飯店內的自行車與行李完好如初。原想檢查放置於行李內的現金，但是想起職員為我保管行李的善意，遂打消此念頭。今天在我心中的懷疑主義者和樂觀主義者，這兩人究竟誰說的話才應該相信呢？這種時候，擁有最終決定權的通常是樂觀主義者。薄暮伴我向鎮平進發。

24. 那一夜，坐上她的摩托車

這次的旅行，像是與中國的初次約會。體力上的挑戰與環遊中國一周的目標，都是其次。最令我好奇的是，當我伸出手，以顫抖的聲音說出「我們交往吧」，那時中國會如何回應呢？

基於這點，自行車會是約會最好的方法。儘管中國曾是自行車大國，但是今日自行車已不再是最普遍的交通工具，因此這趟自行車之旅，或許使他們回想起過去艱苦奮鬥、胼手胝足的歲月吧。若非如此，他們不會如此親切待我。沿途許多人對我豎起大拇指，更有人騎著摩托車來到我身旁，一路陪著我聊天。如果又再表明來自韓國的身分，他們必待我如貴客。

此次投宿的河南唐河與鎮平，原先並無意停留，因天色已晚而不得已留宿，卻在此體驗了中國人的待客之道。在油田腹心地帶唐河的體驗，是我做夢也不曾想過的。整件事的開頭是一道麵食料理。喜歡麵食的我，將中國之旅視為品嘗各類麵食的機會。我請唐河某家商務酒店的職員為我介紹美味的麵食餐廳，但是話語不通，文字也費解。與其說是我中文聽力的問題，不如說是她們指引了我並不熟悉的道路。正如先前所說的，中國人不懂得畫簡易地圖。職員們也是如此，她們不畫簡圖，而是以文字說明，但是文字不易記住，也無法在我腦海中描繪出一幅簡圖。所以我提議，如果願意陪同我去，我就請她們吃飯。當時櫃台有四位年輕女職員，全都高興得不得了，說晚上八點下班一起去。

我回到房間簡單梳洗後，下樓一看，只有一人。落單的女職員說其他人有事先走了，而她帶我到餐廳後就得回家。雖然接受了她的好意，但是交通方式呢？她指了指自己的電動自行車後座。坐在年輕女子的摩托車後座，在馬路上奔馳！這雖然是有生以來第一次的體驗，卻像是許久以前就夢寐以求的事。

在中國，人們騎的不再是自行車，而是摩托車或稱為電動車的電動自行車。隨著都市化的發展，上下班的距離增加，自行車難以抵達，再加上公車內總是擠滿乘客，因而造就這樣的現象。尤其近十年來電動自行車數量暴增，由原本數十萬輛增加至數億輛。韓幣三〇萬就買得到，以中國物價水準來看，並不算太貴。據統計，光是二〇一一年就賣出

騎電動自行車載我欣賞唐河夜景的王春杰

八千萬輛電動自行車，這與美國從自行車一躍進入時速八〇公里的汽車時代相當不同。原先鋪設好的自行車道路，成為助長電動自行車劇增的基礎設施。中國如今已從時速十公里的「慢慢來」社會，進入時速二十五公里以上的社會。

坐在摩托車後座的女生，一般都是抱著前座男生的腰，而我則是將手放在後面，抓住後方突起的把手。路程並不遠。她將我帶到以燴麵聞名的餐廳前，將名片遞給我後，便向我道別。王春杰。說是出生於春天，因此以春杰為名。她除了以美髮造型師的身分經營個人事業外，也在飯店擔任櫃檯人員，為雙薪收入者。美其名是一位渴望以美髮造型師闖出名號的二十六歲女性。這個年紀在中國，尤其是在農村，已經過了適婚年齡。中國法令規定適婚年齡，女性須年滿二〇，男性須年滿二十二，而男性因為沒有服兵役的義務，不少人選擇在二十五歲以前結婚。

我點了燴麵與紅燒肉，正打算獨自大快朵頤一番，想不到她又踅了回來，在我面前坐下。她說原本準備回家，聽我說明天一早就走，想趁今晚帶我看看唐河的夜景，遂決定返回。請她用餐也不肯，只好一個人囫圇吞下晚餐，再度坐上她的電動自行車後座。雖然她自稱從十六歲開始騎車，但是她的騎車技術實在令人捏一把冷汗。在十字路口左轉時，非但沒有等待交通號誌，更直接九十度左轉，逆向進入對向車道。正對自己搭上這輛驚險刺激的夜間飛車感到後悔時，她問了我一句：「你不怕我嗎？」那時正好過了橋，騎在一片漆黑的街道上。「如果我把你丟在深山裡，你要怎麼回酒店啊？」我至今遇見的中國人，都善於開玩笑。如果我也開玩笑回答她的話，大概會說：「你試看看吧，我會追你追到地獄的。」當然，這只是耍耍嘴皮，如果她真的開玩笑要我下車，我也無計可施，只能假裝哀求她「救救我」。那麼她或許會揶揄我：「你這傢伙，就這點能耐……。」並且饒恕我吧。

我沒有用玩笑話回答她，只小心說了一句「我相信你」。她在路上為我拍了張照，透過通訊軟體發給朋友們。我心中唯一的想法，是盡快脫離這摸不著邊的情況。繞了一圈唐河市區後，她將我載到酒店前，告訴我她明天沒有值班，如果打算多待幾天，可以打電話給她。我已經受盡夜間飛車的折騰，即使她願意讓我摟著她的腰，我也已經完全打消再次乘坐的念頭。或許她會笑我「你這個膽小鬼」吧。不過她的善意，正如當晚在唐河河畔欣賞的燈光秀，令人心情舒暢。

來到中國，才更了解韓國

抵達鎮平時，時間已晚。正欲尋找今日的住所，只見大馬路旁擺滿了桌子，彷彿來到海邊的氛圍。每到夜晚，中國的餐廳就會將桌子擺在路旁販賣食物。燒烤煙裊裊升起，人們高聲喧嘩，暢飲啤酒。現在，我得製造一個讓他們滿足好奇心的機會。我牽著自行車，走到年輕人圍坐的圓桌旁，正打算尋找座位時，他們起身牽起我的手，邀我一同入座。拗不過他們的邀約，隨他們入座後，看了一眼圓桌上的食物，大盤子竟有八個之多。中國人點餐時，無論吃或不吃，至少會各點一份肉類與海鮮、蔬菜等菜餚。有時也將肉類細分為豬肉、牛肉、雞肉，每一種肉各點一盤。眼前餐桌上有像黃瓜魚一樣的酥炸小魚與炒蠶蛹，也有類似韓式辣燉雞的燉雞湯。他們說我來者是客，先夾了雞頭給我。

這五個人是朋友，每週一次輪流由其中一人招待晚餐。問了他們的姓名，也問了年齡，當中四人為二十四歲，其餘一人為三十一歲。在他們這樣的年紀，都已結了婚，生了小孩。也許是中國年輕人普遍早婚，他們顯得較為成熟，想法也比較務實。在中國，不論年齡差異多大，都可以成為朋友，這是不錯的。即使我自稱五〇歲，也完全不會遭到異樣的眼光，其他人都願意待之如友。他們都是自己開公司的老闆，也許是因為這樣，生活上較為寬裕，對現實情況也頗為滿意。其中從事玉器加工業的朋友說：「鎮平的發展越來越好，經商的機會正不斷增加。」他們也像其他中國人一樣，對智慧型手機特別感興趣，輪流傳看我的三星Galaxy S II和iPhone。

這裡雖然也說「乾杯」，勸對方喝酒，但是並不勉強。三十一歲的朋友擺出手抓麥克風的動作，提議大夥兒去可以唱歌的酒家再喝一杯，但是在我婉拒後，便就此打住。來到中國之後，才更了解韓國。在韓國，只要一行人中有一人堅持第二攤，其他人都得跟著一起去。就這點來看，韓國真是奇特的國家。

如此觥籌交錯一番後，不見任何一人享用眼前滿桌的料理。在中國，餐桌上留下食物是美德。如果吃得一乾二淨，反倒被認為是吃不飽，又會再多點幾道菜。雖然時間還不到九點，這場聚會似乎已經進入尾聲。至今在中國體驗過的晚餐，時間都不長，幾乎不曾超過晚上十一點。當然，如果是商業上的招待，時間可能拖得較晚，不過普遍來看，晚餐都較早結束。還有一點，中國幾乎看不見酒後瘋言瘋語或胡亂鬧事的人。那樣的行為，被認為是丟臉的事情。其實，像韓國這樣對喝酒極其包容的國家並不多。身穿白色襯衫又繫著領帶，大剌剌地躺在路邊的韓國上班族，真是舉世罕見。

他們分別搭上兩台小客車離去，並對著騎自行車離開的我鳴按喇叭，高聲呼叫道。

「在那裡左轉後，不到一百公尺就有一間新開的旅館。」

按照指示左轉，騎了將近一公里，仍不見一間旅館。「中國人的地理概念，真是……。」我一邊喃喃咋舌，一邊在夜晚的道路間穿梭，最後終於找到了旅館。儘管如此，與中國的初次約會可說相當順利。自行車的前輪按照我的意志前進，而後輪則向著中國人的善意與友情而去。

25. 麵食之路——三一二號國道

激發我這趟中國之旅的動機之一，是美國的菜單。從我繞過大西洋沿岸，向西橫越十州，到抵達太平洋為止，造訪了不少名為咖啡館的早餐店，令人訝異的是，這些餐廳的菜單竟如出一轍。一行行料理名稱理直氣壯地出現在菜單上。

雞蛋一顆。

雞蛋兩顆。

雞蛋三顆。

雞蛋四顆倒是不曾看見。有些菜單上的選擇較多，例如單面煎蛋（sunny side up）或炒蛋（scrambled egg）等，不過這也屬於蛋料理中的一種。接著就是以兩片麵包包夾食用的料理，例如起司漢堡、牛肉漢堡、鮮魚漢堡、雞蛋三明治等，其實大同小異。最後當然少不了一道歐姆蛋。我最常吃的是歐姆蛋，在鹹味與甜味之外，就只有這個選擇了。再說到午餐菜單，多是牛排類主餐，搭配美式雞湯麵（chicken noodle soup）。除了紐約等大都會外，在這泱泱大國的咖啡館中，怎會出現如此相似的菜單？不免懷疑如此尊重不同個性的美國，或許才是最整齊劃一的國家。

但是，即使是美國的窮鄉僻壤，也能看見中國餐廳。我個人歸納出這樣的原則：只要人口超過三百人，該小鎮必定有一間中國餐廳。順帶一提，麥當勞、漢堡王、溫蒂漢堡三大速食連鎖店在美國的總店數，還不如全美中國餐廳的店數。中國人肯定是拿著美國地圖尋找人口超過三百人的小鎮，一一確認是否已有中國餐廳。在中國餐廳內，雖然也有美式或國籍不明的異國料理，不過總可以品嘗到酸的、辣的食物。當時我想，乾脆挑戰橫越中國，也許更能享受美味的早餐呢。中國之旅便是從那時開始計劃的。

許多人問我，中國料理吃得習慣嗎？在韓國人的觀念裡，中國料理普遍較油。這是因為韓國料理多以煮、燙為主，而中國則是將鍋子底部燒熱，倒油後或炒或炸。當然，中國料理還有燙、烤、蒸、煮、煎等，各式各樣的料理方法。唯一不同的，只有各地的特色菜餚而已。就連菜刀的

姐弟倆土豆粉餐店

使用，也有水平切、斜切、垂直切等刀法，如此又刨又拉，又切又篩，將材料切成幾近分子的程度。菜刀如此重要，以致於中國美食記者林留清怡在其著作《味人民服務：從小麵攤到五星級餐館的奇妙歷程（Serve the People：A Stir-Fried Journey Through China）》（譯註：該書繁體中文版於二〇一〇年由樂果文化出版）中寫道，菜刀可以看出一位廚師的來歷，好比從劍的使用，可以看出一位俠客的派別一樣。上海使用的是鯊魚頭般尖銳的刀；四川使用的是鐘形刀；廣東使用的是西洋劍般狹長且銳利的刀；北京使用的是驚悚電影中常見的粗短方形刀；河南主要使用與北京相似的菜刀，似乎是為了處理羊肉而需要粗厚的方形菜刀。

中國的早餐令人驚豔。我所造訪的中國，每天一早七點，路邊就可以買到早餐。準備上班的父母與上學的孩子，一起坐在路旁和樂地享用早餐的景象，彷彿在大自然中野餐般溫馨祥和。早餐的選擇，有粥、豆漿、將麵條拉長油炸的油條、包子、包子裡不加任何餡料的饅頭，以及在烤過的餅內加入豆芽菜和雞蛋的燒餅、將糯米包入竹葉內蒸熟的粽子、撕開烤餅放入羊肉湯吃的羊肉泡饃等，數也數不清。

這些多樣卻又簡單的料理，統稱為「小吃」。在這些小吃中，我所品嘗的是湯麵。湯麵可以盡快上桌享用，又有湯汁，撫慰了旅人的饑腸與乾渴。不過我還有個更重要的任務，那就是找出我十五年前在華盛頓工作時，於新聞中心二樓花四元五角美元享用的那碗牛肉麵的滋味。在名為「Hunan Express」的中國速食店內所賣的那碗牛肉麵，不僅是引領我走進中國麵食世界的入場券，也像是遺失許久的老照片。數年後專程再度回到新聞中心，那家速食店卻已經消失。其實我更曾親自去一趟湖南長沙，只是那樣鹹、辣兩種口味完美融合所帶來的感動，已經無法再次重現。

尋找記憶中的牛肉麵

此行務必得找到記憶中的那碗牛肉麵。抵達中國當大，我便在上海點了一碗蘭州牛肉麵。在一九一五年中國西北的甘肅省省會蘭州，回族人馬保子始創蘭州牛肉麵時，曾獲得「聞香下馬，知味停車」的美譽。在蘭州，至今已有超過數千家的麵店，同時也正不斷向中國各地擴張。

原本湖南的牛肉麵，正是當年因雍正皇帝的「改土歸流」政策，被強制遷居湖南的新疆維吾爾族（回族的一支）所創的。據《麵條之路：傳承三千年的奇妙飲食（Noodle Road）》（譯註：改編自韓國ＫＢＳ電視台製作的紀錄片）作者李旭正（音譯）所言，現存最古老的麵條，正是於新疆吐魯番附近的火焰山發現的麵條，已有兩千五百年的歷史。由此可見，新疆麵條的歷史何其悠久。改土歸流政策將少數民族的部落酋長送往中國內陸，再由中央派遣的官吏掌管西部。被強制遷居的少數民族部落酋長與其家人，為了在陌生的異鄉吃上一碗麵，在沒有小麥的情況下，只好使用湖南當地作為主食的米。經過在地化的改良後，轉變為湯汁較濃稠的米線，而非原本回族吃的清淡湯麵。

蘭州麵食不僅美味，衛生方面也有保證。廚師們頭戴圓形或六角形的白色帽子，女性則戴頭巾，呈現典型伊斯蘭教徒的模樣，與專業廚師的打扮頗為相似。這讓我想起伊斯蘭教徒不讓清澈的湯麵沾上豬肉或酒，那樣重視整潔的生活態度。之所以有這樣的感受，主要還是在於製麵的過程。先是選麵（選擇乾淨且富含蛋白質的麵粉）、和麵（加水攪拌須維持在三〇度的溫度，以提高麵條的彈性與伸縮性），再來是醒麵（熟成三〇分鐘）、拉麵（反覆搗、揉、拉、甩，將麵條拉長），這四個階段一般不在廚房內進行，而是在店家門口公開展示。

即便如此，我依然懷念像湖南麵食那樣濃稠的湯汁。在走進江蘇省鎮江賽珍珠故居前的某個轉角處，有一間外觀破舊的麵店，在那裡無意間點的一碗麵，熱湯彷彿帶著一股暖流擴散至全身。這道名為鍋蓋麵的美食，使我對濃稠的湖南麵食的癡情產生了動搖。帶著「偶然間吃到的麵食，竟已是這種程度，那麼日後可有得吃了」的期待，一邊心滿意足地將最後一口麵吸進嘴裡。據說原本是和不小心掉入鍋中的鍋蓋一起煮的麵，因而稱為鍋蓋麵，不過今日已不將「骯髒」的鍋蓋放入鍋裡煮。鍋蓋麵因放入的食材不同而有不同名稱，我所吃的是將牛肉切絲的牛肉絲麵。利用鎮江特有的醬油，帶出甘甜而不辣的湯底，並以蒜末等調味料增添清爽的滋味。

中國麵食的名稱大不相同，正如中國科學未能有系統地發展一樣。麵條的粗細、拉麵的方法、麵條的由來等各種差異，造就了各式各樣的稱呼。在中國六大麵食中，山西刀削麵是用菜刀以斜角刨下麵條；北京炸醬麵淋上甜麵醬；河南燴麵將麵條煮至濃稠；四川擔擔麵是街邊小販擔在肩上販售的麵；武漢熱乾麵是將燙熟的麵條放涼，再淋上醬料食用；蘭州拉麵是用手將麵條拉長，名稱各不相同。上述六大麵食選定的標準見仁見智，主張陝西臊子麵、廣東伊府麵應列入其中的，大有人在。

時至今日，麵食仍不斷進化。其中最具代表性的，便是砂鍋麵。由河南鄭州兩姐弟始創，並逐漸擴張事業版圖，我在光山縣的二號店曾有一嘗為快的機會。那強烈的辣味令人著迷。不是韓國辣椒醬那種甜辣，而是帶有酸味的酸辣。

這趟旅行雖非美食之旅，不過在庶民飲食中發現美味料理時，更能增添旅行的樂趣。以上海至西安的三一二號國道為分界，往南是稻米耕作區，往北則是小麥耕作區，而這條國道，正是讓我得以體驗米、麥譜成的多首麵食變奏曲的「麵食之路」。雖然我尚未尋得「湖南米線」，不過那足以令我終生難忘的麵食已經出現。就在前往西安的秦嶺某處山間。

26. 賭上三天的時間趕抵西安

好不容易快馬加鞭，終於趕在上午九點前從鎮平出發。今天無論如何都得縮短與陝西省商南的距離，這麼一來，才能在兩天後的週六抵達位於三八九公里外的西安。這是為了趕赴週六晚間在西安的約定。在我出發旅行前，已約定好和崔輝永夫婦在西安見面。他們為了替我打氣，特地帶著內人由韓國搭機前來，而我則是騎自行車前往西安相會。

從上海出發後，在前往西安的路途中，發生了各種始料未及的事情，儘管如此，最終仍可趕赴約定的分秒必爭的挑戰，令我興奮莫名。這是一場競賽，從上海到西安的一人自行車競賽。若要在約定的日子抵達目的地，就得每天縮短一定的距離；若當天無法縮短距離，翌日就得增加額外的距離。我以一日為單位，將一四六七公里切割成塊，對騎過的路程與之後的路程、耗費的時間與剩餘的時間不斷加減乘除，換算出預計抵達的日子。

這正如馬拉松大賽中使用的四二．一九五公里分段挑戰策略。起跑後的十公里內，不可過於勉強，速度應稍慢於平時水準；在十到二〇公里的區間內，應以平時的速度追趕；在二〇到三〇公里的區間內，則維持相同的速度；在三〇至四〇公里的區間內，應將速度加快至平時的水準之上，並在最後的二．一九五公里內，如發狂般全力衝刺。只是我每次參加馬拉

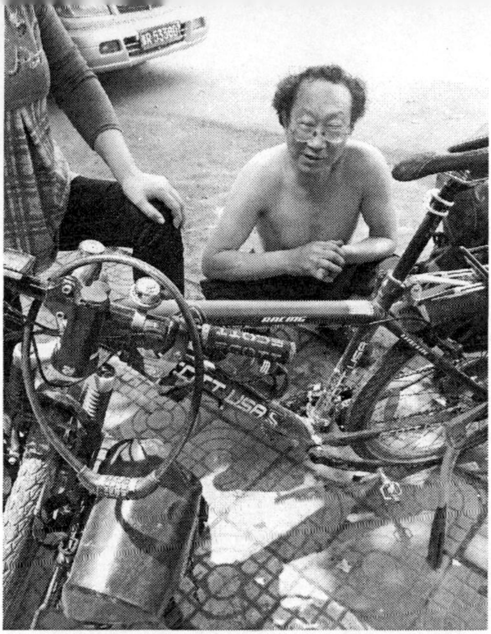

親手為我修理自行車的自行車行老闆

松大賽時，從不曾依照分段策略實行。我和那些覺得分段策略煩人，一開始用盡全力，後半段已經精疲力盡的人沒有兩樣。但是在這一次的競賽中，就像將四二．一九五公里等比例放大，每一段區間都得按照分段策略執行。雖然初期為了訓練體力，一天只能移動較短的距離，不過從中間開始，速度已經拉了上來。現在起，即將進入發狂般全力衝刺的區間了。

雖說如此，分段挑戰策略並非無往不利。現在只不過到了鎮平，計數器上標示的距離已經超過一千三百公里。在馬拉松大賽中，由於路線標示明確，自然沒有脫離路線的可能，但是這場自行車競賽的路線隨時都在改變，對我而言是相當少有的經驗。如果從這裡再騎三八九公里，就等於騎了將近一千七百公里，換言之，我比預定的距離多騎了二三〇公里以上，代表沿途迷了不少路。再說在河南省桐柏縣時，因前述文化館職員的堅持耗去了大半天，導致原本週五在西安見面的約定，不得不順延至週六抵達西安當天。

通常比約定時間遲到一兩個小時，是萬無可赦的錯，但是這次的約定，即使遲到了一兩天，也可以被原諒。這與平時以三〇分鐘為單位的日常生活，規模全然不同。不過他們預計週日上午返回韓國，無論如何不能再順延，務必於週六抵達西安才行。中途迷路或是順道進入計劃之外的地方，都不可被允許。在接下來的四天，從旅行至今鍛鍊出來的體力與技巧，以及對中國道路的掌握等，必須一鼓作氣發揮出來。

接下來的第一天足足騎了一六〇公里，將距離西安的路程成功縮短為二二九公里。出發約十二個小時後，在八點五十二分抵達了陝西省商南的人民公園。如今的我，已經不再是旅行出發前，那個往返果川不到四〇公里的路程，便累得不像樣的我了。七年前橫越美國時的那個我，如今又回來了。一六〇公里換算為英哩，約為一百英哩。在美國，一天突破一百英哩稱為centennial，被認為是邁向長距離騎乘的重要關卡。尤其當騎乘道路不是一六〇公里的平地，而是蜿蜒曲折的山路時，更能使人產生極大的信心。離開河南省，進入陝西省後，迎接我的是長達十六公里的上坡路。在三〇度左右的大熱天中，一邊感受秦嶺山脈愈發急促的脈搏，一邊咬緊牙關，一口氣衝上海拔高度兩千公尺的山間。

吸引人們目光的自行車旅人

越往內陸騎，沿途居民的加油聲越加沸騰。騎著摩托車的年輕人靠過來，大喊「加油！」，或是騎在前方為我指引道路。交通警察也豎起大拇指，對我說：「真棒！」自行車行老闆為我的自行車鏈條上油，路旁香菇市場上遇見的大叔拍拍我的肩膀，對我說：「離商南不遠了，再加把勁吧。」如此騎了一六〇公里，抵達商南時，一個最棒的鼓勵迎接我的到來。原本騎著裝有兩個輔助輪的自行車，正玩著的郭詡（音譯）小朋友，見到我疲憊的表情，便將我的水壺拿走，裝了熱水回來。就連原本在她身旁的母親，也料想不到她這樣的舉動。當我接過這個學齡前兒童遞上的水壺時，心中只覺得這水壺中裝滿的不是熱水，而是關懷他人的體貼。

又或許是在路途中順道進入的西嶽道觀，在裡頭花錢買的符咒發揮了效力。道觀是道教的寺院。在中國，道教與儒教並稱雙璧。當然，一般多加上佛教，合稱儒釋道，但是就起源於中國的思想和宗教來看，則非儒教與道教兩者莫屬。一般而言，道觀是人們捐獻並祈求幸運與財富的祈福之所。西嶽道觀數十個房間內，各祀奉著不同的神祇。進入正殿，有三尊衣著斑斕鮮豔的女神立像，正要拍照時，兩位大媽出面阻止我攝影。道觀的每一個角落，都不允許我攝影。其中一位大媽對我說，我應該向泰山爺爺祈求旅行一路平安，並將手掌大小的符紙交給我。她要我將自己的願望寫在紙上，我問是否可以寫韓文，得到的回答是只能寫漢字。於是我簡單寫上「保護我」三個字。大媽告訴我接下來的步驟：將錢放入捐獻箱內，再向泰山爺爺行三拜之禮。雖然猛然意識到自己正一步步走入被坑錢的圈套，但是已經進入參拜程序，無法中途拒絕。當我掏出五元投入捐獻箱，正想連符紙也一起投入時，大媽連忙制止我，告訴我那張紙得隨身攜帶。差點就得再買一張了！大媽問我怎麼不想為韓國的家人祈福，雖然這句話頗令人在意，我還是委婉拒絕，結束了這趟短暫的道教體驗。

當然也有不為我加油，甚至對我漠不關心的人，這群人是著迷賭博的人。越往內陸走，越能見到聚賭的群眾。常言中國原是因賭博與鴉片而亡國，賭博為社會問題的溫床，因此中國共產黨將賭博與毒品、走私、性交易列為四大犯罪行為，嚴加取締。但是這種日常生活中的怡情小賭，大概等同於玩韓國花牌（Go-stop）消遣的程度吧。無論如何，他們著迷於賭博的程度，似乎不輸遊戲中毒。有一回走進某家餐廳，裡面有四名成人正圍坐賭博，就連店主人也不瞧我一眼。點了一盤水餃，是就讀中學的女兒為我煮的。

比起中國傳統賭博「麻將」，西洋撲克牌更常作為賭博的道具。但是我從旁觀察的結果，他們使用的不只是一副撲克牌，而是兩副。用的雖然是西洋撲克牌，玩的卻不是德州撲克或橋牌，而是在中國新發明的方式。該說這是堅持中國傳統，同時接受西洋文物的「中體西用」，在今日真正實現的案例嗎？使用兩副撲克牌（也就是一〇八張牌），兩人一組，共四人對戰的遊戲，稱為「八十分」。用最簡單的方式來說明八十分複雜的規則，就是將幾張牌蓋在地上，其餘分發給四人，最先把牌清空的一方獲得勝利。一般是店主人等待顧客上門時，為打發無聊而玩的遊戲，玩到氣氛正熱時，別說是顧客，就連小偷光顧也不知道。因此，對於像我這樣的旅人，自然無暇理會。賭桌上就像落實男女平等的國家，一位嗓門宏亮的大媽也加入戰局，發出激昂高亢的吼聲。如果賭客手中的牌不多，那麼應該是以一副牌進行的「鬥地主」，而非八十分。這也是以西方撲克牌為道具，本質上依然很中國的遊戲。

沒有賭博的人，倒是滿臉好奇地瞧著我。騎在鄉間，經常可見人們拿張椅子坐在敞開的大門前。我所遇見的中國人，總是充滿好奇。但是這股好奇心，並非積極嘗試某種新事物的好奇心，而是經歷過許多與自己毫無關連，卻因此顛覆自己生命的重大事件後，從而產生的好奇心。正如同兔子豎起耳朵的行為。在這些人眼中，只是一輛滿載著行李的自行車騎過；而站在我的角度，可以感受到自己騎著自行車經過時，吸引了坐在路旁的他們的目光。但是在他們眼中，感受不到兔子的警戒心，這完全是因為自行車的力量。自行車是無害的，因此擁有令他們放下戒心的力量。這也是我選擇以自行車旅行的原因之一。在社會科學中，尤其是文化人類學中，有所謂的「參與觀察」研究法，而自行車之旅，正是執行這項研究法最簡易的途徑。

27. 鄉間喪禮上品嘗的貓耳麵

早知如此，我當初肯定不會冒失地答應在特定的日子於西安見面。四月十八日，通往西安的三一二號國道上最後一座隧道——牧護關，因土石流掩埋道路而關閉。雖無人員傷亡，不過道路究竟何時開通，沒有人知道。繞遠路並不妥當，G四〇高度公路不允許自行車進入，改走其他道路也不知何時可以抵達西安。

莫名其妙地訂約，最後竟也莫名其妙地趕上了約定。在我騎自行車通過的前一天，三一二號國道管理處才開放隧道通行，隧道口依然可見四處散落的石塊。「如果騎自行車通過時，土石流又再次爆發，該如何是好？」這個問題我真沒想過。據說我在牧護關前經過的麻街嶺，曾在二〇一一年九月因石塊掉落砸毀車輛，造成兩人死亡、一人重傷的慘劇。

從陝西省商南縣至西安的最後二二九公里區間，共通過琥珀山、武關、資峪嶺、麻街嶺、牧護關等五處隧道，一路穿越秦嶺。我在韓國的住家附近有日月隧道，還有騎自行車進入首爾市區通勤必經的金湖隧道、玉水隧道，以及來回江原道洪川郡的六號國道上各個隧道，經歷過這些隧道後，我以為自己已是一名身經百戰的勇者了。但是秦嶺山脈間的這些隧道，彷彿是為了活埋皇陵殉葬者而開鑿的地下坑道，令我油然升起如殉葬者般的恐懼之感。

秦嶺山脈北側的絕美山壁

後方入口不知會在何時關閉，使人在一片黑暗中失去雙眼存在的意義。

第一座經過的隧道是琥珀山隧道，當時我戴著太陽眼鏡進入隧道，眼前忽然陷入一片幽黑，宛如在白晝間潛入暗室。隧道內的照明燈全都暗著。即便摘下太陽眼鏡，情況仍未改善。遠方傳來震耳欲聾的聲響，路面又高低不平，實在寸步難行。打開自行車燈，光線要比燭光來得微弱。空氣又冷又溼。這時，反倒希望對向車道出現車輛，如此一來，不僅可以為我照亮前方道路，也可以向後方來車提醒我的存在。過了一會兒，隧道內再次傳來照明燈的微光。然而每盞照明燈的間隔遠，三盞中又有兩盞暗著，仍無法照亮我與自行車。直到隧道盡頭一顆小而白的斑點，逐漸擴大為馬蹄形，出口這才若有似無地出現。此時，我才明白陽光為何代表光明。呼！終於離開了隧道。第三座通過的資峪嶺隧道，最令人膽顫心驚。不僅隧道長度長，黑暗本身更是一大煎熬。我想，之所以能在這裡感受著超乎想像的恐懼，原因就在於中國沒有什麼事不可能發生。中國有十四億人口，對於每一個個體的生死，便不那麼依依不捨。

離開資峪嶺隧道，路旁立著一頂以紙紮白花裝飾的帳篷，一群人聚集在此。我一直想一睹葬禮進行的情形，終於在此巧遇。我怕傷了他們的心，於是將自行車停在路旁，遠遠觀察他們的神情。由於人們的表情並不那麼悲傷，想來或許不是遭逢噩耗，便走進帳篷內。他們開心地迎接我的來訪，並邀我一同用餐。午餐餓了一頓，又忙著趕路，早已是前胸貼後背了。於是我厚著臉皮，選了一個放著大銅鍋的桌子旁坐下。

這道料理應該是喪家準備的什錦雜燴湯吧。將馬鈴薯、豆腐、大白菜放入羊肉湯裡，熬成濃稠而帶有金黃色澤的濃湯。由於長年使用，鍋子的底部顯得又髒又舊。原以為味道應與想像不遠，豈知吃了一口，竟是滿嘴盈香。將中式辣椒醬一起下鍋煮，吃起來毫不油膩。尤其湯裡浮著的小麵糰，既非麵條，也不是通心麵，吃起來特別有嚼勁。仔細一看，外形像一頂尖尖的小帽。「這叫什麼名字呀？」旁人聽我一問，異口同聲答道：「貓耳朵。」就怕我聽不懂，有的抓著耳朵，有的發出動物叫聲，似乎是在模仿貓。剎那間，我的腦中靈光一閃：這不正是我曾在書上看過，心想非吃它不可的貓耳麵嗎？用大拇指與食指將麵糰捏下一小塊，放在手掌心上，以大拇指旋轉按壓，便可做出這樣的形狀。只有在陝西省才能品嘗到的這碗特殊麵食，竟在秦嶺一處偏僻的山谷中一嘗為快，這絕對是「麵食之路」上最棒的一碗麵。

要不是在意他人的眼光，我肯定雙手捧著銅鍋，將臉埋入鍋中大快朵頤。連續吃下兩碗貓耳麵後，這才聽見擴音機傳來的葬歌，不禁懊悔未先向亡者致意。我走進帳篷裡瞻仰亡者遺容，只見一幀如桌上型相框般迷你的亡者照片。那是一位上了年紀的老爺爺。我依照韓國的傳統，只有上香，沒有行跪拜禮，在心中為亡者默禱。一名異鄉客遠從他國來到自己靈堂前弔喪，這一切是否被老爺爺看在眼裡？披麻帶孝的喪家，眼裡滿是欣慰。我再三婉拒他們要我多吃一碗再走的好意，繼續趕路。

這令人厭煩的上坡路何時結束？

通過最後一座牧護關隧道，我轉過身正想拍下照片，無意間發現了自行車禁止通行的標誌。現在才看見這個標誌，真是萬幸。因為經過土石流災區後，這條路原本是不能騎自行車的。不過要是沒有這些隧道，想必自行車也無法翻越秦嶺山脈。商南縣或丹鳳縣的地勢，皆是群山環繞的掌心形狀，山地面積各占這兩縣的八〇%與九〇%。漢高祖劉邦越過這些山地，攻入西安時，士兵們所承受的艱苦，不是我們所能想像的。再說當時也沒有隧道。

雖然無法與他們相提並論，不過在我離開南京之後的十二天內，也是日復一日的急行軍生活。然而最後一段上坡路與強風如此噩夢般的組合，彷彿將我的自行車車輪從圓形變成十二角形、六角形，再到現在的三角形。每踩一次踏板，就得用盡全身的力量。將前輪變速器調至一段，已經過了好一段時間。於是只好採取前段變速器維持一段，後段變速器再調至一段，騎之字形路線的方法，將路面的傾斜度降到最低。

路途中，遇見一名與狗玩耍的年輕人。這名年輕人的自行車上掛著籃子，騎車時將小狗放在籃子內，休息時便抱出小狗玩。起初還以為是智能有問題的人。當我休息時，他便從身旁經過，如此超前、落後，幾度碰面後，我試著向他搭話。「還要騎多久，才能結束這段討厭的上坡路啊？」到目前為止，中國人指引的道路不是錯誤，就是不準確。想不到他的指引，竟精準得令人驚訝。「再往上騎兩公里，有一座隧道，之後到西安之前都是下坡路，晚上八點前可以抵達西安。」

果真如他所言，通過最後一座牧護關隧道，便一直是下坡路，直令人懷疑這樣騎下去是否真沒問題。由於道路標誌上寫著連續三十五公里下坡路，我擔心中途再度出現上坡路，心裡忐忑不安，結果證明他的話是對的。到西安的六〇公里路程，基本上都是這樣的下坡路。一路上又與這位年輕人數度碰面，於是我們聊了起來。他說目前正與一隻狗旅行全中國，原因只是喜歡探索這個世界。他有著毫無矯飾的旅人風格，不投宿旅館，也沒有任何露營設備，一切吃喝拉撒睡都在橋下或廢棄的房屋內解決。他的自行車行李架上綁著以棉布層層纏繞的睡袋，前把手掛著一個圓形大塑膠桶。這台登山自行車和我的一樣有二十四段變速，雖然為了維持平衡而拆除自行車兩旁置物的側掛袋，不過用來周遊天下，已是綽綽有餘。經過藍田縣的一〇九號省道時，路旁橋下不知是誰在叫喊著，原來是他一手抓著啤酒罐，另一手揮舞著向我打招呼。我當時已是加速中的狀態，只能揮了揮手，繼續向前，那是我與他最後一次的擦身而過。他是我到那時為止，唯一遇見的一位長程自行車旅人。也許此時此刻，他仍在中國的某處旅行呢。

通過牧護關後，眼前是截然不同的世界。秦嶺的北側斜面由岩壁構成，這般美景在下坡路上觀賞實在可惜。以時速四〇公里在下坡路上奔馳，眼前的風景就如同被水浸溼的素描本一樣模糊不清。即便如此，我仍不願意停下。千辛萬苦來到這般高度，我可不想慢慢下山。於是騎著自行車暢快地奔馳下山，一下子從海拔兩千餘公尺的高山地區，進入海拔五百公尺，由中國第一個統一帝國創建的首都西安。崔輝永夫婦與內人已經焦急地等在約定的飯店前。離開上海後，十八天內騎了一千七百公里，終於成功赴約。

28. 成功挑戰三角路線的一邊，繼續轉往東邊！

再度回到一個人的旅程。崔輝永夫婦與內人和我共處兩天後，便返回韓國。如今得開始向東前進才行，不過聽到西安城牆上可以騎自行車的消息，令我不由得豎起了耳朵。在城牆上漫步，已是極為風雅之事，竟還能騎自行車！這肯定會是最符合萬里長程之旅的一趟中國古都紀行。於是我踩起踏板，向南門進發。西安是中國八大古都中，作為統一王朝首都時間最長（一千兩百年）的都市。包含統一王朝在內，一千兩百多年來共有十七個王朝在此傾軋興迭，由此可知，西安絕對比世界上任何一個都市都要來得格調高雅而古意盎然。

但是，千年古城已不復見。兩千年前秦始皇的阿房宮、盛極一時而有「西羅馬，東長安」之稱的漢代城池、史上首度人口突破百萬的絲路起點唐代長安城，皆已付之塵土。中國在一個新的王朝建立後，總會將原有的宮殿城池毀壞殆盡，並於附近建造新的居住區，直至今日亦是如此。重建或再開發的概念並不存在。如果僅僅埋藏於地下五公尺的秦始皇陵及其兵馬俑更早出土，也許今日早已成為一抔黃土。

現在我即將登上的城牆，也是較近代的明朝所修築的。特別的是，清代皇帝並未破壞前朝的城池。留在北京城內的紫禁城，同樣建造於明代。為統治漢族而融入漢族文化的女真族

西安城牆路，似乎連坦克車也可通行

皇帝們，似乎比漢族更懂得保護漢族的文化。

南門的驗票員將我攔下。他說禁止牽自行車上城牆，必須在城牆上租借自行車才行。即使我表示只是將自行車與行李暫放在此，去去就回，剪票員仍予以回絕。一旁旅客服務中心的女職員告訴我：「行李可以為您保管，但是請先將自行車寄存在自行車保管處再回來。」自行車保管處距離相當遠，加上我已經嘗過中國高度通融的滋味，實在無法老實照辦，於是不停糾纏著對方，說三〇分鐘後一定回來。這段時間內，與我應對的人數增加至五人，形成五對一的局面。中文還能如此瞎說，心中暗想旅行至今中文倒是進步不少。

如果是在韓國，這樣的爭執一旦拉長，必有一方提高聲量，質疑對方「你幾歲啊？」「為什麼沒對我說敬語？」淪為追究輩分的爭論，結果便是雙方各持己見，互不相讓。但是眼前的他們只是以相同的語調，重複說著同樣的話。可能是想更有禮貌地對待外國人，也可能是原本性格不易被打動。雖然向他們承諾說好的時間內一定回來，他們的回答卻是「有這些時間，不如先去寄存自行車再回來」。看來是行不通了。

不得已之下，只好詢問他們上城牆的其他門在哪裡。他們為我指出了東門，同時告訴我那裡的情況也會是一樣的。我沿著城內的道路來到東門，一位長相帥氣的男職員正在驗票。中國旅行有個小訣竅，那就是長得帥的男生比較親切。他將我領至旅客服務中心，將自行車暫放在旅客服務中心後的休息室內。這正是我原先設想的「美好」景象。他不僅為我倒一杯溫暖的茶水，更親切地為我指引道路。中國人口繁多，有堅守原則的人，自然也有容易通融的人。最重要的是得失心不必太重，堅持永不放棄。最後，我帶著一臉心滿意足的笑容登上城牆。

城牆寬度與雙線道無異，其堅固可容坦克車通過。城牆上應可容納數萬人同時守禦，其高度亦足足有十二公尺，附近四、五層樓的建築一覽無遺。但是，雖然由東門出發，沿北、西、南方繞行四個角，最後竟不見東門。再繞了四、五座城門，也沒有出現。一條路直直通到底，更沒有迷路的道理。心中甚至浮現各種想法，懷疑自己是不是鬼打牆了。其實是途中經過類似甕城的城樓時，誤以為就這樣錯過了東門，急得在甕城打轉，再加上城牆的長度比想像中要長，才會遇上這樣的問題。（譯註：意指未到東門，卻誤以為錯過了東門而在甕城打轉，其實東門還在更遠處）

一三・七四公里，整整花費了一個小時。據說漢代長安城的周長為三五・五六公里，如果保留至今，騎自行車繞城肯定別有一番滋味。由於是明代建造的城牆，已超過六五〇年的歲月，是我至今騎自行車經過的道路中，年代最久且最特別的道路。雖然地面鋪著磚頭大小的石塊，高度不一，騎起來並不平順，但是比起我在西安去過的任何一處遺跡，更有奔馳在歷史中的感覺。城牆外櫛比鱗次的老舊公寓群，反倒顯得極不真實。

不知怎地，覺得此時此刻此地的我，其實也極不真實。辭去工作後，從上海開始，騎著自行車來到這裡，並以自行車環繞城牆。雖然是夢寐以求的事，卻令人難以置信。撇開經濟上的問題或意外事故的危險等其他問題，體力是否可以負荷，這點我也不敢保證。此次萬里長程之行，是繞行上海、西安、北京三個頂點，在中國的土地上畫出三角形的旅程。來到西安，代表的不只是完成三角形的其中一邊，還有在這之上的收穫，那就是「我一定可以」的信心。挑戰這種規模的自行車之旅，已經是七年前的事了。雖然誇下海口說挑戰中國也沒問題，但是內心卻不禁產生了這樣的質疑：這只是對上了年紀的無畏抵抗吧，說難聽一點，就是不肯老實地接受年華老去的事實而鬧脾氣吧。但是實際挑戰的結果，除了恢復體力的速度慢了些，其餘並沒有太大的問題。果然還是得身體力行，才能知道自己是否辦得到。於是一時興起，在微型部落格me2day上，像個孩子般對朋友們大聲宣告：「橫越美國的那個我又回來啦！」

大中國的起點，西安

對我而言，西安是以槍響來記憶的地方。那是軍閥張學良軍隊的槍響，一九三六年十二月十二日，蔣介石來西安視察討伐共產黨的情形，遭其軍隊逮捕與軟禁。此舉再度促成共同面對抗日戰爭的國共合作，而毛澤東帶領的共產黨則藉此起死回生，終於在十三年後統領全中國。同樣是十二月十二日這天，一九七九年合同搜查本部長全斗煥領導的一心會（하나회）以下犯上，逮捕了時任陸軍參謀總長的鄭昇和。這樣的巧合令我印象深刻。因那聲槍響而從沉睡中醒來的西安，在一九七四年由某位掘井的農夫發現兵馬俑，於是繼絲路之後，再度成為全世界旅人熙來攘往的都市。

西安本非如此容易被遺忘的都市。西安是大中國的起點。由秦嶺望向西安，便可窺知秦代以西安為首都，終結戰國時代並統一中國的地理背景。如長城環繞般，西安以秦嶺山脈呈直角的支脈為兩翼，向前開展一望無垠的腹地。渭水於其間蜿蜒流過，滋潤了大地。即使不是大師級的風水師，也知道要將大中國統一王朝的首都定都於這廣闊的大地上。就連不懂風水寶地或都市設計的原始人，也懂得聚居此地，足見此盆地的優勢。除了兼具藏身與向外發展的功能外，食物供給亦不虞匱乏。

位於這座盆地南邊的藍田縣，於一九六三年挖掘出生活於更新世至舊石器早期的直立人化石，該化石的主角被稱為藍田人（Homo erectus lantianensis）。其實從時間的跨度來看，要說最早生活在一一五萬年前的藍田猿人，其後代便是今日的中國人，倒是過於遙不可及。但是無論如何，在這塊土地上出現人類聚居，並已有文明萌芽的事實，已足以證明中國文明並非來自美索不達米亞，而是自我形成的可能性。

這片土地名為渭河平原，以韓國人較熟悉的詞彙來說，就是關中平原。圍繞這片平原的層疊交錯的山巒谷地間，共有四座關門，因而有「關中平原」之稱。西邊的大散關、北邊的蕭關、東邊的函谷關、南邊的武關，四座關門如櫃子上的鎖頭，如果無法打開這幾座關門，便無法進入關中平原內。秦朝在中國內部分裂之際，占據了這片固若金湯的平原，如果沒有人從內部開門，就無法輕易拿下，但是走出平原外，東西南北皆可長驅直入，因而統一了中國。然而隨著對更廣大且肥沃的土地的需要，王朝跨出了盆地的門檻，向東邊與西邊移出，最終使西安淪為經濟意義上難攻不破的孤立之島。

結束這場如春日漫遊般的城牆巡禮，我調轉白行車車頭，朝洛陽與開封等王都的方向東進。真希望像過去秦兵一樣，長驅直入華北平原，但是心中同時出現了這樣的想法：中國豈是這麼好對付的國家？只能親身體會才知道了。

29. 從飯店員工的朝會看中國的集體文化

「匡啷啷……」。如冰雹打在屋頂上的聲音，使我從夢中驚醒。前一日在西安遲至午後出發，騎了七十五公里，最後投宿於陝西省渭南市的某家飯店。來到櫃檯安排的房間，才知道是麻將專用間。床頭旁的麻將桌上，蓋著深紫色的包巾，房內一扇窗戶也沒有，絲毫不遜於審問室。房門開著的對面房間，已經響起嘈雜的麻將聲。加上房間內空氣汙濁，原已放棄熟睡，只是在床上翻來覆去，不過被聲音驚醒時，已經是翌日早晨。走出房外，哪裡有冰雹，眼前是陽光和煦而令人心情振奮的早晨。

在鼎力源飯店前，從早上八點便展開「軍事訓練」，與一旁的大馬路顯得格格不入。這是在旅途中偶爾會看見的景象。受訓生並非軍人或後備軍人，而是我所下榻的飯店的員工。看來應是以職務類別區分的「小隊」，各有不同的制服，而年齡層也大不相同。淡粉紅罩衫搭配黑短裙的年輕女性，是待客小隊；屬於同一單位而身高差異極大的大媽大叔，是料理小隊；踱步而發出屋頂上冰雹掉落聲的，是客房小隊。至於一頭俐落短髮搭配緊身兩件式套裝，給人十足專業感的近三〇歲女職員們，則是指揮部，對於任何一個小隊，他們都以一副嚴肅的表情發號施令。

原以為是為了防範美國進攻中國內陸，訓練日後投入非正式戰鬥的民防武力。從「立正」、「稍息」等基本動作，到「前進」、「後退」、「左右轉」，甚至是隊伍成縱隊前進都有。他們行進時，雙手沒有前後搖擺，而是固定在腰間；踏步時，膝蓋沒有彎曲，而是雙腳打直前伸。看來就像電視上出現的北韓軍人，不過這裡倒是充滿共產主義風格。

不僅隊伍排得歪七扭八，腳抬起的角度也各不相同。尤其料理小隊立正的姿勢，更顯得忸怩侷促。也許是正在訓練刻意不像軍隊的偽裝術吧。我不斷變換位置，拍下這樣的景象，其中雖也有些「小隊員」顯得害羞不已，但是整體員工大多專注其中，心中大概是想著隊伍可不能因為我這個傢伙而亂了陣腳吧。我走向「指揮官」詢問，原來每天早上八點舉行完這樣的儀式後，才開始一天的工作。看來並非軍事訓練，而是某種朝會活動。但是我實在無法理解，這和清洗食材或打掃客房的工作有什麼關聯。

「為什麼要這麼做？」

「這是公司的經營方針，是為了追求員工的團結和樹立綱紀。鼎力源集團旗下的任何一間飯店，每天早上都會舉行這樣的儀式。」

而且這個儀式每天舉行一小時。就我看來，朝會結束後，眾人早已筋疲力盡，反倒需要更長的休息時間。不只是這間飯店如此。我在河北省滄州市也見過身穿粉紅色襯衫的男女學生，一邊耍著美容剪，一邊排成三列隊伍。公寓管理員、餐廳服務生等，只要是稍有規模的組織，似乎都擺脫不了這種儀式的吸引。作為對軍隊文化相當反感的韓國旅人，這般景象令我嘖嘖稱奇。對他們而言，這似乎不是將支配與服從關係內化的儀式。那麼，這是在共產黨一黨獨裁之下，逐漸消失的社會主義遺物嗎？要求所有人做出相同的動作，就能建立緊密的連結？

集體行動還不僅止於此。我在中國曾經去過的公園或馬路邊，從早到晚都有各式各樣的集體行動上演。早上一般是太極拳或體操，晚上則是廣場舞。如果勤快一點，可以早上跳完體操後上班，接受制式訓練，下班後再跳廣場舞。廣場舞一般是以大型錄放音機播放音樂，眾人隨音樂起舞，不過某些地方則是配合大鼓、銅鑼和笛子的伴奏跳扇子舞。也曾見過集體耍劍。廣場舞成員多為女性，亦有男性夾雜其間。

如果要他們在人潮眾多的廣場上單獨跳舞，他們大概會擺手拒絕。不過要是眾人集體行動，就顯得稀鬆平常。這是相當古怪的共犯意識。甚至和其他男人手牽手翩翩起舞，再倒向男人的懷中，似乎也只是為求整齊劃一的行為。在這一瞬間，「我」只是縱橫軸交叉而成的象限上的一個座標而已。整體的協調，比舞技超群的個人更為重要。

韓國有眾人共同演奏的農樂，西方也有行列舞（Contra Dance）等傳統舞蹈，但是在我所造訪過的國家中，還不曾見過像中國這樣，任何一座城市只要有稍微大一點的廣場，就會出現廣場舞的國家。中國絕對有資格獨占這樣的風俗。當然，這也和人口過多，每個人可以自由移動的空間不足有關。所以就連舞蹈也不再是脫離日常生活的自由舞動，而是必須配合集體韻律的行為，除了機械式的動作外，其餘一概不被允許。但是比起只能觀賞，而沒有共舞機會的韓國和其他國家，中國則要好上許多。隨時隨地都能自由加入廣場舞中跳舞，也許這只有在人口眾多的中國才有可能吧。

舉行朝會和跳廣場舞的行為，使我產生一種強烈的感受：不是個體的集合組成群體，而是個體存在於群體的一部分裡。每個人互相牽制，避免隊伍散亂或動作歪斜。當所有人聚精會神，群眾凝聚為整齊劃一的群體時，便使人沉醉於那井然有序的一致性。這或許是西方人難以理解的中國的其中一面。「群體」乃是先驗的概念，在主動選擇之前，自己早已歸屬於某一處。因此，也難以形成由我親自選擇群體及群體代表的意識。如果以西方主張的「中國人因為沒有政治自由而感到委屈」的偏見來看，終究難以發現中國人這樣的特性。

至於盛裝著這個一致性的最大容器，自然是中國。中國的國號不曾使用過「中國」，即使今日也是中國人民共和國。但是對於中國人而言，中國一直以來是作為與個人相對的群體。因此，即使歷經春秋戰國時代或魏晉南北朝、五胡十六國、五代十國等，一次長達數百年的分裂期，依然以一個中國延續下來。中國在面積與歐洲三十六國相近的土地上，擁有彼此足以結下不共戴天之仇的五千年以上的歷史，並且南方人與北方人在人種上亦如希臘人與斯堪地那維亞人般截然不同。然而特別的是，我所遇見的每一位中國人，對於中國必須是一個群體的事實絲毫沒有任何懷疑。即使被視為十四億分之一，仍擁有自己屬於這十四億群體中一員的強烈歸屬感。

黃土高原的發源地

埋藏統一中國之秘的三一〇號國道

我打算沿著三一〇號國道，探尋中國的統一性如何孕育出這樣的一致性。這條道路應該會有線索。三一〇號國道被認為是中國歷史上最重要的道路，如曬衣繩般筆直連結江蘇省連雲港市和甘肅省天水市，總長一六一三公里。將這條道路一分為二，由中點往西的五六六公里間，分布著中國八大古都中的四大古都，即秦朝的西安、後漢與唐朝的洛陽、商朝的鄭州、宋朝的開封。對比中國廣大的面積，四大古都可以說緊緊相連。我將三一〇號國道的這段區間，稱為「王都之路」。埋藏著大一統中國祕密的「王都之路」。

但是，「王都之路」也有不少路段被高速公路G三〇徵用，不得其門而入，向外繞出的道路又正在施工，無法通行。迷了路的我，進入渭南市城外某座村莊深處，再出來時，被眼前景象嚇了一跳，緊急煞車。順著這條下坡路得向左轉，然而右邊竟是空無一物的高空。如果車頭迴轉角度過大，就可能墜落懸崖下。腳下是綿延無盡的廣闊大地。乾燥黃土如山林大火般熊熊揚起，我能立刻確定這裡就是黃土高原。如果我沒有迷路，就看不見這樣的景象了。

我正踩在比朝鮮半島面積遼闊的黃土高原南端，這裡是地球上面積最大、沉積土層最深的黃土分布區。由於地質鬆軟，雨水能輕易將黃土帶走，流向黃河，致使黃河河床增高，水道因此經常改變。如此一來，中國的歷史生態也隨之改變。靜臥此地的黃土高原，可說是雕刻中國璀璨歷史的巨人鑿子。被稱為天黃、地黃、河黃、人黃的黃色中國，也發源於這沉靜無語的大地，如此一想，竟不禁感動於能親睹無聲的歷史現場。為了從更高的地方遠眺，我緊接著前往華山。

30.一步一生，步履維艱

在陝西省華山的東峰，最能好好欣賞黃土高原。單憑肉眼，甚至可以看見黃河水道急彎，像是汽車猛然打了左轉燈，立刻轉動方向盤的樣子。作為一條泱泱大河，黃河的水道實為崎嶇。發源自青海省山中湖泊，經過東流、北上、東流、南下、東流四次轉彎後，由渤海灣出海。在中國，多以毛筆字「凡」（除去中間的一點）字，來形容黃河水道在大地上曲折迤邐的模樣。

黃河在內蒙古地區為縱向延伸的太行山脈阻擋，因而右轉九〇度繼續南下。如此順流近千公里後，遇上橫向延伸的秦嶺山脈，又再度左轉九〇度向東流，而東峰正是能將這最後一彎和環抱關中平原的黃土高原，以及與黃河匯流前的渭水、洛水盡收眼底的人文地理名勝。東峰高二〇九六公尺，在海拔四百公尺的平地上拔尖而起，以一千七百公尺的高度差拉開遼闊無邊的視野。天氣晴朗時，似乎連積雲後的廣漠大地都能一覽無遺。

黃河接著繼續東流，如切蛋糕般切割秦嶺山脈和平原，形成一道狹長的峽谷，著名的函谷關和潼關正是位於這道峽谷上的關口。函谷關往西是關中平原，往東為華北平原。如果在關中平原玩「劃地為王」遊戲（譯註：韓國傳統遊戲，玩家各據一角，彈三次石子圍成的範圍，即為自己的領土），必將為一人獨有，因為四周已沒有可分割的地理屏障。所以當一個國家成立後，僅僅是在關中平原內的領土，就算是規模不小的國家，不過只要出了函谷關，又是另一個平原。懷著野心踏出關外，拿下華北平原後，這個大國就能像真空吸塵器一樣迅速攫取其他小國。這兩大平原的珍貴之處，便是有助於蓄積可遠征與奪下中國任何一個地方的堅強實力。

而占據華北平原的另一方，自然也無法抗拒這個誘惑，正如《三國演義》中所見，歷史上不少勢力為占領關中平原而竭盡全力。兩大平原之間的戰爭頻仍，北方民族也為了掠奪兩大平原而前仆後繼地南下，逼得大量難民逃往長江以南，遂引發將中國南方經營為殖民地，並推行漢化政策的連鎖反應。這正是在華山上所見到的，中國必然成為大一統帝國的地理背景。

如果中國也像歐洲那樣，發源自阿爾卑斯山上的河水流向四方，往來交通不便，那麼即使擁有相同的平原，似乎也難以發展出單一領土的概念。黃河儘管令中國人傷透腦筋，但是多虧她守護著這條筆直東流的水道，中國人得以發展出相同的方向概念和領土概念。大一統中國的兩大開國功臣，即是黃土高原與黃河。

陌生人不可盡信

登上華山的挑夫

國家壯大，不代表該國居民的幸福度也較高。上一趟華山就知道。來到這座中國五嶽中最險峻的山，依然得排隊。明朝畫家王履嘗言：「吾師心，心師目，目師華山。」而我卻得隨著華山上的人群緩慢前進。尤其走到適合拍照的地點，更無立錐之地。一名年輕女子喊著「Excuse me」，要我讓開。「她怎麼知道我是外國人呀？」我實在討厭她像弱者般顯得無助可憐，藉此逼迫對方讓開的聲音。在幾乎不可能自後方超前的岩縫路上，才稍一挪身，其他人立刻擠上前來。我對中國的排隊感到恐懼。四年前，我曾經站在湖南省長沙機場的入境大廳。排隊等待期間，兩旁不斷出現新的隊伍，待入境大廳的門一開，隊伍全向前倒。只等前面的幾人通過後，公安又將大門關上。在首爾搭公車時，我一直自認擁有絕佳的座位選擇能力和瞬間爆發力，此時竟淪為「虎落平陽」的處境。

我不曾聽見「不是排那裡」、「那個人比我們還晚來」的呼喊。在中國，排隊的權威是極其微弱的。這時的中國，只是一個彼此不認識、不信任的人群集合體罷了。如果對陌生人的信賴程度決定其公民意識的話，中國人屬於完全不信任陌生人的一方。

由「國」和「家」組成的「國家」一詞，是具有深刻意義的。林語堂曾說：「中國只有國和家，沒有社會的概念。」中國雖然引進翻譯自英文「society」的和製漢字「社會」，但是並未引進公共意識（public mind）。他們只照顧家庭，並且對國家效忠。易中天對此解釋：「西方經歷過希臘時代這樣的城邦時代，但是中國不同，士族制度不著痕跡地化身為國家制度。」如果沒有彼此互相遵守隊伍的文化，就只能靠強權來掌控失序。中國人能夠接受公安的力量，甚至是共產黨一黨獨裁，其根本正存在著這樣的集體心理。人民是觀光客，他們不過是彼此推擠碰撞上山，欣賞過風景便離開，並非有必要整頓秩序或改善秩序的對象。

華山上怪石林立，更正確來說，華山是一座由一堆花崗石所組成，總長二〇公里、寬七．五公里、高二一五五公尺的山。從山下到最高峰南峰的峰頂，花崗岩被一一鑿開，如拉鍊般砌上數萬個石階。雖然不是萬里長城等級的浩大工程，但是如果沒有泱泱大國的動員系統，也只會是無法實現的天方夜譚。費盡千辛萬苦打造的階梯，帶來了大量的觀光客，而挑夫則扛著供應遊客的食材上山。鋼鐵、水泥、木材也搬運上山。

以前曾在中國武俠小說中讀到，被選為五大門派之一的華山派劍術，是最能代表華山的武功，而如今，挑夫們的勞動代表著華山的神功。像木材和鋼鐵一樣細長的物件，框啷一聲放上只用一條毛巾覆蓋的單邊肩膀，彷彿揹著翹翹板行進的「翹翹板神功」；將兩個包袱分別綁在竹竿兩側，彷彿扛著天秤行進的「天秤神功」；揹著如香菇般下窄上寬的背簍，拄著拐杖上山的「香菇神功」。再說還不是平地，在這只要腳一踩空，就會掉入數千公尺下的山間小路上，即使看不見前方道路，他們仍一步一步地爬上山。看著這樣令人雙腳發顫的工作，我也不好意思與他們攀談。

後來幾度與他們碰面，仔細一聽，原來是在唱勞動謠。換言之，這是他們熟悉且游刃有餘的工作。向他們問話時，回答也是一派輕鬆，似乎是經常被問到的問題：搬運貨物約六〇公斤，所有貨物以磅秤過磅；報酬也是非常中國的價格，每公斤賺〇．八元，一天上下山兩趟，下山時順便帶下垃圾，一天可以賺得一二〇元。向他們詢問何天武先生的近況，他們咧嘴微笑，說今天應該也上山了。

華山挑夫界的至尊何先生，以獨臂揹著背簍上山。他的故事多次被報導，感動了許多中國人，也曾在韓國ＥＢＳ電視台的「極限工作」節目中被介紹。今年五〇歲的他，二〇多年前為償還病死的妻子留下的債務和扶養兩名子女，在礦坑中工作時發生意外，左臂被切斷。他領到四千四百元賠償金，被趕出礦坑後，半數賠償金遭竊，只能以剩餘資金務農，不料卻遭遇一場洪水，導致農作物損毀。即使如此，仍堅持不願行乞的他，已經在華山工作了十二個年頭。

「一步一生」，每一步都賭上性命的他們，令前來旅遊的遊客感到愧歉。比起觀賞美景，華山更是具有教訓意義的山，啟發人們禮讓社會上的每一份子。挑夫並不以自身的職業感到卑賤。他們說，比起在煤礦坑中工作的歲月，現在可以呼吸到新鮮空氣的工作更好。更重要的是，因為他們的勞動是可見的，即使是不按規矩排隊的觀光客，也會為他們加油，並讓路請他們優先通過。照這樣發展下去，必然會成為優質的社會，一個認同勞動的神聖性和真實汗水的社會。聽起來，山下的中國正與這樣的社會漸行漸遠。

何先生有另一個夢，他想要在殘障運動會的五百公尺賽跑中贏得冠軍，為人們帶來新的希望。在贏得金牌前，他拒絕任何媒體的採訪。「用行動證明」，正是最貼近此時此刻的形容。休息了一天，我再次騎上自行車。

31.在道教本山探問未來的人生

只要轉過身，上坡路就會結束了嗎？迎面而來的風就會消失嗎？這是腦中最常出現的想法，也是最愚笨的想法。決定在這個季節通過峽谷的要塞潼關，前往函谷關時，就已注定要面對三一〇號國道的崎嶇和風向。是啊，自黃河緊挨秦嶺山脈東流的數百年前開始，早已形成今日的地勢，再說只要位於北緯三〇度以上，就算你是諸葛亮再世，也無法將東南季風變成西風。這一切只有我不知道而已。

人生不也如此嗎？從出生開始，人生路途的崎嶇和風向不是早已決定好了嗎？人們為了預測未來而求神問卜，用的正是生辰八字。雖然我不曾找上占卜師，付錢算命，但是我也對未來感到好奇。又有誰會知道，我在老子撰寫《道德經》的函谷關竟算了八字。儘管純粹是好奇心作祟，卻也不能說我這個辭掉工作的中年男子，沒有一點想探問什麼答案的想法。

古語云：「一夫當關，萬夫莫敵。」函谷關就像將峽谷的道路緊緊拴緊的「瓶蓋」。外形彷彿華麗餐盒的樓閣與望樓，一如從天緩緩而降的寶物，與周遭景色完美融合。在春秋戰國時代，位於東方的五國聯軍前來征討秦國，在函谷關寫下六戰六敗的紀錄，最終仍被秦國併吞。放棄關中平原回到故鄉彭城的項羽，最後也在函谷關為劉備所敗。

然而因為三一〇號國道和G三〇高速公路的出現，函谷關已經喪失作為關口的功能。取而代之的，是道教本山的性格逐漸強化。來到函谷關，最先映入眼簾的造像，是高七、八層樓的貼金老子立像。立於公園斜坡、長達五〇餘公尺的牆面上，一字一字刻著《道德經》的全文。這般人工造景雖然與老子主張「無為而有為」的意旨相違背，不過無論如何，給人一種此地為道教本山的強烈感受。

走到函谷關園區的盡頭，往最後一座寺院裡看去，裡頭擺著兩排坐像，每排三位，彷彿等著貴賓光臨。中國創世神話的主角盤古，就像班長一樣獨自坐在隊伍前，後面依序坐著釋迦摩尼、老子、孔子。正想仔細瞧瞧其餘坐像是誰時，身穿淡古銅色僧服、坐在門前的男子，招手要我過去。我摸不著頭緒地走近一看，原來是要我在類似芳名簿的本子上簽名。寫下姓名、國籍和地址後，按照他的指示寫下祈福語「許可平安」。直到最後，我才看見尚有一欄記載著金額，上頭寫著兩百元、三百元不等的數字。

這是老子式的劫財法嗎？竟能如流水般不動聲色地取走他人錢財。為了降低損失，我只寫下二〇元，不料他卻堅持最少一百元。即使我說已經在南陽的道觀買過符咒，也起不了任何作用。他說這裡是道觀的本山，還要再繳一次錢才行。無可奈何之下，只得將一百元投入捐獻箱中，向他問了符咒在哪裡，得到的回答竟是：「就算沒有把符咒帶在身上，你的願望也一定會達成。」最後不但錢被騙了，還被當作是迷信的人。

對於將儒教、佛教、道教放在同一個地方這點，我感到相當好奇。他帶我走到門外，指著門上寫著的「總會」兩個字。不知道他是守默語戒，還是懶得說話，所有問題一概以手指回答。「總會」的意思，就是將中國所有傳統宗教神祇供奉在一起的地方。我想，沒有其他地方像這裡一樣，更能體現中國人的宗教觀了。在中國，不存在絕對的唯一神祇，所以沒有絕對的真理或真實。一切都是相對的，不具有排他性。也因此能將眾神供奉於此，如人氣投票般各自參拜自己信奉的神祇。我把錢財奉獻給了哪一尊神祇呢？我自己也搞不清楚。

壽命八十四歲，寫作能力普通，經商手腕絕佳……，這是我嗎？

既然來到道教本山，不如順便問問人生的方向吧？於是我走進「函谷關周易研究中心」。我說：「中國和韓國不一樣，好像不太看四柱八字。」邵宏業大師立刻回答：「韓國的四柱八字算命，都是從這裡傳過去的。」積極宣揚「中國發源論」。他是一位白髮蒼蒼，年輕時眉毛似乎相當茂密的鄉下老爺爺，如道士般穿著黑色的道袍，胸前繫著一枚太極圖徽章。他看了一眼我的出生年月日，似乎嚇了一跳，問我：「年紀這麼大了嗎？」雖然聽起來心情還不錯，但是他連年齡也看不準，倒是令我擔憂了起來。用來算四柱的書也是《大眾萬年曆》，一本像是在房間深處挖出的舊書。他在中式稿紙上寫了好一會兒漢字和數字後，要我伸出左手看手相。

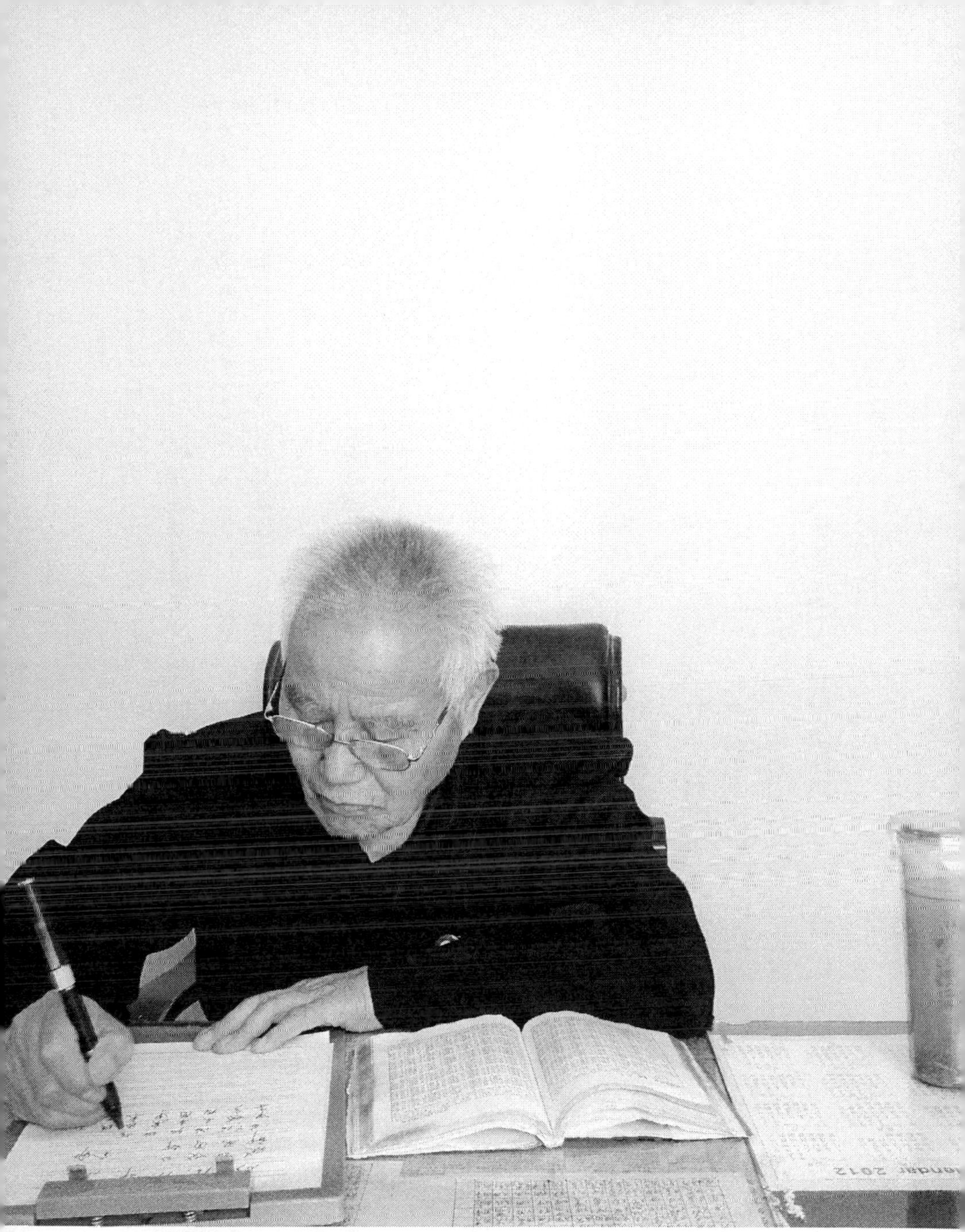

於函谷關為我算命的邵宏業大師

終於來到宣判的時間：「壽命八十四歲。」（不會有點短嗎？）；寫作能力普通，擅長經商（看來還不到在這裡騎自行車寫文章的時候呢）；「以馬出外」，騎馬外出闖蕩的命運（這個好像說中了）；人品是「忠厚之人」（當作說對了）。

如果只算到這裡，大概會帶著意猶未盡的心情離開吧。於是他接著寫下每一年的運勢：一九九八年、一九九九年、二〇〇五年、二〇一一年凶；二〇一二年至二〇一六年吉；二〇一七年凶；二〇一八年後五年為平順之運；二〇二三年凶。不過為了便於理解，就當作二〇二七年以前都是好運。六十五歲以前的人生，被整理在一張稿子上。大約每隔五到六年，就會出現一次凶年。

然而根據我的記憶，一九九八年、一九九九年過得並不差。韓國外匯危機當時，雖然在華盛頓吃了不少苦頭，卻是工作上豐收的時刻。二〇〇五年那年，四〇歲的我出國留學，取得碩士學位，並且騎自行車橫越美國。他解釋道，因為我當時人在國外，才得以避免厄運。二〇一一年也沒有發生不幸的事。他偏頭一想，問我住家附近是否有河流，說是因為我帶金命，住家靠近水邊，就能避免厄運。「附近倒是有一條炭川，但是住家不在河邊。」對於我的回答，他擺出一副「沒道理啊」的表情。我不好意思傷了他的自尊，只好接著說：「但是我每天早上都去游泳。」他這才綻開笑顏，直說：「所以避免了厄運呀。」趁此機會，我感嘆「壽命比預期的還短呢」，試探他的反應。他的回答是「視保養身體情況而定」，並改口說最少八十四歲。我又進一步試探他：「其實我已經寫了幾本書，也喜歡寫作，正想要以此維生。」他的回答是：「每個人的智慧不同，成功的程度也不盡相同。」其實無論算命結果如何，他和我的想法已經合而為一。

換我提問了。「做這行之前，您是務農的吧？」「咦，你怎麼知道的？」「做了有三〇年左右吧？」「沒錯。」「那是在文化大革命之後開始算命的吧？」「是的。」「那麼周易是自學的吧？」「嗯。」他以一副「真是神通廣大」的眼神看著我。在文化大革命期間，易學被認為是不科學的迷信，易學家被扣上反革命份子的帽子，一時消聲匿跡。所以今日邵宏業大師一輩的易學家，理當沒有師承，而被太陽曬黑的臉龐和他看我手相的粗糙手掌，訴說了他與土壤為伴的人生。

我改變了想法，與其詢問人生的道路，不如先問清楚前往下一個目的地三門峽的路再走。終於被問到一個有解答的問題，他開心地寫下前往方式：「搭公車到靈寶，再換乘靈寶到三門峽的公車。」「騎自行車去的話呢？」他急忙再寫下其他交通方式。原本算命費想給兩百元，後來我改變心意，改口說「給您一百元」，他也只是一副「朋友之間計較什麼」的表情，要我自由樂捐。甚至帶我到門外，為我指路。

和他見過面後，我又再次確定沒有誰可以為他人描繪人生的藍圖，告訴你人生的道路。四柱八字也許可以告訴我們人生的崎嶇和風向，但是即使走上相同的道路，每個人的感受也不盡相同。最大的差別，在於誰決定了這條道路。如果是自己的選擇，那麼就算是疾風勁雨的險惡道路，都能咬牙苦撐。人生是天、地、人的合一，而一趟自行車之旅，似乎是最能體驗人生的學習。與上坡路和逆風的對抗，如今變得較為輕鬆了。路程再如何險惡，豈又比得上人生的種種？這不過是人生的練習。相反地，如果將人生也視為一種練習，心情是否會較為輕鬆？無論如何，回國之後，得去報名每日游泳班才行了。

32.洞窟之家，從窯洞窺看農民的日常

旅行至今，曾有一日同時經歷最大的幸福和最深的恐懼。我從河南省三門峽出發，放棄三一〇號國道，改走三一四號省道，就此展開風波不斷的一日旅程。選擇省道的原因，其實是期待可以看見黃河。從地圖上來看，黃河就像流淌在省道旁的一條河，但是向東騎了幾天，還沒能靠近黃河，心中很是焦急。

雖然依然不見黃河，但是幽深寬闊的峽谷在眼前展開，令人聯想起美國大峽谷。不過，這裡任何一星半點的平地都已被開墾，處處點綴著深綠和淺綠，又與大峽谷極為不同。即將進入收成期的小麥田裡，看不見農夫的身影。道路沿峽谷曲折的山勢而建，層層疊疊如馬蹄勾勒出的漩渦。風向和地形時時刻刻都在改變，先是由逆風轉橫風，橫風轉順風，再漸次轉為橫風、逆風；地形則從上坡變成下坡，下坡再回到上坡，猶如蜿蜒曲折的銀河鐵道線。

「從我做起／關愛女孩」

「土地開發／造福子孫」

越深入窮鄉僻壤，標語越多。看著接連出現的標語，心中的不安也平靜下來。若要從事強盜搶劫的勾當，沒有比這裡更合適的了。殺人後棄屍谷底，成為禿鷹的大餐，而我曾經來

陝西省的一處窯洞

陝西省窯洞

到此地的事實，將在日後隨著化石出土而得到證明。考古學家看見我的頭蓋骨，也許會認定是外來民族的入侵者。我的冤魂將徘徊在這峽谷間……。但是從另一方面來看，像這裡一樣得不到任何投資報酬率（ROI）的地方，大概也找不到了。來到這荒涼險峻的地方，等待騎著自行車、揹著大小行囊的旅人經過，最後餓死的情況，也不無可能。於是我下了這樣的結論：這真是一個安全的地方。處處可見的標語，不正代表政府的力量也深入本地嗎？偶爾自後方超速疾駛而過的摩托車和卡車，雖然令人一時心驚膽跳，但是並不頻繁到足以打破這份安詳的程度。

從陝西省出發時，我有一個無論如何都想進去一探究竟的地方，那就是越過秦嶺山脈後不斷出現在眼前的窯洞，是一種挖鑿山坡而建成的住宅形式。人類本是自穴居人演化而來，也許是因為這樣，許多人對洞穴帶有生物本能的好奇。《印第安那瓊斯》系列電影的想像力，也是取材自此。途中雖然走進幾處窯洞探看，卻是大門深鎖，似乎已廢棄不用。

位於三門峽市湖濱區的泉腦村，整座村莊皆由窯洞組成。窯洞大多面向黃土壁上的小徑。一個有三間窯房的窯洞內，傳出馬鳴聲。在日光照耀下，黃土的褐黃色越發耀眼。「拜託一定要應門。」此時，一位大媽出現在門縫間。「對不起，可以拍張照嗎？」

叩叩叩！侯家人邀我入窯洞

聽見我聲音的大媽，對著窯房內大喊，隨後一位看來六〇餘歲的男子掀開珠簾，向我走來。他是這間屋子的主人，侯石師。上午到田裡工作，午餐時間回家用餐，正與友人楊景堂於屋內聊天。他讓我進門，我趕緊將自行車牽進大門內停妥。撥開珠簾往裡看，窯洞的內部盡收眼底。高三公尺，寬也三公尺，深可六至七公尺，就像一座正好可以放入一枚飛毛腿飛彈的機庫。一如所料，內部沒有通往其他窯房的通道。屋內就像中國一般老百姓的家，裡頭只有床和書桌，以及附有抽屜的櫃子兩個，相當樸素。

這一帶有許多窯洞，都是拜黃土高原的地質所賜。黃土可輕易挖洞，而乾燥的黃土和水攪拌後，經過高溫烘烤，就像強化磚頭般堅硬。這也是為什麼黃河一帶有許多以磚頭蓋起的尖塔。窯洞可分為三種，第一種是以岩石砌成的「石砌窯」，第二種是以磚頭砌成的「磚窯」，第三種是像侯石師的家一樣，在黃土壁上挖出洞窟，安上門窗的「土窯」。作為天花板的窯頂設計成拱型，可分散壓力，猶如歷經百年歲月的拱橋般屹立不倒。車輛亦可通行於房屋上。

他說這座土窯已有二〇年的歷史，一旁附設的廚房則記不起施工時間，說是從許久以前就有了。房內果然相當涼快。窯洞的隔熱和保溫效果良好，且不必另尋耕地，又不破壞地形，可謂相當環保的設計。濟州島上由世界知名建築師們設計的鳳凰島渡假村（Phoenix Island）和樂天渡假村（Lotte Resort），其別墅住宅沒有屋頂，取而代之的是大片草皮覆蓋，住宅猶如建造於大地之下，這樣的構想或許是參考窯洞的吧。

若要再找窯洞的其他功能，大概是惹惱執行空襲計劃的飛行員吧。我似乎能聽見他們盤旋在上空，因為找不到轟炸目標而破口大罵的聲音。其實毛澤東在逃往延安的大長征當時，就曾在窯洞內躲避國民黨的炮擊。儘管具有這樣的優點，至今保存數百年的窯洞仍逃離不了廢棄的命運，這是因為大批年輕人的離農現象。侯石師也有兩名兒子，全都前往都市謀生了。這座窯洞的命運，也許將和侯氏夫婦生死與共。

今年六十三歲的侯石師和六十五歲的楊景堂，成年後專務農事，不曾做過其他工作。向楊景堂重複問了幾次相同的問題，因為聽不懂方言，只得請他以筆代口。他咧嘴笑著，寫下

「你國家有蘋果樹，沒有柿樹？」意思是問我韓國有沒有蘋果樹和柿樹。他絕對是天生的農夫，錯不了。我問他什麼時機務農最好，他說：「種田的怎麼賺得了錢？」又說：「不過現在應該是最好的時機吧。」繼安徽省遇見的農民後，我又從他倆身上證實中國政府推動的農業、農民、農村三農政策，已取得一定的成效。如今，農民可以領補助金種田，而不必繳納稅金。侯石師說，年齡超過六〇歲以上的農村居民，每個月還可以領到六十二元的補助金。

二〇多天後，麥田將染上一片金黃，收割小麥的位置上，將種下玉米。據說侯石師的田有一畝（六六六・七平方公尺），而楊景堂的田由於土質較差，被分配到兩畝田。他們一邊說今年將是小麥豐收的一年，卻也一邊像韓國農民一樣抱怨穀價。「一斤只能賺一・〇五元……。」我正打算起身離去，侯石師在我的手冊上寫下「吃我家飯，都吃手工麵條。」意思是要我吃過手工製作的麵條再走。待我點頭答應後，他開心地準備起料理。他說這是用自己收成的小麥親手做的麵條，言談間洋溢著身為農夫的驕傲。他問我：「要買這個來吃，得花多少錢？」「得花十元才行。」聽完這句話後，他對於自己創造的價值顯得得意洋洋。他將高麗菜放入羊肉湯內，煮成一鍋清湯。想換換口味時，就剝蒜頭吃，或再配上一顆份量頗大的饅頭。用過餐後，他本想讓我休息過後再走，但是今天之內得抵達澠池縣，無法多作停留。

午後的逆風勢力增強。遠山看來支離破碎，彷彿遭硬生生從中剖半。這是一個標誌，代表我正進入巨大的採石場。載運岩石的貨車揚起煙塵和煤煙，車輪輾壓著道路。即使騎在下坡路段，我也必須時時握緊煞車，維持時速十公里的速度。現在我終於知道，為什麼至今在三一四號省道上看不見其他車輛。因為越過溪谷後，前方依然是溪谷；越往前行，道路越是布滿尖銳的碎石。

如此騎了數小時，澠池縣仍未出現在眼前。日頭西下，黑幕降臨。不知是否下過雨，道路上可見幾處水窪。想避開水窪，卻又擔心車輛自後方追撞。也不知道現在騎的這條路是否正確。「啊，什麼時候才會出現有路燈的道路呀？」自行車和髖關節都發出「嘎嘎」聲響，就連手機的電力也已耗盡，無法再參考地圖。面對永無止盡的上坡路，只能搖頭抱怨：「這實在太過分啦！」或者長吁一氣：「拜託平地快出現吧！」或者悵然若失：「還得再騎多久？」最令人心生恐懼的，是在黑夜中騎自行車。此時要是有誰經過，必能看見我眼裡冒出的熊熊火光。不行，我要活下去，我得奮力踩下踏板。

我把最初的三〇公里命名為天國的階梯，之後的四七公里稱為惡魔的道路。要是早知道惡魔的道路正等著我，我會選擇走天國的階梯嗎？在窯洞的午餐於是更顯得彌足珍貴。

33. 一道禁止進入的城牆，一位爲我開門的「大哥」

從史前時代進入古代的八十七公里道路是黑暗的。從中國大陸首次發現新石器遺物的河南省澠池縣，到華夏民族的發祥地洛陽，在連接兩地的三一〇號國道上，卡車噴出的煤煙甚至將中央車道線覆蓋，路旁還有人疊著煤炭求售。風沙加上工廠排放出的廢氣，令整座城市陷入一片灰濛，就連口罩的內側也是烏漆抹黑。我在手冊上這麼記錄著：「二氧化硫、一氧化碳、粉塵、噪音、毀損的路面、風沙……。」

儘管如此，道路的曲折逐漸轉為對我有利，我能感覺自己已突破秦嶺山脈和太行山脈的包圍，往中原下降中。從西安算起，到洛陽共有三七〇公里。如今我終於明白，中國歷史上並稱雙璧的兩座千年古都，何以出人意料地比鄰而立。西安像是以關中平原為封地的諸侯，洛陽則像是以我們經常說的中原為封地的諸侯，各自擁有足以繁盛千年的資產。兩地間坐落著高高低低的山地與峽谷，雖不足以成為國家的疆界，卻足以作為都市間的邊界。至唐代為止，兩都皆曾掌握或讓出統一王朝首都的地位，古代統治者更以東京（洛陽）和西京（西安）稱之，藉以促進兩都的和諧相處。

在兩都之間的華山，最容易令人混淆。當華山西邊的西安為首都時，被稱為東岳；當東

歷史悠久的洛陽街道

邊的洛陽為首都時，稱為西岳。洛陽也是如此，當日後東邊的開封作為五代十國的晉和北宋的首都時，立刻從東京改名為西京。這般令人眼花撩亂的方位轉換，可謂家常便飯。北京也是，在遼國掌控中國東北部時，曾被稱為南京。在中國，沒有固定不變的稱呼。

中世紀以後，洛陽與西安遭南下的北方游牧民族入侵，加上人們受到南方的豐饒物產所吸引，將首都遷至南方，兩都遂就此衰退。自此以後，中國的首都便只在開封、杭州、北京、南京之間移轉。看來是相當具有破壞性的衰退。在洛陽一帶，至今仍保留各種輝煌燦爛的遺跡，例如中國最早且華美宏偉的佛教寺院白馬寺、安放關羽首級的關林、龍門石窟、再往南走的少林寺等，但是洛陽已不再擁有足以證明曾是中國九大王朝首都的威嚴。武則天曾經住過的唐代天堂與明堂，目前正整修當中；至於北魏古城，要是沒有說明該地為遺跡的藍色布條，大概會以為只是麥田正中央礙眼的石堆。

時間總愛捉弄記憶。有時消除了記憶，有時卻喚起了已被消除的記憶。一九二一年於澠池縣仰韶村挖掘出的彩陶，昭告天下中國迎來了新石器時代。之所以稱之為「迎來」，是因為中國是時間越往後發展，文明時代越往前回溯的國家。距離北京西南方五〇公里的周口店，也曾發現在邁向現代人類的發展過程中，扮演關鍵角色的直立人（Homo erectus）頭蓋骨。這項發現，使得在中國本地使用火的紀錄最早上溯至七十五萬年前。以上兩項發現的共通點，在於都是由瑞典考古學家安特生（Johan Gunnar Andersson）展開的挖掘作業。他曾被扣上「帝國主義共犯」的帽子，而在文化大革命以後，又恢復「卓越學者」的身分。

仰韶文化館的庭院內，設有四位人物的胸像，安特生的排行當然居首。身為地質學家的他，自北極探險無功而返，正陷入失意時，應中國北洋政府之邀擔任礦政顧問，因而在中國挖掘出許多礦產資源和遺跡。可謂一石二鳥。不過他被扣上帝國主義共犯的帽子，並非毫無根據。中國與瑞典協議，將他挖掘出的所有遺跡送往斯德哥爾摩的考古研究所，待完成研究與考證後，再各執一半。如贓物般依照付出的程度分贓文化遺產的想法，從今日來看，不無遭受批判的餘地。

然而對照中國文物遭受侵奪的歷史，這反倒是頗為公平的條件。至二〇世紀初為止，在西方考古學家、地質學家、地理學家、古生物學家等人眼中，中國可是一大「金礦」，絲毫不輸給吹起淘金熱的美國西部。文物遭掠奪、販賣、破壞，學者們甚至因此贏得名聲。對於無力守護文物的中國而言，就連這樣的歸還條件也只能心存感激。只是原定歸還的半數文物，雖然確實從丹麥運往了中國南京，但是之後行蹤不明。在周口店挖掘出的五顆最早的頭蓋骨，也在第二次世界大戰中集體消失。在政治歪風橫行的中國，保存文物不易實為一大問題。

也許是因為這樣，仰韶文化館看來固若金湯，甚至可以抵抗特戰部隊的入侵。其建築物外型宛如在遺跡處挖掘出的陶器，但是對我而言，卻是一座不得其門而入的銅牆鐵壁。因為抵達時間正好過了中午十二點。大門警衛說，因為現在是午休時間，兩個半小時以後才會開門。我若等上兩個小時，使到不了今天的目的地洛陽，而且也不能因為這樣，就在「史前時代」多待上一天。

跨越國界認乾哥

為了進入文化館，我繞了整座文化館一圈。文化館背面雖有一扇門，卻以鎖頭上鎖，裡頭似乎傳出人的聲響。我試著推門，並敲了敲門。沒有反應。我再次上前，試著「正面突破」，仍一無所獲。幸好一旁沒有十字鎬，不然就……。難道也曾有像我這樣煩人的傢伙嗎？還是他們認為該放行的人都放了，其他一概與自己無關？我想起「鐵飯碗」這個詞。這是在中國對公務員的俗稱。大白天的，竟閉館兩個半小時。仰韶文化館設置的目的，大概不是為了保存文物，而是讓員工更便於享受午休吧。

其實就文化遺跡而言，自己人才應該是更要防範的敵人。中國人對於自家人的破壞一生不吭。家中奉為家寶的陶器，只有被其他人家的小孩打破時，才是嚴重的問題。一九五〇年代，中國挖掘出明十三陵（明朝皇帝的陵寢）中的定陵，然而在此出土的萬曆皇帝遺骸與頭冠，在文化大革命期間因「地主階級的頭子」為由遭焚毀。事後沒有任何人因此事件受到懲罰，如今只能稱之為時代的悲劇。「世界上唯一在同一地點傳承五千年以上歷史的文化圈」，這個美譽背後隱藏著的，是持續抹除過去的「破壞的歷史」。即使如此，中國最了不起的地方，在於大量文物與遺跡依然保留下來，同時仍不斷出土當中。新石器時代遺跡不必非得依靠仰韶村，黃河中上游與長江下游已有各種遺跡出土。周口店也是，日後出土了更多北京人的頭蓋骨和骸骨。

即使是今日，過去的遺跡仍留存於現代生活中。洛陽目前僅存的城牆，是明代建造的麗景門。麗景門華美而宏偉的城牆上，掛著「麗景門ＫＴＶ」的招牌。ＫＴＶ是唱卡拉ＯＫ、喝酒的地方。想像一下在首爾的東大門上，掛著某某酒店的招牌。與其說是對遺跡無禮，不如說是盡可能證明其實用性，使城牆繼續以其卑微的生命力活下來。

麗景門竟也恰好在整修，就連被拆除而所剩無幾的城牆，也無緣登臨。我試著向這裡的工人搭話。半農半工的姜見召先生原本在洛陽近郊種田，有工作的時候便上來洛陽。他一個月的收入是四千元。我比較過其他地方的工資後，告訴他「待遇不錯」，他的回答是：「物價不知道漲了多少……。」與人聊天時，似乎總會無可避免進入詢問年齡的話題。姜先生得知我的年齡後，大叫「我比你大一歲」。他向我走近，將公民證放在我眼前。看來這裡也有「檢查身分證」的文化。「知道了，我稱您大哥吧！」話才說完，在場的四名工人放聲大笑。在麗景門樓閣上，認了跨越國界的乾哥。對我而言，城牆現在是許可進出的區域了。豈有阻攔弟弟的道理呢？

洛陽得用韓文漢字發音來讀，才有味道。讀著「낙양（Nakyang）」（譯註：「洛陽」的韓文漢字發音），彷彿不是別的國家，而是韓國的古都，予人一種認同感與親切感。我站在麗景門城牆上眺望洛陽市區，即使繁華落盡，百姓的生活依舊綿延不絕。屋頂因歲月而蒙上灰撲，碎石路因來往腳步而磨出光亮。南大街蜿蜒曲折，行人如江上落葉飄搖。我的中文老師朱哲聞看完這樣的敘述，為我做了一首七言絕句。

歲月悠悠灰瓦牆，步履匆匆路石光。
洛陽城南蜿蜒路，行人散落花斜陽。

站在麗景門上，宛如站上時間瞭望台，看著時間緩緩流淌，彷彿超高速攝影機拍出的影像。

34.發現中國老百姓

我在洛陽投宿兩日的易家國際青年旅舍內，透過布滿灰塵的窗戶，看見窗外下著灰濛濛的雨。下雨不但造成道路溼滑，得降低速度，滿地泥濘更容易卡鍊。距離鄭州的路程尚有一三〇公里，究竟能否在雨中順利抵達？我帶著一顆不安的心，踩下溼漉漉的踏板。幸好還不到穿雨衣的程度。在雨水滲入身體前，已被風吹乾，身體也感到輕盈不少。

向東出發不久，隨即來到中國最古老的佛教寺院白馬寺。佛教乘白馬入中國，距今已兩千多年前的事了。故事從後漢明帝的一場夢說起。某次在明帝的夢中，出現了一名頭頂光輝耀眼的金人。夢醒後，明帝聽臣子說此人為西方的佛祖，遂令臣子前往求取佛法。不知是運氣好，還是佛祖的本意，奉明帝之命前往西域的臣子們，在途中遇見將佛像與佛經裝載於白馬上，正朝東方前進的兩名印度僧人。他們被迎接至洛陽，其居所正是白馬寺。從臣子已知佛祖的事實來看，佛教當時似乎已經傳入中國，至於如何傳入，暫且不談。

位於華夏文明發源地的此地，包含少林寺在內，保留著許多外來文明——佛教的遺跡。中國三大石窟之一的龍門石窟，也位於洛陽南邊。龍門石窟是由南往北流的伊水河畔小山上的一座洞窟，內有十萬尊石雕佛像與羅漢等。佛教在白馬寺建成後的三百餘年，即北魏時進

河南省桐柏縣河南佛教學院內的彌勒佛

入全盛期。北魏是鮮卑族建立的國家，在魏晉南北朝時代的北朝立國一五〇餘年。上大學時，朴漢濟老師（譯註：曾任國立首爾大學人文學院東洋史學科教授）以北魏為例，說明中國的歷史由胡人與漢族，即胡漢交融而成的回憶，竟在二十八年後的今日浮現在我腦海裡。就算是當時認真學習的學生，能夠記到現在，也足以令人驚訝了，更何況像我這樣……。北魏在遷都洛陽以前，曾定都山西省的大同，在那裡也挖鑿了雲岡石窟。在中國引以為豪的三大石窟中，除了敦煌的莫高窟外，其餘兩座石窟皆是異族政權的傑作。

此時，佛教如久旱逢甘霖般適時出現，未經過任何文化抵抗便被全盤接受。這與基督教在距離首次傳教經過一千四百年的今天，才開始開枝散葉，形成強烈的對比。儘管這與異族政權不受儒家文化壓力束縛的背景有關，不過最重要的，還是眾生在永無止盡的戰亂中失去生命的意義時，佛法的出現猶如打破精神混沌黑暗的一道曙光。我們所熟知的玄奘法師等僧人，為了求取佛法，甚至以前人的白骨為路標，橫越廣闊的沙漠與帕米爾高原。即使在中國歷經過幾次的滅佛政策，佛教勢力依舊不滅。

在龍門石窟看見的彌勒佛，與近來新建寺廟中的彌勒佛截然不同。過去的石雕佛像表情宛若冥思，體態線條優美。先前走訪位於河南省桐柏縣的河南佛教學院時，曾經描述過那裡的彌勒佛像：上衣袒露、大肚圓凸、眼角下垂、憨笑呵呵，甚至用「臃腫笨重」等辭彙，都不足以形容其外形的龐大。佛教本教導我們人生是苦。貪念使我們感到痛苦，而貪念源自於無明，必須透過頓悟了斷無明，亦即了悟「我」這個形體的內在空無一物。此即「色即是空」。

世間萬物緣起緣滅，生與死不過是因果輪迴的枷鎖。超脫輪迴的方法，即是了悟無我，以慈悲之心精進修行，究竟涅槃。而在今日中國，彌勒佛卻是滿臉笑容。也許是頓悟受苦的自己，不過是如浮雲般了無本體，因而發出如此純真的笑容吧。此即「空即是色」。

這尊彌勒佛是依五代十國的「布袋和尚」契此為原型。他終日背著布袋四處遊走，做出許多怪異之事，因傳言布袋和尚即是彌勒佛的化身，於是成為今日彌勒佛的典型形象。此後又經過一次中國式的變身，幻化為求財得財的「財神」。據說彌勒佛原居於兜率天，在釋迦摩尼佛入滅後五十六億七千萬年時，將會重出娑婆世界，教化眾生……。

儘管如此，在凡夫俗子如我的眼中看來，以契此為原型的彌勒佛像，要比龍門的石雕佛像更為寬容，更深得我心。似乎許下稍微貪心點的願望也無妨。其實那顆圓滾滾的肚子，正代表了對世間萬物的包容。祂就像脫去上衣、袒露上身的中國男人，令人備感親切。假若你是一名端莊的中國女性，從初夏開始，走在街上也許會不知道該將視線放在何處。如果是擁有六塊腹肌的猛男，或許得冒著被指責的眼神，然而路上的男人不過是下垂的胸部，配上肚腩上的幾道皺紋。有的人即使身穿襯衫，也露出肚子四處溜達。儘管在舉辦二〇〇八年北京奧運前，中國政府曾推行不隨地吐痰和要求衣著整齊的宣傳活動，只是在這個連彌勒佛也不穿上衣的世道，效果就……。

赤裸上身的「膀爺」熱心相助

在中國，這些赤裸上身出沒的人被稱為「膀爺」。袒胸露肚的膀爺們，雖然衣服下白皙的皮膚感受不到野性的健康美，卻是那麼渾然天成。談話時一副泰然自若的樣子。他們就像摔跤選手一樣，只有下半身穿著長褲。看起來真是最為環保的時尚。不僅省去了衣料，更不必洗衣服。我被這樣的氣氛感染，也想脫去上衣騎車。但是據當地人表示，一旦脫去上衣，對上衣產生抗拒的那一刻起，就再也無法穿回上衣了。我因為穿著有護墊的自行車專用緊身褲，這身打扮似乎可以直接上摔跤台了。

從白馬寺再往東走，鐵道對面是即將進入收成期的小麥田，這裡便是北魏古城舊址。小麥田下，應埋藏著北魏時期的街市，孝文帝拓跋宏想來也是在此掌管政權。作為中國歷史上最傑出的皇帝之一，孝文帝為了掌控中原，放棄了自身的文化，轉而接受漢族的文化。他推動極為嚴苛的同化政策，警告三〇歲以下的官員，一旦被揭發使用鮮卑語，必定予以處刑。此外，雖然施行與漢族通婚的政策，致使鮮卑族滅絕，卻也誕生了與鮮卑族混血的政權，此即隋朝與唐朝帝國。

往東繼續前進，進入鞏義市後，路旁是宋朝第四代皇帝仁宗的陵墓——永昭陵。可以說我從魏晉南北朝經過隋唐帝國，緊接著又進入宋代。路旁的永昭陵相當醒目，道出仁宗是一位為百姓貢獻良多的皇帝。因連續劇而廣為人知的包青天，其判案時期就在仁宗在位年間。如果沒有仁宗的支持，也許就沒有當時的包青天。此時附近正有一人將風箏放得老高。看著飄揚在陵墓前方天空中的風箏，想來無論是皇帝、膀爺，還是我，在永劫中不過是像那風箏一樣飄揚無依的微物。即使如此，風箏看來是那麼地自由。心中有這種想法的我，離「頓悟」還很遠呢。

自行車鏈條正發出呻吟。已經許久未上油，加上沾有大量泥土，鏈條發出嘰——嘰——的聲響。當下四處尋找自行車維修行，但是在這電動自行車與摩托車維修店密集的國道邊，卻一無所獲。擔心再這樣下去，鏈條可能因此斷裂，便急急忙忙走進汽車維修廠。店內有一位穿著美軍軍服，胸前貼有「U.S. Army」標誌的捲髮大叔，以及另一位赤裸上身，下身著運動褲的大叔。這位膀爺揮揮手，告訴我這裡不是自行車維修行。我指著鏈條，請他幫忙上個油就好，但是向四周望去，想當然不會有自行車機油。他們拿起添加在汽車車輪軸承的油罐，問我這種油行不行。那是一罐「潤滑油」。我告訴他們可以勉強一試，這位膀爺立刻毫不猶豫地將手指浸入油罐內，再將油抹在鏈條上。這一幕令我心頭一震。正要付錢時，他們微微一笑說：「何必算錢。」

此次旅行，不妨說是一趟發現「膀爺」，或者說是發現中國老百姓的旅行。多虧他們的幫助，我得以平安完成每一天的旅程。他們因為珍惜今日與這異鄉人擦肩而過的緣分，給予微小而不求回報的慈悲，此舉或許將可稍稍解開這輪迴的鎖鏈吧。天空終於放晴，自行車也再次順利轉動。抵達鄭州時，我的雙腿猶如被泥巴塗抹過，風乾後留下一層厚粉。難以形容的五顏六色的骯髒雙腿。要是還能脫去上衣騎自行車，肯定是一大樂事。

35. 在「羊群之路」上思索農民工

羊群隨處可見的景觀，始於河南省南方的某一條省道。起初看見那樣成群結隊的模樣，還立刻停下自行車拍照，如今想來，倒是多此一舉了。若說連接上海與西安的三一〇號國道是「麵食之路」，連接西安至洛陽、鄭州、開封等古都的三一〇號國道，則是「羊群之路」。

原本在廣闊的中原吃草的羊群，在草原被大肆開發而青草日益銳減後，轉而在路旁的畸零地或河堤斜坡上尋覓糧草。道路一邊的青草啃食殆盡，再往另一邊移動。甚至有的羊群手也不揮（嗯，這是理所當然的呀，不過他們倒是挺起了羊角），大剌剌穿越雙向十線道的鄭開大道。

若要為動物對中國文明的貢獻度排名，那麼羊和牛必定排在第一順位。在中國最受兒童喜愛的電視動畫「喜羊羊」中，顯示今年為羊曆三五一〇年。在這部動畫中，喜羊羊總是讓想抓羊來吃的灰太郎吃盡苦頭，保護著羊群的安全。不過在中國新石器遺物中，已經見到繪有羊圖騰的陶器，所以羊曆得再往前推至五千年前才恰當。羊將華夏文明由游牧時代帶領至農耕時代。農業是高風險的創業投資，每每因病蟲害或洪災造成歉收時，因為不能抓耕田的

河南省道路上常見的羊群

牛來果腹，只能將腦筋動到羊身上。

新石器時代的農業實驗漸趨穩定，中國人開始體認到羊是上天賜與的祝福。因此，前漢大儒董仲舒嘗云：「羊，祥也，故吉禮用之。」祭祀時，儘管也宰殺其他動物，但是「代罪犬」、「代罪牛」的語感多少顯得彆扭。從「代罪羔羊」此一約定成俗的詞彙來看，即可了解羊的象徵性。

我對羊變得無感，還有另一個原因。起初因為好奇，點了羊肉湯來吃，腥味倒是沒有預期的重，湯頭又濃。如果說這是到西安為止的感受，那麼之後已開始掌握訣竅。羊肉湯的滋味，沒有我對湯所期待的「清爽」。在靈寶買來吃的羊肉泡饃，是將沒有添加酵母的麵餅烤過，丟入羊肉湯內，而是將烤好的麵餅撕碎丟入，再撈起來吃。也許是因為第一次吃，覺得特別好吃。在洛陽回族街上吃的丸子湯，也是如此。放入如滑蛋般結成小塊的豆腐煮成的羊肉湯，還是最適合撕下麵餅泡著吃，但是湯汁卻如牛骨湯般清澈。

問題是每天都得吃這樣的食物。無論點了什麼湯，羊肉湯都是基本湯底。在秦嶺山脈另一側的葬禮會場上免費享用的貓耳麵、在潼關吃的岐山臊子麵、在窯洞受招待的湯麵、在澠池縣吃的燴麵，還有在洛陽名店林家飯店吃的刀削麵，湯底都是羊肉湯。羊肉的腥臊味，正如章魚的墨水一樣，是一種自我防衛的手段。聽說也有不少中國人對腥臊味反感，不敢吃羊肉；就算能吃的人，也不覺得這股腥臊可口。煮羊肉湯時，得以大火烹煮，並且加入各種我們所能想到的辛香料，例如蘿蔔、香菜、蔥、花椒、桂皮、八角、辣椒、木耳、肉豆蔻、蒜頭、紫丁香、白芷、食醋等。

另一個去除腥味的方法，是和魚肉一起煮。這樣的構想，大概是從左邊魚字和右邊羊字組成，代表新鮮之意的「鮮」字而來。用一招「以夷制夷」將腥味和臊味一次去除，創造新的滋味。據說除了將魚肉放入羊肉中煮的「羊方藏魚」、將羊肉放入魚腹內煮的「魚腹藏羊」等料理，目前也正持續開發新的魚羊湯。問題是煮得不好，將使魚肉的肉質變得軟爛，而羊肉又變得乾硬。再說腥味和臊味這樣夢幻的組合，也可能帶來令人連連作嘔的口感。當然，想必在中國也會有把這種口感視為美味的人。

至少今天不要是羊肉湯啊……拜託

如今只能在心中祈禱著「拜託至少今天不要是牛肉湯啊……」。解決之道，便是光顧高級餐廳，而且還得選高級餐廳中最好的。位於鄭州碧沙崗公園南邊的西花園商務俱樂部，是我在中國去過的餐廳中最高級的一間。其外觀為雄偉的西式建築，正中有一座圓頂建築，如禿鷹展翅般向左右延伸出兩層建築。這種建築似曾相識，卻又一時想不起來。在中國，仿冒品被稱為「山寨」，意指山賊的巢穴。為了掩人耳目，在山賊的巢穴中製造仿冒品，因而得名。換言之，這棟看似美國國會大廈的山寨建築，功能不在於處理政務，而是販賣鮑魚和魚翅。它建造於一九九一年，是一間廣東料理專賣店。

穿著雖有些引人側目，不過還是帶著「好歹我也是客人」的想法走向大門。大門前停放了數輛高級轎車。警衛看著我，還不知該如何向我解釋的瞬間，我已經將滿是泥巴的自行車停在門口，上鎖後從容地走進大門內。圓頂建築內果真如美國國會大廈內部，有巨大的畫廊和大廳，而用餐的場所則位於建築物的兩翼。相較於從附近政府機關前來的賓客身上的服裝，我的運動褲彷彿正嘲笑著這座餐廳的權威（這並非我的本意）。某一面牆上有一座魚缸，各式魚種優游其間。我對眼前的景象感到新奇，走上二樓拍照，正好從畫廊往下看見一名手持無線電的男子，急急忙忙從一樓跑上來。他像是發現恐怖分子一樣抓住我的手臂，將我帶到一樓，接著身穿制服的女經理走向我，問我：「有什麼事嗎？」「我來吃午餐。」聽完這句話，她的臉上泛起微微的笑意，不過仍和氣地告訴我：「這邊是吃大桌菜的。」我好奇地問聲「多少錢」，她回答我一桌菜超過一千元，我也只好告訴她：「看來一個人吃不完呢。」她遞出名片，告訴我「下次和多一點人來吃喔」，給了我台階下。

位於洛陽和開封中間，一度從歷史舞台上退出的鄭州，如果其經濟沒有復甦，也許就不會出現這樣的餐廳。鄭州是連接北京與廣州的南北向京廣鐵路（鋪設於清代），與連結東西的隴海鐵路的交會點。作為南北與東西大動脈上的樞紐，鄭州擠下開封，成為河南省的省會，直至二〇一〇年的今日，連同鄰近衛星城市與縣的人口，鄭州已是一個人口幾乎超過千萬的行政區了。在都市開發過程中，挖掘土地時，更發現了一個令人驚訝的事實：一座三千五百年前中國最大的城市，正埋藏於此。甚至鄭州附近的登封市，也被認為是夏朝的首都，因此鄭州作為安陽以前商朝首都的可能性，又更加提高了。周長七公里的夯土建築基址，也在一九八〇年代出土。歷史正統性已被證實的鄭州，便堂而皇之地躋身中國八大古都之列。

在鄭州耀眼的重生背後，也伴隨著沉重的陰影。解放路橫亙在源源不絕向鄭州輸送繁榮的鐵道之上，越過這座高架橋，是河南農村人力資源中心市場，市場前有數十人正大打出手。這是我在此次旅行中第一次看見的鬥毆。儘管爭執逐漸平靜下來，然而更令我驚訝的是，人們緊挨著躺在高架橋下，幾乎沒有立足之地。眼前這群人，是找不到工作的農民工們。到美國華盛頓和芝加哥的城市南邊，可以看見黑人住在宛如遭受過砲擊的破敗房屋內。但是，中國在憲法上不是共產主義國家嗎？這群農民工看來已在此露宿許久，處處瀰漫著酸臭腐敗的氣味。這是我第一次對中國社會的安定產生懷疑。

中國歷代的統治者們，似乎都希望百姓像隻溫馴的綿羊。在統治者的語言，亦即漢字當中，帶有羊的字幾乎沒有負面的意思，如美、善、義、養……等。在學習漢字的同時，也將羊的價值逐漸內化。即使被官員們巧取豪奪，只要沒有天下大亂，這個世界還是可以活下去。根據近年來的統計，中國在最富裕層與最貧困層之間的所得差距，已經高出美國許多。若要調查這樣的趨勢，不必使用什麼困難的研究方法，只要到這裡來，親眼見證西花園商務俱樂部和解放路高架橋下即可。光顧高級餐廳的客人逐漸增加的同時，躺在高架橋下的人群也正不斷增加，總有一天社會的警報將會響起。這些躺著的羊兒們，也許將揭竿奮起。

36. 開封的猶太人都去哪兒了？

在曾為北宋首都的河南省開封城內，據說當時有一座猶太村，因此此行特別期待親眼見到猶太人的後裔。說到猶太人，給人的印象是沒有國家，只能散居在世界各地，卻又堅守自身傳統文化的民族。我相當好奇他們在異鄉中國過著什麼樣的生活。目前後裔據說只剩五百多人，要見到他們的可能性並不高。不過問題倒是逐漸迎刃而解了。

從鄭州前往開封的鄭開大道，是自行車同好們經常出沒的路線。鄭開大道的寬廣，別說是國土面積狹小的韓國，即使在美國也不曾見過。連結兩座都市的六〇公里長大道，自始至終都是雙向十線道。由於另有汽車專用的高速公路，這條路上的車輛極為稀少。再說還是平地！不禁令人懷疑，這條路當初是否設計來當作標準的馬拉松路線，日後才變更為供車輛行駛的道路。後來打聽之下，才得知每年馬拉松大賽都在這條路上舉辦，平時則是自行車同好的天堂。

眼前一群像是來自同一個車友會的騎士，三三兩兩騎在一起。我也自然而然與一對夫婦騎在一起，並在開封入口處加入等著他倆的二〇餘名車友中。他們聽完我的旅程，每個人都要求和我合照留念。我說今晚想在開封夜市附近投宿，他們便立刻開始幫我查詢住所。其中一名女性說：「自行車同好都是一家人。」宣揚自行車界的「四海同胞主義」。於我，則是建立起在中國最為重要的「關係」。

這群自行車同好選出兩人，一前一後護衛著我。在陌生的都市有可以依靠的人，心裡感到踏實不少，再說三個人一起行動，一路暢行無阻，最後還騎到了如家酒店。如家是全國連鎖酒店，過去也住過幾次，此次正要付價格表上的費用時，因為靠「關係」聯絡訂房，得到了三成的折扣。不過要等到認識的職員打電話來，親自確認有無關係後，櫃台職員才開始處理住房手續。在桐柏縣參觀盤古廟時也是如此，雖然桐柏縣的文化館館長事先打了電話，但是真正到了入口處，還得再次打通電話確認，才將七〇元的門票換成五元的門票（據現場說法）。「關係」不是因為人情而展現善意的行為，反倒像是必須經過驗證程序的社會規範。「我認識誰誰誰」，單憑這種話是行不通的。

確認和職員的關係後，和這間旅館的關係也就建立起來了。職員們就像家人一樣，問他們怎麼去夜市，立刻帶我到馬路上，為我招計程車，並且對計程車司機說明好一會兒後，才讓我上車。我也順勢碰碰運氣，問他們：「有沒有認識的人是猶太人後裔？」一位女職員表明自己的公公就是猶太人後裔。她立刻打電話給公公，約定好翌日晚間來我房間。勢如破竹，關係的力量！

不過仔細一看，這名女職員的五官較為突出，面貌不像在河南省看到的一般中國女性。她說在自己的祖先中，有伊斯蘭系統的回族人。體內流著回族的血液，而公公是猶太人，那麼女職員的丈夫體內也留著猶太人的血，兩人生下的孩子將同時具有猶太人與回族、漢族的血液。世界和平就展現於此。

旅行至今，已稍能分辨各地區不同的體型特徵。血液遺傳學者趙桐茂曾根據GM血型，主張北緯三〇度以南與以北的民族起源不同。南方人起源自南方系蒙古人種，居住於長江下游；北方人起源自北方系蒙古人種，居住於黃河中上游。南方人與北方人皆表現出與鄰近少數民族相近的GM血型，可知民族的融合涉及了相當廣的範圍。

GM血型是以「免疫球蛋白同種異型遺傳標記」形式，存在於血清的丙種球蛋白中，因此又稱為血清型，不過其實不必用到這麼複雜的方法，只要走一遍全中國就行了。雖說是同一民族，不過身高差異極大的「南矮北高」，立刻看得出來。另外像是眼角上揚的程度、鼻尖高度、鼻子寬度、嘴唇厚薄、膚色、汗腺發達程度等，也有不同的差異。其實如果不細究面容的差異，不論南方或北方，我所見過的中國人大多是臉圓而扁平的類型。用通俗的話來說，就是一說到「員外」，腦海中就會浮現的那種臉型。

員外與瓜子臉美女

我曾經在河南省信陽、陝西省西安以及開封，發現與典型面容稍有差異的特徵，特別做了筆記。信陽唯獨女牛看來特別漂亮。在中國女演員中，韓國人普遍喜歡電影《色，戒》中的湯唯，而中國人則更喜歡范冰冰。湯唯的臉型屬於鵝蛋臉，一對雙眼皮大眼是其特徵，與金泰希同一類型；范冰冰的臉型為瓜子臉，眼角上翹如鳳凰之眼，又稱「丹鳳眼」。信陽女生皮膚白皙，像范冰冰一樣的瓜子臉。雖說信陽位於中國的中心，平均吸收了南北的優點，但是為什麼男生沒有給我同樣的感覺？難道男生只吸收了南北的缺點嗎？還是因為我也是男生？

無論到哪個地區，男生的髮型都一樣，所以看起來大同小異。全都是平頭，看不見他們長頭髮的樣子。從小像和尚一樣剃光頭髮，長大後髮型才稍微解放，這正是韓國流氓的髮型。韓國人到中國旅遊，經常產生不必要的不安全感，原因之一就在於此。過去中國男性蓄髮，長大成人後綁成髮髻。建立大清政權的滿族強行推動薙髮令後，遂改蓄腦後的長髮，編成長辮。日後為效法西方成為強國，「末代皇帝」溥儀接受了新的髮型，下令斷髮剪辮，並由自己帶頭剪去辮子。然而漢族竟同朝鮮一樣疾呼「身體髮膚，受之父母」，其悲傷之情如喪考妣（這本來不就是異族的髮型嗎？）。不過一刀剪去辮子後，不但洗髮較方便，也不必費心梳頭，想來再也沒有比這好的髮型了吧。

由於頭髮短，頭型看得一清二楚。在開封和西安的所見相同，頭型長方且五官突出的人最為常見，也許是體內流著阿拉伯人、猶太人或高加索的血液吧。我試著想像開封是一座遠超乎我預期的國際化都市，並且想像打開我房門，走進我房內的那個人可能的長相。

正這麼想著時……，似乎有個人走錯了房間。此人也察覺了我的疑惑，第一句話便是：

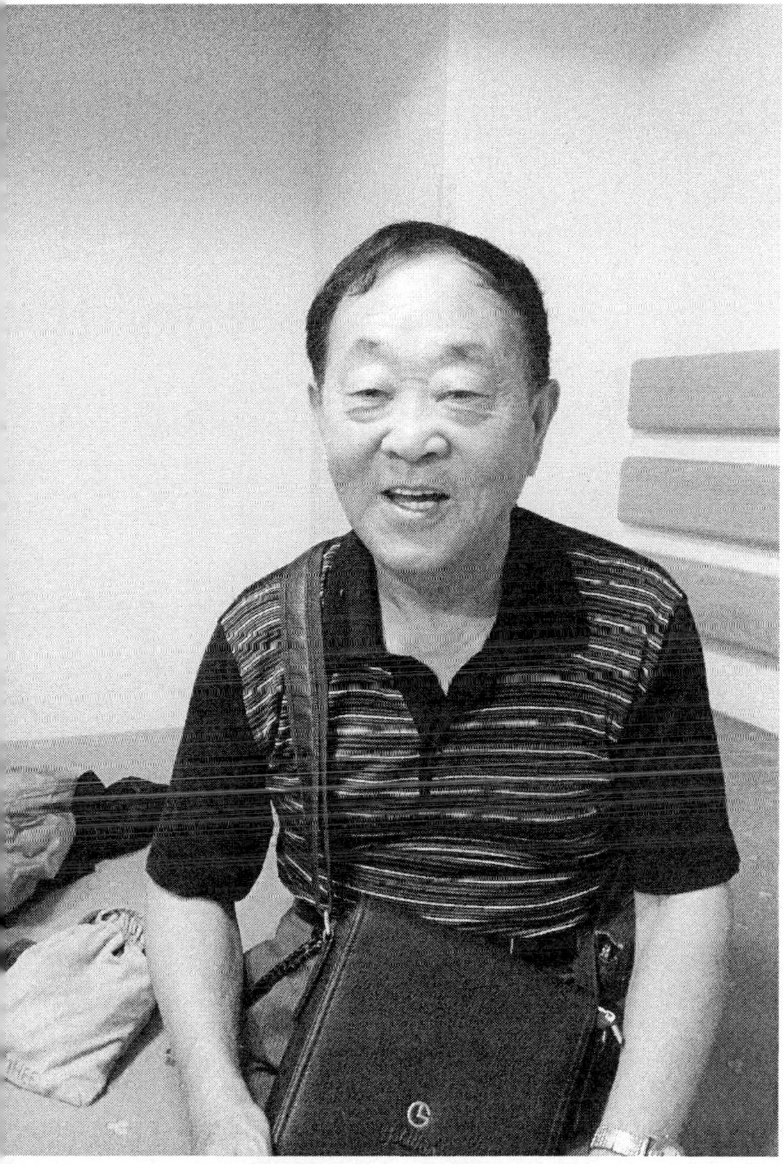

猶太人後裔董建法先生

「我長得很不像猶太人吧？」他說話的同時，一邊脫下口罩。儘管如此，他的頭髮又黑又直，眼睛細長，鼻子像南方人一樣朝天。說到猶太人，腦中立刻浮現出的特徵，在他身上完全看不見，更令人驚訝的是，他的祖先也無法追溯至北宋。他的祖母才是猶太人。其祖母為躲避一九三〇年代東歐的納粹屠殺，舉家搬遷至上海避難。她與中國人結婚，生下的孩子也和中國人結婚，再下一代便是現在站在我眼前，今年六十七歲的董建法。體內留著的血液中，有四分之一是猶太人……，可見決定外表的基因中，漢族基因最為強大。

據估計，開封的猶太人至明代仍有五千人。董建法說：「之後猶太人被漢族同化，一九四九年選擇種族時，部分人選擇了回族或藏族。」在中國，不曾有過因為兩個宗教間的衝突而動盪不安，此地的猶太人居住於伊斯蘭教的回族街上，選擇了回族作為自己的民族。他們甚至被稱為戴藍帽的伊斯蘭——「藍帽回回」。猶太會堂業已成一座廢墟。

部分中國學者認為，中國是唯一一個不曾出現反猶太主義的國家。然而在我看來，反倒更不可輕忽。無論是征服者還是被征服者，商人抑或是軍人，只要進入中國，其民族性便消失殆盡。因此，自然也不會有反猶太主義。母系社會的以色列並不承認開封猶太人後裔為猶太人，近來回歸母國以色列的華裔猶太人，都接受過作為猶太教徒的皈依教育。其實只要接受該教育，任何人都可以成為猶太教徒。

董建法不懂希伯來文，沒有信仰的宗教，並認為自己是中國人。從混血的比例來看，這是當然的。在中國，普遍相信這是大熔爐文化的力量，而我認為這是人口的力量。若要使異族臣服，沒有比通婚更好的辦法了。這終究是一場人口多的一方勝利的遊戲。儘管如此，也比戰爭好多了。

37. 碰壁拐彎，卻又日益擴張的黃河……，我亦如斯？

終於跨越了黃河。距離在華山東峰上遠眺黃河水道，已經過了十天。這段期間，黃河就在我看不見的一旁，與我一同東行。如今該是向北前進的時候了。要從河南省開封北上至安陽、北京，得將車頭轉向左邊。如此一來，便迎面遇上了黃河。

此行還創下了一個難得的紀錄：一天內從北宋首都開封騎到商朝首都安陽。更神氣地說，就是一天內從西元九六〇年回到西元前一三〇〇年，一口氣橫跨了兩千兩百多年。就實際距離來說，也足足長達一八五公里。雖然四年前曾經花了二十九小時，就從首爾騎到四八〇公里外的海南（譯註：位於韓國全羅南道，為朝鮮半島的最南端）。不過當時參加的是「白衣從軍紀念自行車拉力賽」，既有車輛開道護衛，又是二百餘人參與的盛會。真正獨自旅遊，一天內騎了一八〇公里的經驗，在美國也不曾有過。這一切多虧了南風。

如此看來，從洛陽騎到鄭州，還有從鄭州騎到開封，都正好是一天的距離。換言之，中國八大古都中，包含安陽在內的上述四大古都之間，正好間隔騎自行車一天的距離，可見得古都的分布較為密集，而其原因就在於黃河。黃河流經黃土高原，在抵達潼關前水勢強盛，而從洛陽近處的孟津開始，水勢逐漸緩和。現在已進入中國大陸三級階梯地形的最低階段了，直到黃河流向渤海灣出海為止，七百餘公里內皆是平地。就像將麵糊倒入平底鍋內，煎成大片的煎餅一樣，黃河以盛大的水勢持續帶出黃土高原上的黃土，沖積出肥沃的華北平原。而水勢漸緩，亦利於水運，介於華北平原與黃河間的都城便就此崛起。

唐代將首都從西安（舊長安）遷往洛陽的原因之一，也是因為洛陽西邊的水勢較強，經陸路則有險峻的函谷關和潼關，不利糧食的運輸。這是中國歷史上出現「逐糧天子」的地理背景。孕育第一個大一統王朝秦朝的關中平原，難以養活逐漸稠密的人口，當饑荒來臨時，就連皇帝也得勒緊褲帶。無法忍受饑荒，因而帶領文武百官跋涉三七〇公里前往洛陽的逐糧天子，反倒成為在中國歷史上留名的皇帝，如隋文帝、唐高宗、唐玄宗……。他們親身展現了中國境內以經濟為考量的大規模移動。

此時，肥沃的穀倉地帶已從華北平原轉移至淮河與長江下游地帶。隋煬帝為解決此一問題，構思連接長江、淮河、黃河三大河流的運河，而其關鍵更在於連接淮河與黃河的運河。該運河與黃河交接處，即為開封所在。那麼，非得定都洛陽不可嗎？宋朝開國國君趙匡胤最後選擇了開封。都城的變遷，與糧食有著極大的關聯。

如果在Google地圖上點選開車至安陽，建議路線將是重新回到鄭州，再上一〇七號國道。沒有什麼比走回頭路更可怕的了。我決定發揮自行車的機動性，走二一九號省道抄捷徑。由於是地方道路，沒有標示黃河所在的路牌。我會不會因此錯過？因為這樣的擔憂，每當出現稍有規模的河川，逢人便問：「這是黃河嗎？」人們一臉莫名其妙，要我繼續往北走。經過一片寬廣的小麥田後，緊接著出現一片溼地，此時何需再問黃河所在，我已來到黃河河畔。遼闊且汙濁的河水，占滿了我的視線。與其說是河水流過，不如說是整個大地浸泡在水裡。

黃河是否安好？

平時不生氣的人，一生起氣來，足以令人生畏，正如同緩緩流淌的這條河，威力更甚於陡峭的峽谷。一次倒太多麵糊，自然會溢出平底鍋外。黃河河水每立方公尺含有三十五公斤的泥沙，稱之為濃稠的黃土漿亦不為過。黃土漿不斷向下游沉積，導致河床逐漸堆高，形成一條「地上河」。河道較兩旁高，若置之不理，誰也不能預料河流將氾濫何處，於是當地修築了一道長達一千兩百公里，名為「黃河大堤」的堤防。行動受控制的黃河，一旦發狂，沖毀堤防，那麼華北

橫跨黃河的浮橋

平原上海拔高度不到五〇公尺的城市，將不是被大水淹沒，而是被黃土漿掩埋。據說光是開封，地底二〇公尺下就層層掩埋著三層都市。

即便如此，黃河依然持續淤積，她曾經因為人類的侵擾而爆發。那是發生在一九三八年的中日戰爭時。國民黨政府為阻止日軍的侵略，使用薩水大捷（譯註：西元六一二年隋朝與高句麗的第二場戰役，當時高句麗將軍乙支文德於薩水蓄水，將入侵的隋軍大舉淹死）後未曾出現過的水攻之計，以火藥炸開鄭州附近花園口的一座堤防。鄭州居民對大晴天忽然噴湧出的黑色水柱束手無策，八十九萬人因此喪命，八百萬人無家可歸。更令人鬱悶的是，此舉也無法阻止日軍占領鄭州。在中國，招惹大自然得付出非同小可的代價。如今，黃河下游河床每年仍以十公厘的速度增高中。

如此遼闊得令人震攝的黃河，竟曾一度斷流，實在難以相信。黃河發源於青藏高原東北部的「星宿海」，至渤海灣出海為止，總長五四六四公里，而二〇世紀末的最後十年間，每年都有不同河段乾涸。黃河在沿途斷流而無法入海的天數，竟有增無減。黃河在一九九七年的一年之間，有二二六天撐不到出海，斷流點甚至上移至距離渤海灣七百公里遠的開封附近。想想原本在黃河中優游的魚兒，該有多麼慌張啊？為了繁衍下一代而逆流向上的洄游魚群，好不容易離開了在海洋中長久的寂寞與空虛，還得抱著必死的決心，面對一覺醒來後，不知道何時已經身在河外的困境……。我不禁想起李白〈贈裴十四〉中的一段：「黃河落天走東海，萬里寫入胸懷間」。

吟誦黃河入海前，得歷經各種苦難，走過萬里路的這首詩，如今應該改為歌唱黃河懷念大海卻又不得入海的悲傷。黃河只能藉由詩的想像入海了。來到河南省期間，河川處處乾涸見底，不知黃河是否安好？當支流全部乾涸，黃河還撐得下去嗎？

當作為華夏文明象徵的黃河枯竭，對政府無疑是一大警訊。大自然的災異，經常被擴大解釋為對統治者正當性的懷疑。天子乃上天之子，大自然的災異被認為是上天厭棄天子的象徵。中國共產黨權力雖非天賦，情況應該也是相同的。黃河水利委員會在黃河支流挖鑿幾座蓄水池，儲存水資源，當黃河開始出現乾涸的徵兆時，便開啟水門。從二〇〇〇年至今，已不再出現斷流現象。然而我正站在治水的現場，從黃河水量比一九六〇年少了一半來看，水資源不足的根本原因並未妥善解決。

滔滔黃河水上，看不見捕魚的船隻，人潮也稀稀疏疏，瀰漫著寂寥的氛圍。要說渡河的橋，只有眼前這座將幾艘鐵船合併在一起，上方放置鐵片的浮橋而已。載運砂石的貨車往來其上，揚起滾滾黃沙，而我一邊騎在左搖右晃的浮橋上，一邊穿梭在車輛的縫隙間，忽然決定中途停下。我不能就這樣跨越這條河。鐵船間水勢湍急。這一瞬間，我終於放下該朝某個目標前進的想法，久久佇立於此。

與其說是風光優美，不如說是一股渺茫悠遠的氛圍。在周圍沒有任何障礙物的平原上，黃河顯得更加遼闊。面對深度寬度皆不可測的龐然大物，更深刻感到自身的無比渺小。於是我也像李白一樣，揣想著黃河奔流的歷程，遂看淡個人過去的成就與挫折。任何風風雨雨，終將向遠方流去。黃河即使數度碰壁拐彎，卻又日益擴張，流向大海。我亦如斯？隨著年紀的增加，我是否也日漸茁長？我是否無畏地踩著失敗與挫折而過，朝視野更開闊的生命之地穩健前進？這是黃河暗示我的人生之路。

欄杆上貼著「水深，禁止下水」的警語，反倒讓人更想跳入水裡。如果寫的是「水淺，下水也沒啥好看」，也許便少了些誘惑。「原來我是這樣的人啊，所以走上與眾不同的路，大老遠來到此處過河。」自行車禁止通行的告示牌緊接著出現。原來這是禁止自行車通過的浮橋。「那又怎樣？」心裡一橫，直接騎了過去，不料收費站的大叔打開窗戶朝我打量。眼神不像是要收費，也不像是要責備我怎麼騎自行車過橋。意識到他大概只是想看我過橋後，我便揮揮手，飄然過河。

38.神聖不可侵犯的漢字？亡國的漢字！

我在中國八大古都中第六個造訪的河南省安陽，利用一天的時間四處閒逛。自從離開首爾後，再也不曾刮的鬍子，也在這裡刮得一乾二淨。路旁理髮師用的不是以皮革磨利的剃刀，而是舉起電動剪直接下手，連刮鬍泡也沒抹，嚇得我差點跳起來。千交代萬拜託，請理髮師千萬刀下留鬍。鬍子剛開始長的時候，看起來較為雜亂，心想如果留下一些鬍子，接下來到旅行結束之前，應可不必刮鬍子了。不過修剪結束後，對著鏡子一看，鼻下鬍鬚竟比下巴鬍鬚長。雖然「笑果」十足，倒是可發揮防塵效果。

終於抵達先前想著務必要參觀的中國文字博物館。由於旅館職員告知必須事前申請參觀，令我前一晚徹夜難眠，不過現場倒是直接向持有護照的外國人販售門票。文字博物館的正門，有一座高一八・八公尺，將文字的「字」形象化的字坊。宀部內，宛如一名孩童站立的模樣，據說源自於過去生下孩子後，將孩子帶往祠堂命名的習俗。字坊外觀也像是一把幸運的黃金鑰匙，今天這把鑰匙將會解開漢字的祕密嗎？

我請了一名解說員與我一同參觀。身穿白色洋裝，搭配紅色制服的解說員秦穎，畢業於師範大學，外型端莊整潔。只是她在四層樓的偌大博物館內，已選定好幾個一定要走的地

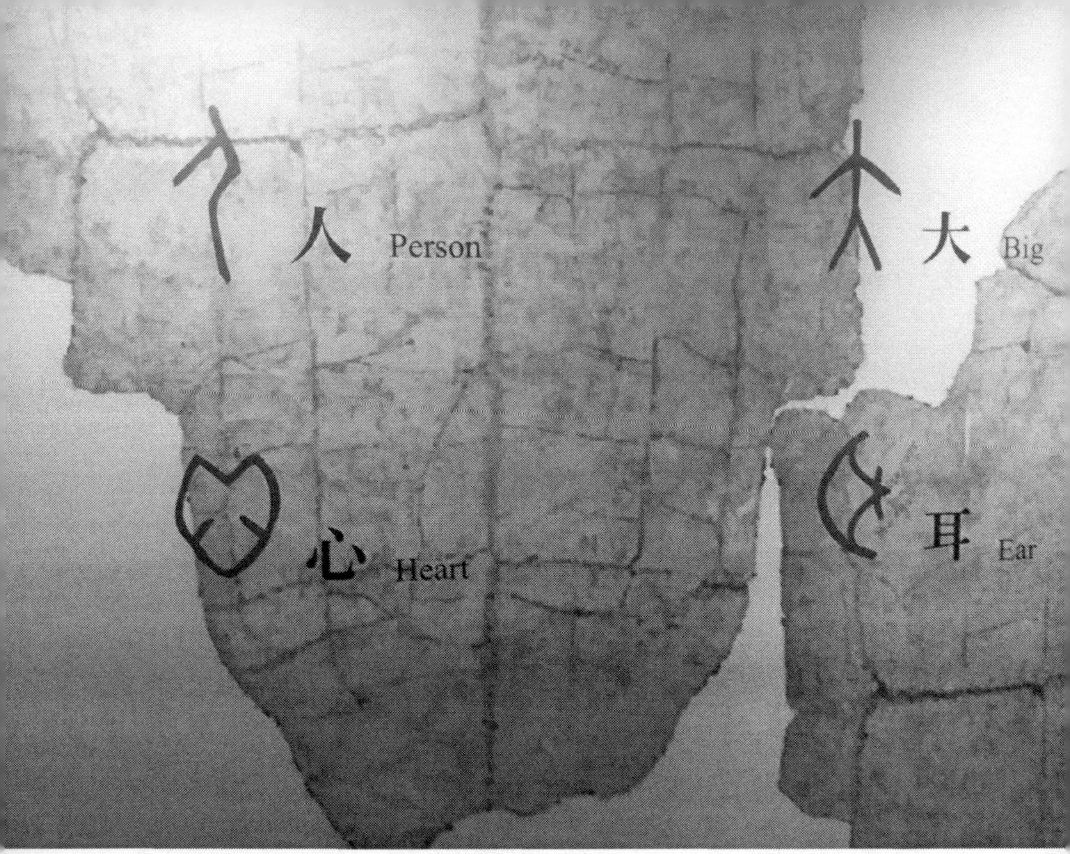

河南省安陽市中國文字博物館所藏甲骨文

方，難免有些催促的神色。一百元一小時，似乎不願再給多餘的時間。為了更深入參觀，我又重新回到館內。

中國有句俗諺說：「天上飛的，除了飛機，什麼都吃；地上四隻腳的，除了椅子，什麼都吃。」在安陽發現甲骨文，其實是多虧為了食用而暫時儲藏下來的習慣。而能夠發現生活在至多七〇萬年前的北京猿人，則是由於在周口店出土的古生物骨骸被當作藥材（「龍骨」）販售，留下了發現北京猿人的線索。甲骨片過去也被當作「龍骨」販售。龍骨一般磨碎後，倒入藥罐中煮來喝，號稱是百病通治的仙丹妙

中國文字博物館全景

藥。曾患有瘧疾的王懿榮，便是在以龍骨製藥時，發現龍骨上的甲骨文。此外，也有龍骨可作為止血藥的說法。王懿榮曾任相當於國子監校長身分的祭酒，本身也是著名的金石文學者，在他生病接觸龍骨以前，不知道已有多少人將商朝的歷史磨碎喝下。那年是一八九九年。文字學權威白川靜先生曾說：「甲骨文的發現，是自十九世紀進入二〇世紀以前，大自然給人類最大的禮物。」

甲骨片比我預期的要小，大約是一本書的大小，而刻在甲骨片一角的文字，不過是指甲的大小，王懿榮能夠發現這些文字，實在神奇。我本以為甲骨片是烏龜的背甲，原來是較為柔軟的龜腹甲。據說龜腹甲受熱易龜裂，也較容易篆刻文字。秦穎說：「當時河南一帶為副熱帶氣候，因此有烏龜生存。」汽車車牌上代表河南省簡稱的「豫」字，意思是大象。在甲骨片上，還能看見詢問「能否抓到大象」的占卜。烏龜、大象、老虎、牛、鹿……，此時的河南，一度是動物的王國。

由於甲骨片的發現，商朝從神話走入正史，原本從周朝（西元前一〇四六年建國）開始計算的中國歷史，也隨之上溯至西元前一六〇〇年。對漢字起源的疑惑，終於得以解開。在此之前，東漢許慎的《說文解字》蔚為主流，然而許慎沒有看過甲骨文，書中有不少推測之詞。以「王」字為例，許慎認為三筆橫劃各代表天地人，正中一豎貫通，代表連結天地人三者的角色——王，不過實際來到這裡參觀，完全是另一回事。刻在甲骨片上的「王」字，下方如扇子般寬闊，上方狹窄，看起來就像斧頭的刀刃部位。斧頭是象徵王的仲裁權，亦即王權的工具。比許慎晚出生一千九百多年的我，竟能看見最接近原形的漢字。

甲骨片上主要記錄占卜內容，全部採用問句的形式，例如「今天下雨嗎？」、「接下來十天有異象嗎？」、「今年會豐收嗎？」而在是與否的句子下，各挖有凹槽，以燒紅的金屬叉燒灼甲骨片，使之產生龜裂。觀看龜裂程度，並予以解說的，不是別人，正是王。王的權威，由解釋神意的能力所決定。秦穎說，在占卜過後記錄下的結果，日後成為編纂周易的依據，我反問：「如果預測結果失誤，也會記載嗎？」秦穎答不出來。

無論如何，文字因此誕生了。從北京猿人的口腔構造來看，推測已經開始使用語言，但是沒有「證據」證明人類數十萬年來，過著只能以語言溝通的鬱悶。文字的出現，還不到數千年，而且正如甲骨文上所見，並非為了溝通或學習的目的而創造的。文字是為了與神對話而使用，之後再作為下達王命之用，如此一來，人類逐漸體認到文字的實用性。不僅在整理思緒上極為重要，甚至也可用來互相溝通。好比由計算機演變而來的電腦，今日已廣泛應用於各個領域。秦穎說：「從春秋時代以後，才開始學習漢字、掌握漢字。」

漢字先是與特定事物形成一對一的關係，隨著文字數量增加，過了一段時間後，才形成獨立的文字系統。由此看來，似乎與貨幣頗有相似之處。為求交換的便利而出現的貨幣，隨著時間的經過，逐漸成為人們競逐的對象，資本大量累積，於是貨幣開始超越單純交換物品的關係，形成獨立運作的體系，再回過頭來影響現實世界。因為這樣，才出現「錢滾錢」的說法。

朝代更迭，漢字依舊

漢字也是如此。漢字是不分子音字母和母音字母，一個字代表一個意義的孤立語，若要達到精通漢字的程度，得掌握五萬個漢字才行。因為這樣的不便，漢字反倒可以不受發音變化的影響，維持相同的字型。尤其在秦始皇統一文字為小篆後，儘管朝代不斷更迭，漢字依舊如初。如此一來，便從文字指稱現實的關係，倒轉為現實受文字影響的關係。

在中國，雨傘不可用來送禮。雨傘的「傘」字，與表示分離的「散」字同音。說到「傘」，便連結至現實中也可能分離的想像。情侶吃水果時，一般避開梨子，因為切開梨子的「梨開」，與表示分離的「離開」同音。送鐘給長者，也是大忌。「鐘」字與表示結束的「終」字同音，送鐘像是催促對方「早日歸西」。

文字在這方面發揮了咒語般的力量。將「福」字倒掛的習俗，也是因為倒過來的「倒」字，與表示到來的「到」字同音，認為此舉將可迎來福氣。每到農曆新年，總要進故宮踩御花園地板上的五隻蝙蝠紋飾，這是因為蝙蝠發音與遍踩福氣的「遍福」相似，五則是代表「五福」。向新娘的裙子丟棗子和栗子，也是因為「棗」與「早」，「栗」與「立」同音，用以祝福新娘早生貴子。文字從表記的工具晉升為圖騰，依然是與神溝通的媒介。

神聖不可侵犯的漢字，也曾一度面臨危機。毛澤東曾認真考慮，要將使用不便的漢字替換為拉丁字母。毛澤東所景仰的魯迅，也提出「漢字不滅，中國必亡」的論調。在中國文字博物館內，自然不會提及此一事實。在一九五〇年代文化大革命期間，曾將兩千餘件新文字系統的提案納入考量的事實，在館內也付之闕如。在這些提案中，韓文亦是選項之一。曾有此一說：當時毛澤東向史達林尋求意見，史達林回答：「何必改變現有文字？」因此為漢字留下一條生路。最後，漢字改革僅止於採用簡體字與標示發音的拼音系統，進入二〇〇〇年代後，更出現了漢字的聖地（中國文字博物館）。從漢字強韌的生命力來看，也許漢字真有神祕的力量呢。我問秦穎，漢字是不是中國的宗教，她強調是「中國的主體性」。

參觀完中國文字博物館後，我來到出土甲骨片的小屯村殷墟遺址。殷墟是君王的陵墓，採地下墓穴的形式，而非地上墳塚。在一片漆黑的空間內，原原本本擺放著殉葬者與馬匹的骸骨和馬車。由於過於真實，以致於經過數千年的歲月，當時的殘忍與痛苦仍被保留下來。玻璃帷幕內，散亂堆放的骨骸怵目驚心。然而在陵墓上方的草地上，三隻活鹿正閒遊。

儘管挖開這座王陵，解開了漢字神祕的面紗，然而漢字神祕的力量仍未消失。如果當時能與神溝通的君王活到今天，並且以甲骨片占卜，問的會是什麼樣的問題？「存活了三千三百餘年的漢字，還會繼續存活另一個三千年嗎？或者不會？」

39. 在位者掌權一時，詩人長存千年

根據安排好的旅行路線，我從中國八大古都中第六個到訪的河南省安陽，前往第七個古都北京，距離為五二〇公里。從安陽出發時，與友人約好四天後在天安門相見。旅行途中，我也持續在社群網站me2day上連載照片，因此住在北京的me2day好友們便約我一見。

一天騎一三〇公里，不算太勉強，也不算太輕鬆。獨自旅行的樂趣，就在於途中可以四處閒逛。不過如果想要慢遊，行程得安排得寬鬆一些，無奈我必須在兩個月的簽證時間內走完八座古都，無法隨心所欲地停留。雖然可惜，不過每天精實且緊湊的旅行，也頗有一番滋味。在這趟旅程中，意外地遇見了《三國志》中的英雄。劉備建國之地為蜀，位於此地西南方兩千公里外的四川，可知在一千八百年前，中國人已經使用了大片的土地。此行第一位遇見的是曹操，而這裡正是他所建立的魏國。離開安陽市區，進入安豐縣後，立刻出現「高陵左轉」的路牌。

陷入天人交戰的我，向路旁的商家詢問，說是還得騎十六公里。來回三十二公里，加上參觀時間，最少得花上三小時才行……。如果能確定是曹操的墳，肯定會去的。據說曹操生前建造了七十二座疑塚，因為他知道沒有任何人能夠保護他死後的墳。日後歷朝皇帝爭著

打造地下宮殿，設法延續生前的榮華，和他們相比，曹操可說是相當明智的。因為陵墓越華麗，只會招來越多的盜墓者。

「在你讀著我的詩的心中，即是我的所在」

六天前從洛陽前往鄭州的途中，順道一探杜甫的墓，也延誤了行程。在三一〇號國道上，看見左轉前行五百公尺為杜甫墓的路標時，頓時像是獲得一筆意外之財。真切描寫百姓疾苦的詩聖之墓，竟能如此輕易抵達……。進入村內，在巷弄間打轉許久，才得知杜甫墓在偃師城關三中學的校園內。但是學校大門緊閉，說是為了給老師們處理行政業務的時間，下午兩點才開門。我告訴守衛：「為了找杜甫墓，我遠從韓國飛來，騎了數千公里的自行車才到這裡。」這句話動搖了守衛的心。其實只有五百公尺。巴結的話術越來越進步了。

校門打開後，託我的福提早進入學校的兩名學生，走在前方為我帶路。我向建築物後教師們耕種的菜園走去，只見杜甫墓緊貼圍牆，被蓊鬱的樹林遮蔽。長眠在這處人們找不著的窮鄉僻壤間，正符合他如浮萍般漂泊的一生，令人肅然起敬。甚至我也有了寫詩的靈感。「在改變世界前／別來我的墳上／我很好／在你讀著我的詩的心中／即是我的所在……」

然而後來得知，這裡只是號稱杜甫墓的八座墳墓之一。杜甫逝世於湖南，而關於杜甫逝世地點的紀錄各不相同，若是死於洞庭湖船上的紀錄為真，則其墓位於湖南省平江縣；若是下船後死於耒陽的紀錄為真，則其墓位於耒陽市。還有另外兩個說法，一是杜甫的孫子杜嗣業聽從杜甫歸葬故鄉的遺言，遷葬河南省鞏義市；一是杜嗣業帶著杜甫骨骸，跟隨百隻喜鵲來到他們停歇之地，便安葬於此。而我所到訪的地方，正是喜鵲停歇之墓。

天差地遠的杜甫墓與曹操墓

在莫名其妙的地方參拜，儘管心情有些失落，不過無論杜甫的骨骸埋藏何處，光是回顧他充滿苦難的一生與詩作，也足以令人欣慰了。尤其與曹操墓相比，更是如此。這兩人的墓都是眾人關注的對象，但是原因各不相同。各地都想祀奉杜甫，因此四處出現杜甫墓；曹操則是為了不被搶奪，將自己的墳墓隱藏起來，因此人們只得四處尋找。在位者掌權一時，而詩人長存千年。

關於安豐縣挖掘出的陵墓主人，河南省文物局於二〇〇九年十二月根據出土的戟與石枕上刻有「魏武王常用」銘文，宣布終於發現曹操墓。然而復旦大學提議將該墓出土的六〇歲左右男性遺骨，與曹操後代的ＤＮＡ進行比對，卻遭到河南省的拒絕，此一消息傳開後，尋找曹操墓的努力似乎又重新回到原點。如果確為曹操之墓，必然也逃離不了遭盜墓的恥辱。其實，盜墓者已多次光臨此地。

奸雄至死尚欺人，疑塚累累漳河濱。

明代詩人批判曹操的這首詩，如今依然擲地有聲。而不認同曹操為「亂世奸雄」的人，則宣稱曹操舉行了無人知曉的薄葬，以此說辭擁護曹操。喜愛曹操文筆的現代作家余秋雨，曾高呼：「沒有了，又怎麼能找到？」

沿一〇七號國道進入河北省正定縣時，有一座趙子龍手拉韁繩，馬兒前腳抬起的造像，像是預備發動攻擊的模樣。而在距離北京不到七〇公里的涿州市國道旁，劉備、關羽、張飛三兄弟造像正騎在馬上，望向南方。劉備與張飛誕生於當地，兩人的老家相距四公里，而出身山西省運城縣的關羽，因殺人亡命，最後來到涿州。同鄉的劉備與張飛，加上趙子龍與關羽，合稱「四義」。

我短暫造訪了距離國道不遠處的張飛故里，村裡除了一座祀奉他的祠堂，還有一塊寫有「桃園三結義原址」的石碑，以及幾株光禿禿的桃樹。管理員說：「樹木是最近才種的，但是堆在石碑前的石壇，則是桃園三結義當時的東西。」桃園三結義不過是在距離三國時代一千兩百年後，出現於羅貫中小說中的一幕。如果說是重現小說中的場景，那還說得過去，如果要說這裡確為原址，那真是強辯了。以中文用法來說，這裡看起來更像山寨版的桃園。石壇上還放著幾顆塑膠桃子。

離開張飛故里，逆風伴著細雨吹來。平原上的風向難以捉摸，南風也可能忽然轉為北風。無論是三國時代還是現代，這裡的居民似乎得隨時與風對抗。進入北京市行政區域內，迷了不少路。最後比約定時間晚了兩個小時，在晚上九點才抵達天安門。如果不是騎自行車下班的公車司機陪著我騎，恐怕還會遲到更久。騎上復興路後，便一路直行。這裡比上海更遵守交通規則，令我相當意外，甚至還懂得讓路。

我將自行車停在天安門與天安門廣場間的馬路邊。雖然聽公安說這裡是禁止停車的路段，不過這裡是中國，試了才知道。雨後放晴的天安門天空，覆蓋著靛藍色的烏雲，繁忙的人群頭頂上，唯有毛澤東的肖像光彩熠熠。而天安門對面的廣場，則是被封鎖起來，空無一物。這是我第三次造訪天安門廣場，每次來到這裡，圍籬似乎又變得更加密實、高聳。被圍籬圍起的廣場，看起來顯得促狹。上海的人民廣場分給了公園使用，而天安門廣場則與外界隔絕。廣場內的路燈上，掛著監視四面八方的沉重監視器，也許是畏懼人民集會吧。我所遇見的中國老百姓，全是一片太平祥和，倒是在位者有過多不必要的擔憂。難道是做了什麼虧心事嗎？

在廣場南邊盡頭，是毛澤東的墓地所在。大量遊客排在隊伍中，正準備瞻仰透明玻璃棺木內毛澤東長眠的遺容。周恩來與鄧小平都採用火葬。我向中國人詢問他們的想法，都說：「毛澤東是七分功，三分過。」這句話暗示了這樣的比率有朝一日可能改變。他能夠逃過歷代執政者被盜墓、毀壞的命運嗎？這得看今日支配中國的共產黨怎麼做了。

北京天安門廣場

Me2day好友們就在馬路對面的天安門前揮著雨傘，而公安正逐漸走近。現在該是移動的時候了。我若無其事地坐上自行車。離開上海至今，繼三角路線的第一個頂點西安後，在三十七天內又抵達了第二個頂點。如今只剩最後一個頂點杭州了。

40.荒唐又荒謬的北京觀光團體驗

已經許久未曾在凌晨四點半接到電話了。過去在跑社會線記者時，常在凌晨接到電話後，便急急忙忙出門。這些多是發生誘拐殺人事件或發生大火時，要求立即趕赴現場的電話，所以凌晨電話鈴聲響起時，不僅睡意全消，心裡也同時升起一股不祥的預感。但是我現在人在北京天安門東邊的飯店房內，會是什麼事呢？

「起床了嗎？我現在正要到飯店前，你準備一下。」

是旅行社司機打來的電話。原本說好六點半來載人的，真是荒唐。前一晚，我看著飯店給我的旅遊指南，選購了一天的團體旅行商品，如此可以更愜意地旅行。擔任NHN（譯註：韓國最大入口網站NAVER的前身）中國法人代表的吳慶植先生，雖然好意要借我一輛帶司機的車，但是這麼做似乎有些不妥。就算是觀光，我也想和中國人一起行動。那麼中國團體旅行如何？

在八條旅行路線中，我選擇了第一條。這條路線涵蓋了我一直想去的萬里長城和被認為是風水寶地的明十三陵，此外還有地下宮殿、十三陵水庫、居庸關、水晶宮、石牌坊等，總共才一五〇元。價格包含來回車資、高速公路通行費、觀光導覽費、午餐和各景區門票，若發生事故，還可以領到十五萬元的保險。就算是在物價低廉的中國，也是令人難以置信的價格。直到看見底下以紅字印著的「北京市旅遊局特別提示」，才稍微放了心。特別提示的內容，是希望遊客不要在公車站或天安門廣場周邊，被招攬旅遊團的廣告所騙。這句話的意思，不就是旅遊局保證這張地圖上的團體旅行商品值得信賴嗎？

在昏昏欲睡的凌晨起床，實在痛苦。六點半起床已非易事，更何況是四點半被叫醒……。「我聽到的集合時間是六點半，你之後再來吧。」說完這句話，司機欣然同意，告訴我：「那麼我最後再來接你。」他說他現在正前往各個飯店接客。我回到床上，睡不到十五分鐘，電話又響起了。是沒聽懂我說的話嗎？我帶著怒火接起電話，這次是旅行社，要確認司機是否開車來接的電話。然而就算我怒氣沖沖，提高聲量回應，對方的語調依然沒有改變，「早上可能塞車，提早出門比較好」。

我怕再也睡不著，趕緊掛了電話，想再多睡一會兒，此時電話鈴聲再度響起。五點二〇分。「我已經到飯店門口了，請快點下來。」是司機打來的。沒辦法了。無論我生氣與否，他們依然照自己的方式來。凌晨五點半，在集合地中山公園正門前，有許多像我一樣在意料之外的時間被叫出來，準備搭乘小巴的客人們，正清理眼角上的眼屎。在我們即將搭乘的觀光巴士前，攤販大媽一大早正在料理煎餅。如果說觀光巴士是鱷魚，那麼攤販大媽就是鱷鳥。距離鱷魚出發時間還早，除了買煎餅充飢，也無其他事可做。就煎餅價格來說，三元算是稍貴。我還買了一瓶豆漿來喝。

觀光巴士最後在六點十分出發，比預定時間早了二〇分鐘，令我有些訝異。即便如此，在離開北京之前，又載了幾名觀光客，他們在預定時間六點半前到了中山公園，知道觀光巴士開走後，趕緊搭計程車追來。如果是在韓國，肯定少不了一場爭吵，但是這些人卻是一副幸好搭上觀光巴士的表情，沿著中間走道往後走。女導遊一拿起麥克風說話，眾人的頭便有如千斤重似地左搖右晃起來。見到這般景象，我也跟著沉沉睡去。這趟特別的一日中國團體旅行就此展開。

我是一一號，以號碼相認的團體觀光團

團員共有二〇餘人，而導遊有三人之多。導遊們各自負責什麼樣的業務，我並不清楚。團員中除了和中國女性同行的白人男性外，其餘皆為當地人，年齡與籍貫各不相同。雖然只有短短一天，團員間並沒有同屬一個命運共同體的認同感，也無意建立。不過是各自跟著導遊的解說移動，說下車就下車，說看就看。為了確定團員是否搭上車，導遊為每個人編號，而不叫名。我是十一號，彼此都以號碼相認。

上午七點左右抵達八達嶺，登上此行第一個景點——萬里長城。導遊宣布八點半在下車的地方集合，並強調「再說一次，遲到五分鐘以上就不等了。」雖然確實不應該讓其他團員枯等，但是威脅的口氣令人震懾。無論如何，多虧了早出發，現場觀光客較少，清晨的陽光

萬里長城

也不那麼刺眼。「原來是已經考量到這些問題了呀。」於是他們一早把我吵醒的壞心情，也立刻煙消雲散。心情舒暢地參觀過萬里長城，心想觀光巴士可能提早出發，便急忙下山。

路旁某間商家將熊關在柵欄中，並販售熊飼料。一碟三元，和我早餐吃的煎餅價格相同。似乎是門不錯的生意。買來一頭熊，之後就靠觀光客養活熊和自己。只是得靠觀光客不定期的餵食來填飽肚子的熊，看起來相當可憐。有時就算觀光客給了過多的飼料，吃得肚子撐了，還是得繼續吃下去，才能養活主人。不只是我，其他團員也已早早下山，搭上觀光巴士了。也許是目睹凌晨不等團員就出發的先例，團員們就像受過體罰的人一樣，全都規規矩矩地行動。或者說，像被飼養的熊一樣行動。

第二個目的地是翡翠寶石加工廠，在旅行商品中並未介紹這個旅遊點。導遊說，市面上充斥假的翡翠，這裡才是賣真翡翠的加工廠直營店，因此特地帶大家過來。這種商業手段，我在夏威夷和義大利參加團體旅行時，已經有過類似經驗，所以我自有一套對策：先暗中觀察導遊，再趁機開溜。然而中國在監視或動員的能力上，絕非可以等閒視之的國家。要是那麼輕率，就不可能建成萬里長城。在萬里長城的城磚上，可以看見人名銘刻其上，這不是為了紀念參與這座偉大建築的人們所刻，而是為了追究責任。如果有城磚出現裂痕，便可立刻找出是誰的錯。

導遊在商店入口分發我一點也不想拿的入場券，並說入場券在出口處回收。心想拿到入場券後，趕緊通過這關吧。不料我這個拙劣的伎倆早已被看破。走進店內，不同的加工程序分別位於數個暗房內，每間暗房的出入口大門，都只有工廠的導覽員才能開啟和關閉。在極其無聊的工廠解說結束後，終於進入空間開闊的賣場內時，有種重獲自由的感覺。雖然發現了賣場的出口，但是箭頭標示的移動路徑，全都得經過櫃檯才行。現在唯一的方法，只有加快腳步了，無奈我被困在人潮裡，無法加快腳步，不得已只好聽完店員的解說。其中幾名團員被說服，買了翡翠和玉墜項鍊、手鐲。仔細想想，買個手鐲當作回國禮物，小巧輕盈，似乎也不錯。想到內人生平第一次收到這種禮物，臉上驚訝的表情，便下意識開始翻找錢包。這麼一來，才想起自己錢包早已遺失的事實。

時間不過才十點半，下一個目的地是餐廳。餐廳內約有百餘張可十人圍坐的圓桌，圓桌上已經擺好盛滿飯的鐵盆和五六道菜，無論從哪一台觀光巴士下來，都沒有差別。這是一間專門接待團體旅客的餐廳。所有人各自將飯菜夾到碗內，沒有人會為了誰吃多吃少而爭吵，因為這間餐廳食物一點也不美味，全不似講究美食的中國。即使人們來來去去，也沒有聽到任何抱怨的聲音。真是驚人的耐性。我腦中不斷浮現「如果是在韓國的話……」的假設。

下一個前往的景點是地下宮殿，不過這並非我所期待的地下宮殿——定陵。定陵位於昌平區，是明代十三位皇帝各自長眠的明十三陵中，唯一被挖掘出來的萬曆皇帝陵墓。萬曆皇帝正是在萬曆朝鮮之役（即壬辰倭亂）時，派遣軍隊進入朝鮮半島的神宗，也是以三〇年不早朝而聞名的皇帝。雖然是在中國遭到嘲笑的皇帝，但是在朝鮮，卻是在清朝統一中國以後，仍在昌德宮後院建造大報壇祭祀，藉以報答其大恩的「恩人」。

定陵被挖掘出來後，萬曆皇帝遺體在文化大革命期間被冠上「地主階級的總頭目」之名，遭砸碎焚毀。陵墓內部日後被命名為地下宮殿，並對外開放。但是我們這一團尚未抵達明十三陵，這裡充其量只是山寨版的地下宮殿。內部有實物大小的擺設，還有幾個房間內重現明代重要的歷史現場。也可以穿上當時皇帝或皇后的服飾拍照，當然是要收費的。

在往下一個目的地移動的觀光巴士內，導遊說：「這樣從凌晨工作到現在，也只拿到一二〇元，不得不再去下一個購物點了。」又直言：「各位在購物點買東西，我們就可以從中拿到一點錢。」這不是請求諒解的口氣，而是近乎宣告的口氣。但是載我們去的地方，竟是北京烤鴨。距離午餐還沒過多久呀！導遊似乎看穿了團員心中的想法，又接著說是可以外帶的。儘管也有人無意和導遊維持良好關係，待在車上呼呼大睡，不過多數人都能理解導遊的難處，紛紛下車走進店裡。

這裡也發入場卷。烤鴨一隻七十五元，不過是韓幣萬元的價格，但是自己吃分量太多，只好作罷。走出賣場，想不到迎面而來的不是出口，而是餅乾賣場。我像是走迷宮般沿著「弓」字型動線離開餅乾賣場後，接著又進入販售軟糖和糖果的賣場。猶如落入雙重、三重的圈套。最後我還是中招了。所謂「見物生心」，看到某件物品，就想擁有它。心想騎自行車時，軟糖可作為臨時能量補給品，輕盈好攜帶，於是買了一包軟糖就離開。

行程被更改，被迫掏錢，也沒有一句怨言的團員們

現在該到明十三陵了吧？已經超過下午一點了。到目前為止，要說真正好好參觀的遺跡，只有上午七點左右參觀的萬里長城而已。才這麼想著，導遊立刻說巴士現正朝明十三陵前進，又用手指著遠方說：「那裡是十三陵水庫，但是去到那裡，其實和一般水庫沒什麼差別。」便跳過這個景點。接著又說：「我們得快點回去，才可以避開北京下班的車潮。」一早也是為了避開上班尖峰而提早出發，彷彿旅行真正的目的在於避開北京的車潮。

終於抵達我苦苦等待的明十三陵。下午一點四〇分。不知道什麼原因，沒有帶我們到明十三陵中的定陵，而是遠在五公里外的昭陵。昭陵在明十三陵中，並非特別的一座陵墓。即便如此，也沒有人有一聲怨言。一位外型豐腴的女性導覽員承接我們這團，她的帶領方式就像軍隊的班長，如果稍微脫隊，便立刻拉開嗓門大吼，團員們無不惶恐地緊跟著隊伍。她從一開始就給了下馬威：「這裡是死者靈魂永居之地，絕對不可以拍照。」「禁止踩踏門檻，

女生要從右邊的橋通過，男生從左邊的橋通過。」

由於門檻相當高，我無意間踩了門檻，立刻被導覽員發現。她怒氣沖沖地教訓我，一旁導遊見狀，走近導覽員輕聲說了一句「那人是外國人」。但是她並未消氣，繼續瞪著我，團員們也帶著「為什麼要惹導覽員生氣」的表情看著我。一位女團員甚至為我上了一課，教我如何跨越門檻。後來正要拍照時，又被導覽員逮個正著，這次團員們異口同聲地指責我：「十一號，就說這裡是死者住的地方，不可以拍照！」今日和我一起行動到現在的團員，竟和導覽員聯手起來責備我，真是無情啊。

導覽員大致介紹過後，領眾人進入祠堂，讓團員寫符咒。我之前已經有過兩次的經驗，便離開排隊的隊伍，站在一旁觀察。果然不出我所料，先是寫完符咒後，再寫下價格，接著將符咒放在皇帝的靈前。既然已經寫了符咒，也不能不寫價格；既然要寫價格，不如金額寫多一點，讓願望盡可能實現。因為大多被要求寫兩百元以上，所以團員們付出了比今日團體旅行費用更高的代價。雖然到目前為止，有些人每次進商店都沒有消費，不過最後仍被凶狠的導覽員大大洗劫一番。明十三陵的參觀在此畫下句點。

搭上觀光巴士的團員，紛紛抱怨導覽員「好凶」。看著我的表情，也再度變得柔和。剛才那樣順從導覽員的人，正背著她大發牢騷。即使如此，也還不到集體抗議的程度。所有人現在只想趕快回到北京，避開北京的車潮尖峰。時間還不到下午兩點半。最後真正好好參觀的，只有萬里長城而已……。

一進入北京市區，司機說搭地鐵最快，試圖引導眾人在北京市郊下車。可是原本不是為了避開交通尖峰，方便搭巴士回市中心，所以才刪去不少景點的嗎？現在卻要我們搭地鐵回去……。團員們實在是乖巧聽話的一群人，最後巴士內只剩下我一人，而司機繼續催促我搭地鐵。就這樣一路忍著，雖然還未到今早的出發地中山公園，至少在天安門廣場附近的十字路口下車。

我從天安門廣場南邊橫越廣場往北走。翌日是天安門事變二十三週年的日子。廣場上早已被初夏的艷陽曬得熱烘烘的，絲毫感受不到任何動盪的徵兆。身穿制服的公安，零零星星出現在觀光客之間。分明是花自己的錢參加的團體旅遊，對於導遊如此變卦與坑殺，竟未公開表示任何一句怨言，這些善良的老百姓想必短時間內不容易消失。他們已熟悉被看作是一串數字中的某個號碼，而非個人，並且內化了對權力的服從態度。也許，觀光導遊是共產黨的另一個名字，而觀光客象徵的是十四億人口中，如散沙般四散分離的老百姓。雖然沒能好好觀光，卻是到目前為止，最能理解中國社會某一層面的一日團體旅行。

41. 在袁世凱故居見證歷史的評價

據說中國北方多暴力份子，南方多詐欺犯，因為一方多用拳頭，另一方多用腦袋。雖說如此，並非說到北方，就代表經常拍攝功夫電影。其實比起韓國，中國鮮少看到打鬥互毆的景象。在韓國發生的暴力事件，一半原因在於酒，另一半原因在於未使用敬語，兩者相加的機率即為一〇〇%。儘管中國人喝酒也大聲喧嘩、吵鬧，但是很少看見無理取鬧的情況。因為他們認為酒醉犯錯，是有失面子的行為。另外，由於日常生活中不常使用敬語，自然不會為此爭吵。這點和酒後為了敬語、非敬語問題爭吵，最後嗆聲「要打就來打，別出一張嘴」的血氣方剛的韓國人不同。

無論如何，以拳頭和腦袋畫分中國南北的現象，似乎有著深厚的淵源。這是因為長久以來政治權力偏向北方，而經濟實力偏向南方。經濟發達的地方，在金錢上精打細算，因此用腦較多。從歷史上來看，隋煬帝於一四〇〇年前開鑿大運河，即為其明證。當北方不眠不休地投入戰爭，導致田野荒廢、民生疲弊時，只得將腦筋動到南方豐饒的物資，但是這些物資無法透過河流運往北方。就算只有一條南北流向的河也好，然而中國西高東低的地形，造就了所有河流由西向東流的結果。若是建造南北向的大道，勢必得搭建無數座橋樑。既然如此，就把河流連在一起吧。於是大運河如穿針引線般，將黃河、長江、淮河、錢塘江、渭水等河流串在一起。如此一來，東南方長江三角洲上生產的作物，才得以經由兩千五百公里的河道運往西北方的西安。

元朝定都北京後，作物不必再送往西安，直接送往北方即可。這些作物經過泗水、海河等河流，抵達紫禁城後方的前海。如今已改建為公園的前海，據說曾經有一座可同時停泊百艘商船的碼頭。這趟三角路線的最後一邊，正是從前海到杭州的一千七百公里京杭大運河路線。近代以前，占有中國貨運量七八%的這座運河，其重要性更在鴉片戰爭期間得到證明。我一直相當好奇，再怎麼船堅炮利，擁有軍艦四〇艘、兵力四千人的英軍，如何能讓人口四億三千萬人的清廷俯首稱臣？原因就在於這座運河的封閉，發揮了關鍵性的作用。英軍在長江流域的鎮江一帶，阻斷糧食北送後，立刻對人在北京的道光皇帝帶來箝制的效果。

騎在天安門前的長安街上，與今日縮減為一般河川的大運河末段通惠河並肩東行。直到在通州遇上月亮河，轉向南進後，便與運河分道揚鑣，改為利用一〇三號國道南下。運河應該就在我身旁的某處流淌著吧。

天津是我南下第一個停留的地點。天津市區內，保留許多古意盎然的歐式建築。只是這些外來勢力侵略所留下的傷痕，處在尷尬的定位。如果覺得建築華美，似乎就正當化了侵略的行為。倒不如將之視為受到侵略所付出的一點代價，多少還能增添天津的文化多樣性。無論如何，這是天津的宿命。關於天津此一名稱的由來，最有利的一說，是明朝時封於北京的

天津租界地的夜景與袁世凱故居

朱棣越過此渡口，攻入南京，奪下姪子建文帝的皇位後，賜與當地「天津」之名，意指天子所渡過的津梁。朱棣正是日後派遣鄭和下西洋的明朝永樂皇帝。在永樂皇帝將首都由南京遷往北京後，位於北京一旁的天津愈發重要。因此，西方列強自然不會放過這座位於咽喉重地的都市。繼一八六〇年的英國與法國後，俄羅斯、義大利等八國聯軍於一九〇〇年再度進犯北京的咽喉，並定居於天津。

在租界地認識的新華社劉小川記者說：「這些建築物在社會主義建國以後，曾作為政府官署之用，因此避免了遭到拆除的命運。」在這些建築物中，也包含了面向海河的袁世凱故居。袁世凱無論在韓國或在中國，都得到不少負面評價。他踐踏了一九一一年辛亥革命後首度迎來的民主憲政幼苗，並自稱皇帝。從此之後，中國大陸便無緣經歷民主憲政。

我在河南省安陽也曾探訪過袁世凱墓，石碑上寫著「大總統袁世凱之墓」，而在辛亥革命後，將大總統一職讓位給袁世凱的孫文，其位於南京的墓碑上，則是刻著「總理孫先生」。由此看來，無論在歷史中犯下多大的錯誤，後人仍會依事實記載他們曾擔任的職位。但是差別在於，總理的南京陵不斷湧入大量人潮，而大總統的墳墓則顯得寒酸。這正是歷史所給予的評價。

大總統墳墓旁的布告欄上，可以得知其後人的近況。看見袁世凱後代的團體照時，還以為是袁世凱宗親會，原來全是直系後裔。到底有多少人呢？細讀簡介，方知五十七歲辭世的他，共娶了一妻九妾，兒女共計三十二人。這些後代又再生下四十七名兒女，因此光是直系後裔，就有七十九人。這種規模已非家族，而是部落了。孫文雖為總理，實則為人民的代表；袁世凱雖為國家的代表，實則為部落的酋長。一八八二年爆發壬午兵變，時年二十三歲的袁世凱進入朝鮮，直到中國於一八九五年的甲午戰爭中戰敗，才回到中國，二〇多歲的歲月幾乎都在朝鮮度過。他迎娶了當權派家族的女兒安東金氏，作為他的第二個妾。據說金氏起初原以為是嫁入正室。豈料就連隨金氏出嫁的婢女李氏和吳氏，袁世凱也一起迎娶，而妾的順位則以年紀較長的李氏為優先。

瞬間成為三妾的金氏，度過了鬱鬱寡歡的一生。朝鮮三名妾生下的兒女，在三十二名兒女中占有十五人。

雖然他的墳墓多次落入被搗毀的危機，不過多虧毛澤東的指示，將其墳墓作為負面教材，最後得以保留下來。袁世凱位於天津海河畔的故居，如今已改建為餐廳。一般大總統的住宅，都會被指定為紀念館加以保護的……。無論如何，袁世凱故居終究得以延續其生命力。這棟外觀華麗的二層建築，其暗紅色屋頂與淺灰色外牆形成了鮮明的對比。內部餐廳名為首府酒樓，為廣東料理專賣店。上門的顧客絡繹不絕，都想一嘗帝王等級的美食。

從年輕夫妻口中，聽見今日中國的問題

在這家餐廳前，遇見一對從北京來玩的年輕夫妻。二十七歲的太太張劍妍是英語教師，

首府酒樓

二十九歲的丈夫張雷是軍人。我向漂亮而性急的太太劍妍，詢問她對今日中國的看法，她回答我：「全是問題。」她說環境污染是第一個問題，「在我老家山西省太原，因為煤煙太嚴重，根本不能穿白色的衣服。」接著惋惜地說：「農民工必須到城市找工作，老家的孩子就在沒有父親的環境下長大。」一連串強烈的批判，又延續到食品安全和教育問題等。對於政府，她則是大表不滿：「在領土紛爭上，只會出一張嘴批判美國和日本、菲律賓等鄰近的國家，卻從來沒有行動。」看起來可靠且個性沉穩的丈夫，靜靜在旁聽著，最後只說了一句話：「還需要時間，慢慢等吧。」

「要解決這些堆積如山的問題，還得要修法才行。」正好她說出這句話，我趕緊問她怎麼修法才好，沒想到像機關槍一樣說個沒完的她，忽然沉默不語了。我問她，如果袁世凱曾經踐踏的民主憲政再起，人民有選舉的權利，國會議員們會修法嗎？她的回答是：「人太多啦，我的票會被拿去怎麼用，誰知道呢？」因為「人太多」，無法信任彼此；因為「人太多」，一旦獲得自由，不知道會引發多大的混亂，這是她的不安。從這趟旅行中遇見的大學教授、大學生、農民、商人、勞工身上，都能感受到這個共通的不安。

如果真正推動選舉，「人太多」的話，「何不區分為適當的規模再投票？」每次提出這個問題，中國人總會心生警戒。沒有天下統一，就可能造成天下大亂，中國人似乎仍對這種自古以來的二分法深信不疑。這是否就是一黨獨裁能夠被中國人接受的心理基礎？那麼袁世凱到底做錯了什麼？真令人困惑。對袁世凱的形容是「反動」，是近代追求封建權力之人。但是，今日權力的性格依然是封建的，不是嗎？

據說隋煬帝開挖運河最關鍵的河段，即連接黃河與淮河的運河，僅僅花了五個月的時間。這是因為每天動員了兩百萬的人力。唯有「人太多」，才有可能辦到。百姓經常是被動員的對象，而非自主的人格體，因此莫不衷心盼望社會安定，能不被徵召至戰場。

走了一圈租界地，來到海河畔，又遇見張氏夫妻。張先生正枕著太太的膝蓋，躺在長椅上。此時吹來輕拂髮稍的微風，兩人看起來更加甜蜜。對於今日中國已經進入擁有批判自由，夫妻倆可以在平日休假約會的安定社會，就該感到滿足了嗎？中國的下一個階段又將何去何從？從現階段看來，除了期待共產黨像啟蒙運動的君主那樣主動改變之外，也別無他法了。

42. 中國的大學聯考——高考當天

所謂旅行，是讓自己處於流動的狀態。所以任何一點風吹草動，都可能像蝴蝶效應般成為帶來新變化的契機，或是成為改變旅行經驗的開端。而這樣的過程，經常始於迷路。我從未想過，在旅行的途中，會在中國大學聯考考場外等待考試結束，採訪考完試的學生，甚至被當地媒體採訪。

離開大都市並不容易。我一面解開天津如迷宮般交錯複雜的道路謎團，一路向南騎，最後一如往常地迷了路，騎入天津師範大學校園內，進而引發接下來一連串的事件。我在校園內採訪了大學一年級學生，發布在微型部落格「me2day」，而看見這則文章的中國大一學生，也是me2day好友的Ａｊ，想起了自己一年前參加高考的經驗，於是留言告訴我，中國的大學聯考——「高考」，即將於兩天後的六月七日舉行，要我到考場看看。兩天後，應該是我經過山東省德州的時候了。一如過去在韓國擔任社會線記者那樣，我接到在中國採訪現場的指示，開始查詢兩百多公里外一座陌生城市的考場。

在此之前，先是在天津師範大學校園內的採訪。我停妥自行車，正要向人問路，才知道來到了女生宿舍前。女學生們吃過午餐，正要回房休息。中國大學生幾乎都住在宿舍，離家獨立，這點和韓國的大學生活不同。我在這裡遇見美術系一年級的徐英（音譯）、孫傅綺（音譯），和她們聊了許多事，而她們倆人都持有中國共產主義青年團團員證。據說十八歲以下的學生，都必須加入共青團，沒有例外。這點讓我深刻體會到中國是共產主義國家的事實。經過共青團才能加入共產黨，不過入黨與否端看個人。孫傅綺篤定地表示，自己毫無入黨的想法。原因是「想到海外留學，如果是共產黨員的話，不知道其他國家會不會拒絕發給簽證」。「不會這樣的。」我說。「無論如何，我是信佛教的，和共產黨否定有神論的理念不合。」從她的話中，我也讀出大學生對政治的冷感。

當然也有熱烈支持共產黨的學生。也是我me2day好友的張佳期，表示自己一定會入黨，「許多人未達到入黨的資格，所以才不想入黨。」她補充說道：「入黨審查包含了生活、學習、勞動、思想、道德、品行等多方面，如果在工作和學業成績特別傑出，也可以提早入黨。」

高考的正式名稱為「普通高等學校招生全國統一考試」，就像韓國的大學聯考。中國的學制與韓國不同，學年自九月開始，因此每年六月全國同時舉行高考。

經過河北省的滄州與吳橋縣，在兩天內抵達德州後，我四處打聽考場的位置。聽說上午十一點三〇分考試結束後，可以看見走出考場的學生，我立刻騎上自行車。在德州第一高中校門前的道路上，警察正站在兩旁管制車輛通行，而前來迎接考生的人群熙來攘往。考完試的考生三三兩兩離開考場。他們吃過午餐，還得再回學校，繼續下午三點開始的考試。雖然各省可能稍有差異，不過中國高考一般分為上下午，連考兩天，像山東省一樣得再多考半天的省份，也不在少數。

每年高考的話題——作文題目

為了報導考生和考場，電視台和新聞台派出人量記者駐守現場，我也把自行車停在某處角落，提著攝影機加入這場採訪戰爭。抓住三名還沒卸下考試緊張情緒的考生，急著問「考得好嗎？」的我，看起來相當滑稽。考題簡單或容易，其實我完全不在乎。就像在玩「小小記者遊戲」一樣。外表長得聰明伶俐的兩名男學生和一名女學生，露出開朗的笑容，說自己「考得不錯」。現在只剩下一科國文了。他們聽到韓國一天之內考完所有科目，都說羨慕死了。但是就算緊張，把考試時間拉長為三天，不是更能發揮實力嗎？還是既然條件相同，倒不如一天內考完比較好？

每年高考最重要的話題，就在作文題目。先給一段簡單的例文後，讓考生在一小時內完成八百字以上的作文。這段例文的創新與否，甚至可能成為整個社會的話題。記者多向考生詢問作文例文的內容，藉此判斷考題的難易度。一名考生答道，題目出自於孫文語錄中的一段話，又說考題刁鑽。後來經過確認，山東省的例文是下列語錄中的一段話，讓考生寫下自己的感受與心中的想法。

山東省德州第一高中前結束高考的學生們

> 我輩既以擔當中國改革發展為己任，雖石爛海枯，而此身尚存，此心不死。既不可以失敗而灰心，亦不能以困難而縮步。精神貫注，猛力向前，應付世界進步之潮流，合乎擅長惡消之天理，則終有最後成功之一日。
>
> ——孫中山

這段例文，不著痕跡地置入愛國情操與為國捐軀等的價值。中國高考作文的特點，就是不考作文中必要的批判性思考（critical thinking）。這是因為擔心批判性思考的目標指向共產主義體制嗎？作文題目大多是強調義務的例文，並詢問考生對此的看法。同一天在北京舉行的高考作文，題目更直接，以不久前中央電視台播報的鐵路巡查員老計為題。

老計一個人工作在大山深處，負責巡視鐵路，防止落石、滑坡、倒樹危及行車安全，每天要獨自行走二十多公里，每當列車經過，老計都會莊重地向疾馳而過的列車舉手致敬。此時，列車也鳴響汽笛，汽笛聲在深山中久久迴響……

題目是「大山深處的獨自巡視，莊重的敬禮，久久迴響的汽笛……，這一個個場景帶給你怎樣的思考？」這分明是要引導學生寫下這樣的答案：無論從事什麼樣的工作，只要是對該職業付出所有熱忱和犧牲的人，都是最動人的；而有了這些人，這個社會才能達到安定與和諧，亦即中國政府提倡的「和諧社會」。在其他省的作文考試題目中，也可以感受到某種禁忌與謹慎。其中，安徽省的作文例文堪稱一絕。

某公司車間角落放置了一架工作使用的梯子。為了防止梯子倒下傷著人，工作人員特意在旁邊寫了條幅「注意安全」。這事誰也沒有放在心上，幾年過去了，也沒發生梯子倒下傷人的事件。有一次，一位客戶來洽談合作事宜，他留意到條幅並駐足很久，最後建議將條幅改成「不用時請將梯子橫放」。

這則故事告訴我們，不要過著流於習慣的生活，應培養時常以新的眼光來尋求澈底解決之道的態度。只是，如果中國百姓真的開始以這樣的眼光要求改革，中國共產黨承受得住嗎？

考生全部離開後，校門前瞬間變得冷清。才剛考完第一科，已經零星出現專門找考試失利的學生發傳單的人。此時，我的身影彷彿退潮後露出的貝殼，被當地記者發現了。當地媒體《齊魯晚報》的兩名記者，向我提出採訪的請求。也許在他們看來，校園口的風景到哪裡都一樣，但是從韓國來的「作家」，因為對中國高考感興趣而前來採訪，頗有花邊新聞的價值。於是前來採訪的我，忽然變成被採訪的對象。他們問我，韓國是否也高度關注高考，我給予肯定的答案，並且簡短發表如下演說。

「無論在中國或是韓國，普遍認為大學考試成績的好壞，決定未來的職業，甚至是未來的人生，所以高考就像過去的科舉考試一樣，被認為是國家層級的大事。我認為這個社會不能只以一次考試定奪，應該再給第二次、第三次的機會。」

表面上像是社會領袖般振振有詞，其實心裡想的是，「為什麼我會在這裡說這種話？」「來到中國旅行，還盡做些奇奇怪怪的事呢。」為了結束「尷尬」的「記者遊戲」和「老師遊戲」，我趕緊騎上自行車，繼續向南方前進。

43. 聽過嗎？從小洞爬上泰山的故事

我正前往「泰山雖高是亦山」（譯註：出自韓國朝鮮時代初期文人楊士彥的〈泰山歌〉）中的泰山。從山東省德州來到濟南，再從濟南直直向南騎七十六公里，應該就能抵達泰山。時間抓得寬鬆一些，大約是三、四小時的路程。吃過午餐後出發，在一〇三號省道上騎了兩個多小時，左邊便可看見金宮山莊。數十棟平均要價兩百萬人民幣以上的別墅，坐落在可遠眺大片湖泊的山麓上，禁止閒雜人等進出。如今在中國，即使居住區域的劃分強烈表現出貧富差距，似乎也沒關係了。

從這裡開始，出現一〇三號省道和五五號縣道的V字岔路，而我選擇了五五號縣道。一〇三號省道則是和泰山漸行漸遠。「只要再兩個小時，就能輕鬆抵達泰山了。」大約過了一小時，以手機確認位置後，才知道是騎上了一〇三號省道。想來應該是一開始走錯了路，和泰山的距離並未縮減。當地居民說，到泰山還有三十五公里遠。我再度騎回縣道，越過一座山坡後，心想「這次真的快到了吧」，邊拿出手機確認，竟又是一〇三號省道，就像鬼擋牆一樣。當地居民告訴我和泰山的距離，依然是三十五公里，而且在天黑之前，還有一個不容易越過的險峻山頭。為了擺脫這個「魔咒」，我決定硬著頭皮騎下去。如果在這裡住上一晚，還不知道會發生什麼事情。

我一面和太陽下山的速度賽跑，一面氣喘吁吁地越過人跡罕至的山路。道路如同秦嶺山脈般蜿蜒曲折，層層疊疊勾勒出馬蹄形的漩渦。在奮力騎上山頂之際，太陽已經落入遠山中，不過黑夜仍未籠罩大地。接著是令人恐懼的急陡坡。山谷中充滿了栗花的味道。加速再加速……。兩個小時後終於抵達某座村莊，聽到距離泰山還有三〇公里，我立刻雙腿一軟。眼前的黑暗，是我用雙腿也無法克服的事實。而我依然還在一〇三號省道上。

幸好在黃前水庫附近，有一間兼做餐廳的旅館。他們像是第一次接待客人般，領我到三樓角落的房間，又匆匆忙忙拿來床單和枕頭、衛生紙捲、牙刷等物品。這種地方，最適合做人肉包子了。附近沒有人家，也沒有燈火，怪異的聲響時而畫破黑暗的帷幕，周圍漫起濃重的霧氣，就連手機也收不到訊號。我沒有任何證據，可以證明我曾經來過這裡。房門無法上鎖。在我所有的家當中，最能作為凶器的物品，只有如鉛筆般細長的攜帶型打氣筒。心中升起不祥的預感，似乎今天發生的所有事情，都指向了這個結果。我豎起耳朵，仔細聽一樓是否發出磨刀霍霍的聲音，聽著聽著，便沉沉入睡。

結果，整夜只有被蚊子大軍攻擊。旅館主人要是知道我昨夜的恐懼，肯定會捧腹大笑。在中國，有內餡的稱為包子，沒有內餡的稱為饅頭，而這間店只賣饅頭。早餐吃過一顆飽滿的饅頭，又帶了一顆在背包裡，朝泰山出發。回想起昨晚的噩夢，原來Google地圖設定的路線是登山小路，一開始就不是自行車可以走的道路。騎上自行車可以走的道路後，又一

登泰山的路上

直回到一〇三號省道上；加上省道的行進路線為斜線，一直與泰山保持相同的距離。今天的目標是早早登上泰山，再進入泰安市區。

泰山明明是著名的觀光景點，路旁卻盡是販賣石山水石的店家。在大津口問路時，路邊攤商正與客人吵得面紅耳赤，最後攤商的嗓門壓過了客人。順著攤商所指的道路，騎到大腿即將炸裂之際，終於出現了一座村莊，有一間只有兩張小桌子的餐廳。餐廳大媽說這裡是泰山後山，並告訴我如果要去前山，得往下騎四〇公里。幸好就在我快要昏倒之前，她說從後山也可以上泰山，兩個半小時就可以爬上山頂。於是我將自行車與行李寄放在餐廳，帶著一瓶水和一顆饅頭出發。

上泰山的兩種方法

泰山位於中國五嶽中日出的東方，占有相當重要的地位。自信已治理好天下，或是有心治理好天下的歷代皇帝，在此遙望象徵上天的太陽，舉行封禪儀式。為了讓皇帝乘坐的轎子入山，因而修築了通往山頂的七千個階梯。但是後山一個階梯也沒有，更看不到登山遊客。我帶著忐忑不安的心往上走了一個多小時，眼前出現一座管理崗哨。年輕的管理員和上年紀的工人將我攔了下來，說前方道路因「危險」而封閉。兩天來吃盡各種苦頭，終於來到這裡，如今竟要我下山……。

於是我開始求情。管理員從崗哨內拿出一張海報，是從今年二月起禁止攀岩的官方公告。「外國人怎麼會知道？我特地從韓國來到這裡的。」然而他們不顧我的懇求，轉身將公告貼在牆上後，拍拍雙手。工人更可惡，對我擺了擺手，甚至推了我的背。由於先前嘗過中國人通融的滋味，我開始發動抗議。我說，如果要付罰款的話，現在可以立刻支付，試圖誘導他們。又拉開嗓門抱怨，說山下就應該貼告示才對，怎麼可以到了這裡才貼，而且還是現在才貼。在管理員就要露出動搖的神情時，我再繼續拉高聲量爭論，然而經過三〇分鐘的交涉，最終仍宣告失敗。

我有氣無力地踩著踉蹌的步伐下山，正巧遇見一位年輕人上山，手上還搧著巨大的扇子。他是今年二十四歲，在製藥公司上班的孫紹。這條路也是他第一次走。我告訴他前方道路封閉，免讓他受上山之苦。他笑著說上山看看再說。「如果你能通過那座崗哨，那世界上就沒有能難倒你的事了。」說完這句話後，我轉身獨自下山。

接著又遇見兩名登山客。雖然已是五〇歲的年紀，登山倒是一派輕鬆的張瓊，以及他身旁稍胖的朋友。張瓊還沒聽完我說的話，便制止我說下去，要我跟著他走。他相當熟悉這一代的地形，淨走些彎彎曲曲的小路。我深怕跟丟了救世主，亦步亦趨隨他們上山，不料從對面稜線的登山路下山的管理員，竟將我們逮個正著。他高聲對我們大喊。張瓊不斷說「上去一下就下來」，但是管理員認出了我。眾人原本要爬上山頂的意圖，因我而洩漏了。我深怕計劃因我而搞砸，一句話也不敢吭聲。這時張瓊不知道說了什麼，向對方高喊幾聲後，管理員才帶著不耐煩的表情下山。

我們從鐵絲網間的小洞鑽出，此時崗哨處傳來吵雜的聲響。也許是孫超正和工人發生爭執吧。此時，不知道是誰在我的me2day上留言，手機發出「叮咚」的通知聲。張瓊轉身看我，將食指放在嘴唇上。我趕緊將鈴聲轉為震動，瞬間有種拍電影的感覺。我們一行人採低姿迂迴繞過崗哨後，進入登山路。洋洋得意的張瓊說：「上有政策，下有對策。」

但是不久後，孫超竟然和那位工人一起上山來了。他氣喘吁吁地上山後，開心地和我握手。「怎麼說服他們的？」他說：「等到管理員下山吃午餐後，就和工人一起上來了。」

「那工人呢？」「只有管理員在的時候，工人才會嚴格管制。其實他根本不在意。」在我們採低姿爬上山的同時，他巧妙利用權力關係，最後直接從登山路走上來。正所謂「人外有人」，老百姓再怎麼耍小伎倆，也只有腦筋靈活的人吃香。

張瓊叮囑我好好記住上山的路，他們都要從前山下山。我的水已經喝光了。後山儘管隱密且風景優美，然而上山足足花了三個半小時，並非餐廳老闆預估的時間，所以一瓶水不夠喝。泰山山頂沒有賣水的地方。張瓊讓孫超拿著我的水瓶，到山頂附近建築物內的廁所取水來。說是自己太常做這種事，臉已經被記住了。也許是看出我的心思，他補充說，那間廁所的水是山泉水，沒事。但是孫超卻拿著空瓶回來。每個人的天賦果然不同。和他們道別前，我說明天要去孔廟所在的曲阜，張瓊最後向我道別，告訴我：「那裡沒有小洞，你乖乖買票從前門進去吧。」

他大概是以為我想省門票錢，所以才這般大費周章的吧。也是，看見外國人放著正門不走，而是從當地人才知道的路進來，難免會如此聯想。這一切實在太有趣，下山的路上，我越是回想，越是無法停止大笑。我看起來真的像乞丐嗎？

餐廳大媽抓著我，要我睡一晚再走，無奈我的行程太過緊湊。原本在無花果樹下寫英文作業，特地過來為我準備食物的中學生女兒，看起來也有些失落。父親前往泰安工作賺錢，只有母女倆相依為命的山間小屋內，難得出現生氣，如今又將歸於平靜。我很感謝，也很抱歉。任誰都不會故意迷路，但是因為迷路，這趟旅行變得更令人回味。

泰山頂上的寺廟內，見證愛情恆久的沉重鎖頭堆成如貝塚一般

44. 目標打造媲美麥當勞的「洪燒餅」帝國

京杭大運河雖號稱一千七百公里，實際連一半都不到。勉強創造大自然中不存在的事物，果然無法長久。所謂運河，得容許船隻通行才行，但是黃河以北已喪失運河的功能。大量廢水與垃圾，造成嚴重的優養化現象。這也是與萬里長城並稱中國兩大工程的大運河，無緣列入世界文化遺產的原因之一。

和大運河並肩同行的願望，一直要到江蘇省才實現。大運河中最美麗的一段，是懷安至江都長達一五〇公里的三三七號省道。左邊沿途有數座千年古城，右邊則有運河流淌。沒有貨車來往，一派幽靜。這裡的水上貨運量，要高出陸上貨運量許多。自南方載運穀物，抵達北方卸貨後，可再從北方載運泥沙、碎石、煤炭向南。亦可見為節省燃料，將十餘艘船連接在一起的船隊，在運河上綿延運行的景象。船員在船與船之間輕盈走跳。卡其色的船身上，紅色五星旗正迎風飄揚。和船隻的競速比賽，其實頗為無趣。一艘掛著清洗衣物的船正要超前，我只要加快自行車的速度，在下一處高聳的行道樹間等候，船隻就會滑過我的相機鏡頭。雖然船隻時速不到十公里，不過仍會比我更早抵達杭州。船隻的運行不分晝夜。

中國能夠發展為大一統國家而沒有分裂，大運河扮演的角色亦功不可沒。在歐洲，河流的分布造成部落甚至國家的分裂；而在中國，南北向的大運河連結了東西向的河流，國家由發達的水系串連在一起的地理主體性，也深深烙印在人們腦中。不僅如此，中國早已透過大運河，建立起「戰爭在北方，補給在南方」的分工體系。由於大運河促使內陸運輸發達，自然也導致海上運輸無法獲得發展的機會。除了鄭和下西洋等例外情況，中國鮮少將目光放在海洋上。於是就在某一大，「黃頭髮」從海的另一邊殺入中國。

我對船上的生活相當好奇，想方設法要搭上船。但是必須先滿足兩個條件：一、船隻停在渡口；二、船主心胸寬大。在淮安附近，當我看見一名女性與就讀小學的女兒，從停泊於渡口的船上走下來時，立刻跟了上去。住在水上的孩子，要如何接受教育？一問之下，原來她們在這附近有自己的房子，可以天天上學。我似乎把她們當成活在二十一世紀的吉普賽人了。

這名母親頭戴帽緣寬大的草帽，面容白皙而泛著紅暈，一副江蘇女性的容貌。沿著大運河旅行的樂趣，在於可以觀察南北的差異。河北省女性的身材與骨骼較大，山東省也是如此，而位於其南方的江蘇女性，身高較矮，皮膚薄且白，看起來也漂亮。大運河的出現，必然促進了南北的交流，北方居民經此運河遷居南方，躲避戰禍，也必定與當地大量混血，然而南北方原生差異仍保留至今，確實奇特。當時從北方南下的難民被稱為「僑民」，就像今日對待海外同胞的稱呼，足見彼此極為陌生。這在距今超過千年的過去開始，就已經上演。儘管如此，這樣的差異仍保留至今，可見過去又是更不一樣的人種了。還有另一個謎團是，南方男性的皮膚為什麼不白？

這對母女相當害羞，對話難以進行。不過問到她們可否上船參觀時，她們竟爽快地答應了。欣喜之餘，登船時險些跌進河水裡。從渡口上船，得通過傾斜的狹窄長板。搖搖晃晃地走進船艙時，我的老天，丈夫正站在船內，瞪大了眼睛。我指著站在渡口上的太太，但是不知道丈夫是天性冷漠，還是不打算收起不悅的神情，一句話也沒說。

既然沒有遭到驅逐，那就不客氣地參觀了。這是一艘漁船。船艙內有一張同地板一樣大的床鋪。天花板低矮，起身時想必經常撞到頭。「所以丈夫的頭髮才如此稀疏嗎？」床既是書桌，也是餐桌。床上貼有圖片和漢字對照的海報，便於女兒學習文字。每一寸空間都發揮到最大限度。在河上的小木屋內窩在一起生活，家人間的關係想必會更加緊密。

丈夫終於開口了。「出去吧。」同樣的情況發生在我身上，也會覺得莫名其妙吧。躺在房間內，一名身材瘦削，穿著牛仔褲的怪異男子忽然闖入，翻看家裡的物品，對著家裡各個角落猛按快門……。但是他依舊沒有趕我走。我慢條斯理地走下船，一邊想著下次想再上更大的船，看來我真是個厚臉皮的傢伙啊。

回國後，不如就在公司門前擺燒餅攤吧？

在旅程之初經過江蘇省時，對南方的特色還不清楚，繞了北方一圈後，立刻明白了。越

夫妻倆合力製作的包子

往南走，屋頂越尖，因為越靠近南方，雨量越多，必須盡快排水才行。而排出的雨水流入江河、湖泊，同時也灌溉了農田。即使是冬天，南方的氣溫也不會降至零度以下，稻米年可二熟。過去這段時間只吃麵食的我，發現了蓋飯的新世界。對於認為中國料理油膩的觀光客，我特別推薦蓋飯。蓋飯在中國稱為「蓋澆飯」，不需要特殊的料理方法，只要將蔬菜和肉等食材炒熟，置於飯上即可。如果上面放的是炒青椒和肉絲，就稱為青椒肉絲蓋澆飯。總之，因為飯沒有一起炒，較不覺得油膩。

正所謂「淮橘為枳」，以淮河為界，南北出產的作物各不相同，因此我所吃的主食也隨當地改變。從上海往西至西安時，主要吃麵食；從西安往東至北京時，主要吃包子和燒餅；而從北京向南前進，至山東省曲阜為止是煎餅，往南則是蓋澆飯。

如果說包子是將酵母放入麵粉內，發酵後蒸熟的食物，那麼河南的燒餅就是不放酵母，直接將麵糰放在火爐上烤的食物。烤好後，像漢堡一樣將燒餅中間打開，淋上醬料，再夾入鐵板上烤好的蛋、火腿、綠豆芽、生菜等內餡。比我喜歡吃的麥當勞早餐滿福堡更美味。價格在兩元左右。回韓國後，倒是不必擔心下一份工作，不如就在上一個公司門前擺燒餅攤吧？職員們念在往日情誼，來往公司的途中必定會上門買份燒餅，也許之後打開知名度了，還能進軍連鎖企業，打造足以媲美麥當勞的「洪燒餅」帝國。不知道為什麼要加上「洪」字的人，請參考我的姓氏。我邀請在三門峽賣燒餅的夫婦，一起去韓國打天下，他們要我幫忙支付交通費。不僅如此，還得申請簽證，將火爐和鐵板運往韓國，再安排夫婦住宿的地方，他們的孩子要上哪間學校……，想來就頭痛。可是，直接將醬汁的秘訣學起來，由我親自來做，倒又變成抄襲了。我還是乖乖騎自行車吧。

另一方面，煎餅的種類各地區天差地遠，暫且定義為在鐵板上油煎的食物吧。它可以像韓式煎餅一樣，一次將所有材料拌在一起，再下鍋油煎，也可以將各種材料放在煎餅上，再捲起食用。在天津，一般將煎餅煎得大一些，放上油條捲起，稱為「煎餅果子」。聽說到山東一定要吃煎餅，為此我特地前往泰安的市場尋找煎餅，這裡的作法是將麵糊倒在巨大的鐵鍋上，旋轉鐵鍋，煎成像草蓆一樣大片的薄煎餅。我不知道吃法，只好將這片煎餅折成兩半吃，後來得知也是要放蔬菜和肉再捲起來吃。難怪味道這麼單調啊……。之後我隨身攜帶煎餅，到餐廳單點麻婆豆腐等料理，包進煎餅一起吃。

關於食物的話題就此打住，現在該是告別和運河平行的三三七號國道的時候了。在漸黑的河面上，丈夫撒網、妻子划槳的漁船，畫出一道道銀色的水波。一時令我思鄉甚切。回家的日子不遠了。我再度跨越長江。從南京前往安徽省時，騎經長江大橋渡河，照理說回程也應該過橋，不過最後搭上了一艘大型快艇。終於如願以償搭上大船。五〇多天前，為造訪賽珍珠故居而進入的鎮江，正位於河的對岸。用力踩下踏板，騎著自行車隨其他車輛下船登岸。三角路線的最後一個頂點，如今即將抵達。

45. 四八七三公里長程完勝，邁向三角路線的終點

越過長江，前往杭州的路上，迎面遇上太湖。太湖是繼江西省鄱陽湖後，中國第二大的淡水湖。原本排行第三，因湖南省洞庭湖面積日漸縮減，近年才超越洞庭湖。太湖面積為二三三八平方公里，即使將整個濟州島（一八四八平方公里）放進去，水也不會濺到太湖附近的常州或無錫、蘇州、宜興、湖州。前提是得將濟州島直直拿起，再輕輕放進太湖內。

該如何繞過太湖？往東，穿過蘇州、嘉興，可沿著京杭大運河走，但是和去西安時走過的路重疊；往西，雖然離開京杭大運河，但是路程較近，且都未走過。若要在兩天內抵達杭州，還是往西走吧。如果是在遠古時代，肯定不會有這樣的煩惱。太湖原是黃海曲折海岸線中的一段。實際騎在一〇四號國道上，往下眺望太湖，真是一片茫茫大海。不過遠古時代並非真的大興土木，將這一望無際的海灣建設為湖泊，而是長江與錢塘江持續帶來豐沛的泥土與砂石，將海灣圍起後，才開始蓄積雨水，排出鹽分。如此一來，盛產銀魚、白魚、白蝦的淡水湖便完成了。當然，這是比北京猿人出現更早以前的事了。近來也有此一說：五千萬年前隕石掉落地球，產生大坑洞，四千萬年來不斷蓄水，直到一千萬年前才形成湖泊。從大自然的時間來看，人的一生不過是朝生暮死。

西邊道路的山坡比想像中的多。從西安或北京前往杭州，即使走太湖的西岸更近，多數人仍走東岸，現在我似乎知道原因了。每當出現岔路時，我總想著沒走過的路也許比較好，對此耿耿於懷。但是旅行久了，深深明白一個道理：不好的路不一定都是壞事，好的路也不一定都是好事。好路與壞路總是接連出現。今天走太湖西邊所經歷的事情，既無法重演，也無法翻轉，注定成為我生命中的一部分。

情緒激昂的最後一天

最後一天從浙江省長興縣出發。前一晚飯店的職員看見我的穿著，誤以為我是來參加自行車大賽的選手，給我了一個大房間。但是樓上KTV嚴重走音的歌聲，吵得我整晚無法入眠。平時不管再怎麼吵鬧，我都能倒頭就睡，但是前一晚格外敏感。如今旅程即將進入尾聲，想起準備這趟旅行的過程，不知怎地忽然熱血沸騰起來，內心一陣怦然心動。

那是七年前完成橫越美國之旅，回到位於密蘇里州哥倫比亞住家後的事了。我向住在屋前、來自上海的大媽學習中文，由此揭開了這趟旅程的序幕。上海大媽有個兩歲女兒「安心（音譯）」，安心無法忍受我有一時半刻霸占母親的關愛，在一旁吵鬧不休。「孩子都這樣的啦。」上海大媽一邊餵安心吃飯，一邊為我進行免費的中文課，但是安心踢走飯碗，繼續「挑釁滋事」。最後只得放棄上課，請大媽錄下發音給我，我再聽錄音機自學，從此以後，

結束旅程後，計速器上顯示4873km

安心每回看到我，總是無法放下戒心。為什麼我會想起那孩子？那時候我的中文能力還不如安心。也許是想到那樣開始的一件事，就要在今天畫下句點，所以更想反覆回味吧。無論如何，這不就是一趟遞出辭呈後，說走就走的旅行嗎？可是卻令我感動莫名。

今天預計先到福州路上的筆墨博物館參觀，再往南至杭州，全程共計一一五公里。其實我無法預測將花費多少時間。從山東省曲阜出發後，每天都無法順利抵達目的地。總騎乘距離已經超過四千七百公里。抵達杭州後，將突破四千八百公里。起先在家以Google地圖計算路程時，總距離為三七四八公里。若再算入一〇%的迷路容許誤差值，三角路線的總騎乘距離應是四千兩百公里。光是自行車騎一千公里，已經相當不容易了，可見得我迷路的路程有多長。

不過這也不能說是打破目標。早知道從抵達虹橋機場那天到離開為止，每天得騎八〇公里，我肯定會放棄這條路線。橫越美國時，也在八〇天內騎了六千四百公里，等於一天騎乘距離為八〇公里。然而即使是同樣的八〇公里，現在每天得多騎兩小時，表示速度已經慢了不少。分辨道路的感覺也變得遲鈍，四處迷路，經常在體力臨近極限時，日頭早已西沉，只得在附近村莊隨便找個棲身之所。

於是隔天為了追回未騎完的路程，更加鞭策自己。起初看似目標有望達成，不過結局依然不變，半路上又遇上落日……。儘管接連數日遭遇那樣小小的挫折，最終還是及時抵達了杭州。該怎麼說呢？嗯，這是有虐待狂，喔不，是被虐的傾向。每天訂下挑戰性極高的目標，不斷催促、鞭策自己，如此一來，即使距離目的地尚有一小段路，終能游刃有餘地完成最終目標。雖然想當個悠哉悠哉的自行車旅人，但是我的DNA還是將旅行轉變為競賽模式，也就是在簽證允許的六〇天內騎完中國的單人競賽。由於我是一旦訂下目標，就會全心投入的個性，因此迷路的一千公里，反倒成為我寶貴的經驗。要是沒有迷路的話，比起行程較寬鬆的旅行，我還是會盡可能在五〇天內騎完六〇天的行程。

由於每天停留在計劃以外的地方，才得以一訪項羽故居、墨子紀念館、周恩來與朱自清的故居，並且得知孔子與孟子年代雖然相差百餘年，卻是在山東省彼此相鄰的村莊長大，可說是前輩與晚輩的關係。更重要的是，與中國老百姓的邂逅，是這趟旅程的精髓。即使物質生活不那麼充裕，待人卻不刻薄吝嗇，常保樂觀態度的老百姓，是西方作家的書籍或旅遊報導中看不見的新面貌。和他們在一起，我的旅行得以安然無恙且收穫滿滿。

寶貴的一〇〇〇〇公里迷途

三角路線的最後一個頂點，具體位置在京杭大運河南端的拱宸橋。即使是最後一天，我依然迷了路，甚至騎入連道路也沒有的農村。浙江省的農家規模極大，連美國的農莊也望塵莫及，令人咋舌。三層樓高的獨立住宅連成一排。房屋雖大，結構卻有如樹上的鳥巢一般。多數住宅的一樓作為儲藏作物或農機具的倉庫之用，二樓以上為住家。「南巢北穴」的稱呼，便是這麼來的吧。由於北方寒冷，人們住在如洞穴般四面封閉，風不易吹進的四合院裡，而南方溼熱，人們將房屋蓋得又大又高，便於通風，並且住在高處。也許是因為這樣，比起受政治壓迫的北方，南方的生活看起來較悠閒自在。

進入杭州後，迷路得更嚴重。道路迴轉、交叉、合併、蜿蜒、分岔……。每當此時，總得停下自行車，查詢手機地圖，找出正確的道路。心情煩躁卻又焦急。至今已經騎了兩個月的自行車，屁股依然疼痛。在太陽下山前，得盡快抵達拱宸橋，至少還能拍一張紀念照……。杭州和格子狀道路的北方都市不同，也許是市區內有一座西湖，導致地形極為複雜，整座都市的模樣為不規則狀，道路也糾纏在一起。不知道是否因為這樣，才能綻放出多采多姿的南方文化，總之對於初來乍到的我，有如墜入五里霧之中。

我並沒有倒數：「距離終點還剩一百公尺，五〇，一〇，五，四，三，二，一。」反倒是不知道問了幾次：「拱宸橋在哪裡？」終於在日落之際抵達的拱宸橋，是一座行人專用的拱橋，但是上面的人潮眾多，讓人擔心下一刻會不會崩塌。就連牽著自行車上橋，也遭到旁人側目。雖然想細細品味抵達萬里長程終點的這一瞬間，但是人潮已將我淹沒。有人問我從哪裡騎來的。我說從上海出發，他們立刻露出「上海距離這裡不過數百公里，何必這麼誇張」的表情，所以我又說繞了西安、北京才回來，對方這才睜大眼睛，對著我猛拍照，甚至爭著要和我合照。我很感謝忽然變得這麼熱情的群眾，但是此時我想獨自一人。我趕緊下橋，而人們不斷跟上來。雖然我在內心呼喊「放過我吧」，不過這裡可是中國。

46. 這裡沒有什麼事不可能發生

我在杭州西湖湖畔的青年旅館住了三天，一邊準備回國事宜。其實沒有什麼該準備的，主要是打包自行車和行李，但是這裡沒有我熟識的自行車行，整理起來頗費一番功夫。我在中國搜尋引擎百度上搜索，找上一間自行車行，看起來心地善良的老闆大叔告訴我，會替我到附近的宅配公司買紙箱回來，要我隔天再來。隔天他沒有買紙箱回來。我們一起去的宅配公司，都沒有符合自行車大小的紙箱。年輕職員不知道打電話到哪裡詢問後，告訴我必須分兩個紙箱寄才行。費用竟要一千兩百元。我說搭機託運就行了，不必宅配，職員一聽，立刻請我抽根菸，意思是要找我協調價格。我在中國曾多次看過人們一邊抽菸，一邊你來我往，最後彼此握手，完成交易。

這已不是協調什麼的問題，而是價格太不合理。我拒絕了香菸，牽著自行車走出門外，在杭州市區內四處繞轉，尋找願意為我打包的自行車行，但是卻遍尋不著自行車行的蹤影。如果沒有打包好，明天就無法回國；明天回不了韓國，簽證六〇天已經超過一天，再多停留可能會加重罰鍰，下次再進入中國時，也可能因此被刁難。六〇天來陪伴著我的「萬里馬」，瞬間成了沉重的包袱。我急得像熱鍋上的螞蟻，四處打電話。其中一通電話要我先去

DAHON的賣場看看，那是一間距離西湖湖畔頗遠的自行車行。騎了四〇分鐘才抵達，年輕的職員先問我自行車是不是DAHON的產品。聽到這個問題，心頭忽然一沉。我沒有信心說服職員，說家裡有DAHON的產品，但是要請他打包這台SCOTT出產的自行車。於是換個方法，將這次自行車之旅的點點滴滴告訴他，他聽完之後，對我豎起大拇指，連連稱讚「你真棒」。並且從新的紙箱內取出自行車，用該紙箱打包我的自行車。我問他紙箱的費用和打包費，他只跟我要了兩元的紙箱費。兩元和一千兩百元的差別。任何一個社會都會有好人和壞人，但是在中國所經歷的代價相距極大，為六百倍。

問題還沒結束，還有自行車紙箱的搬運。我用盡全力將紙箱搬到DAHON專賣店的對街，卻招不到一台車。計程車司機們說紙箱放不進去，接連拒絕我。平常路上常見的三輪車，都到哪去啦……。還是先到前面的餐廳吃飯再說吧。餐廳老闆娘的面容白皙方正，具有回族的血統。好撒馬利亞人大概就長得那樣吧。她聽完我的狀況，和丈夫、兒子討論了好一會兒。原本我的計劃是：翌日一早到車站，搭高鐵至上海虹橋機場附近的車站，再搭計程車到機場，搭乘下午三點三〇分的飛機回國。

不過那是明天的事，眼前最迫切的，是將自行車紙箱從這裡搬到西湖湖畔的住所。一問之下，才知道西湖湖畔是觀光特區，三輪車因有礙觀瞻而禁止進入。就算現在可以帶回住所，翌日一早還得煩惱如何載到車站。如果這時候有一個開ＳＵＶ的朋友，所有問題就能迎刃而解了……。

老闆娘夫妻說，像這樣體積龐大的箱子，恐怕無法帶上高鐵，不如搭長途巴士，既可以帶上巴士，又可以直接在虹橋機場下車。因為巴士站離這裡不遠，他們建議我先把自行車紙箱放這裡，明天再為我找好可以載行李的車子。接著又說，比起只需五〇分鐘的高鐵，巴士雖然需要兩個小時，速度相對較慢，但是若能早上十點搭上巴士，就萬無一失了。若一切照他們所說的進行，中午十二點左右即可抵達虹橋機場，飛機起飛時間在下午三點三〇分，即使搭巴士去機場，也還有三個半小時的緩衝時間。我滿心感謝地將自行車紙箱和行李交給他們，便回到住所。

將彼此放在心上的過程

已經做好回國的準備，現在總算能安心好好遊覽西湖一番了。我乘船參觀西湖上的小島，在回程途中，有兩名女高中生請我幫忙拍照，我也趁機與她們攀談。她們是剛結束高考，從台州來玩的高三生。還想著在中國的最後一頓晚餐不想獨自一人，正好就出現了同伴。我們在稍微高檔的複合式餐廳，點了一大桌的菜來吃。正要結帳時，兩人要了帳單來看，說是想確認什麼。我知道她們心裡在想什麼，她們想遵守不能讓客人付錢的中式禮節。對於年輕的學生也這麼有禮，我感到相當驚訝。我說讓你們請客太不像話了，一邊結完帳後，兩人就像失去魔法的灰姑娘，顯得悶悶不樂。

不只有她們如此。在旅行途中，我得到許多中國人的善意。從河北省前往滄洲的路上，在鄉間道路旁一間老舊的餐廳內獨自用餐時，一位原本在屋內用餐的中年男子走來，點了一碗湯給我，並且替我買單。在山東省德州的餐廳老闆不肯收我的錢。還有從泰山下山當天，在前往泰安的路上遇見兩家人，他們邀請我一起吃晚餐，並且開著SUV跟在時速二〇公里的自行車後，護送我一路到餐廳。無論後方再怎麼鳴按喇叭，他們的SUV仍擋住一條車道，緊跟在我身後。多虧於此，我才能在中國享受到最舒適的一次騎車。

我從他們的好意中，同時也感受到內外之分。中國人的內外之分嚴明，這大多用在負面的意義上。也常有人說，因為強調內外之分，反倒沒有公私之分，只要建立了關係，就是自己人。我在道路上旅行，而有了這樣的感受：道路是外在領域，先占者為王。只要不是在大城市，任意霸占道路作為汽車修理空間，或是擺攤做生意，都沒有問題。路旁成排的店家，將垃圾傾倒在路上，而道路旁也是世界上最長的廁所。

但是明確的內外之分，也可以從正面意義來看。對內再怎麼互相辱罵、爭吵，也不會將這樣的模樣表現在外人面前。他們只想將自己最好的一面表現出來，所以我所遇見的中國人，多數人即使對社會感到不滿，也不會向我全部傾吐。甚至也有中國人對外國人過於親切，反而遭到本國人批判的情況。兩個月前剛開始自行車之旅時，武漢發生了一起自行車竊盜案件。雖然每天都有數千輛自行車遭竊，但是被偷的那輛自行車，正好是一名環遊世界中的日本青年所有。於是武漢市警察局發布全市警察動員令，搜索該輛自行車，最後在四天內找回，然而此舉也遭到浪費警力的批評。

但是內外的界線並非壁壘分明，因此頗耐人尋味。一起吃飯喝酒的關係，便可將對方視為客人；熟識到一定的程度後，客人即可發展為朋友，形成「大哥」或「小弟」的關係，槍口一致對外。這是漢族除了武力之外，另一個使無數外族臣服，擴張中國領土的方法，在二一世紀的今日，也依然是中國人的社交方式。而這個將彼此放在心上的過程，始於先由內向外示好。

離開當天的早上，中國手機通訊軟體微信傳來一則語音訊息，是前一晚見面的兩名女高中生發來的。她們說在離開前想見我一面，於是我和她們約在青年旅館的咖啡館內。不久後兩人現身，手上提著三大袋物品。看來是因為本該由她們付的飯錢，卻由我來付了，才會買來滿滿的禮物，想表現更隆重的誠意。真沒想到……。如果加上從自行車紙箱內另外取出的兩個背包，我已經沒有手可以拿其他行李了。杭州的各種特產水果和茶、啤酒等，她們都張羅來了。我只選了體積小的，其餘只能無奈退還。萬分感激，也相當抱歉。離開中國當天的一早，我就這樣和她們成為了朋友。

離開當天也不能安心

按照計劃，即使搭巴士去機場，也還有三個半小時左右的緩衝時間，但是我內心感到不安，決定提早去取自行車紙箱。上午八點四十五分，餐廳玄關前的鐵捲門依舊緊閉。我輕輕敲了敲鐵捲門，沒有任何反應。如果鐵捲門沒有拉起，我就無法離開了。雖然滿心焦急，不過時間上還算充裕。不久後，一台中型計程車停在門前，司機下車後也拍打鐵捲門。餐廳老闆娘說要幫我叫的大車，正是這輛計程車。要確定自行車紙箱能否放進這輛計程車，鐵捲門得拉起來才行呀。這名司機繼續拍打鐵捲門，就連建築物旁的門也隨之振動。中國人對聲音相當包容，也對聲音毫無感覺。屋內一片靜默。

直到上午九點半以後，老闆娘才帶著半睡半醒的神情拉起鐵捲門。鐵捲門還未完全拉起，計程車司機已經敏捷地鑽進餐廳內，將自行車紙箱搬上車。幸好放得進去。心中放下了一塊大石。我向老闆娘頻頻點頭致謝後，搭上計程車離開。我以為這下終於順利踏上歸途了。

不到上午十點就到了巴士站，但是原本說每小時發車的虹橋機場巴士，現在說要到十一點才出發。若是如此，算入前往虹橋機場所需的時間，到飛機起飛前的緩衝時間，如今只剩下兩個半小時了。此時，一位算不上是車掌的人媽向我走來，說不能攜帶這麼大的自行車紙箱，一邊將我帶往巴士站的角落。她說如果要運送自行車紙箱，得買一張半票，可以把車錢交給她，她會幫我買票。我很清楚眼前的大媽想敲詐我一筆，但是情況緊急，沒必要和她起爭執。我給了她一張全票和半票的車錢，她只買回一張車票。「肯定是要拿我的錢和巴士司機、車掌分贓吧。」

坐著等車時，一位穿著制服的大叔坐在我對面。因為親切地回答我各種問題，我也趁機問他，自行車紙箱是否得買半票，他咋舌回答：「這是不行的。」我又問到虹橋機場得花多少時間，說是兩個半小時。那麼抵達虹橋機場的時間，就是下午一點半了。距離飛機起飛的緩衝時間，縮減為兩個小時。起飛前兩小時就得到機場的呀……。內心開始著急了起來。

到了巴士出發時間，制服大叔親手將自行車紙箱放入巴士貨艙內。我從巴士車內往窗外看，制服大叔帶著微笑向我揮手。中國經常是這樣的，有坑錢的人，也有付出不求回報的人。拿走我車錢的大媽上了車，一看見我，就比手畫腳要我坐到後面去。說是其他人前一天已經預約前座了，你現在才上車，只能坐後面的位置。車上沒有座位號碼，其他人看起來也不像是事先預約好座位的。但是我說不過她，只好往後走，退到最後一排的位置。原以為搭上了直達上海的巴士，不料車子先開到杭州的某個車站，待乘客上車後才出發，如此一來又花了三〇分鐘。

前往上海的高速公路旁鐵道上，印有「和諧」字樣的高鐵悠悠地超越巴士。「早知道就搭高鐵了……。」內心湧起無限的懊悔。我打開手機內的導航ＡＰＰ，計算到虹橋機場的預定時間。交通時間兩個半小時的話，應該是一點三〇分才對，不料預計抵達時間竟是一點五〇分。巴士拜託再開快一點吧。開啟ＡＰＰ後，我不斷確認現在的位置和預定抵達時間。之所以這麼做，還有另一個原因，那就是為了監看巴士是否依照預定路線行駛。這輛巴士的終點是浦東機場。出發前，巴士司機問了乘客目的地，除了我以外，其他人都舉手說要去浦東機場。去浦東機場的路上，還得輾轉停留虹橋機場，如此迂迴的行車路線，確實令人厭煩。在中國，打亂一兩個人的行程，似乎不是什麼大不了的事。所以，為了避免巴士一路開向浦東機場，我只好打開導航，時時監視巴士的移動路徑。

若要開進前往虹橋機場的道路，必須在高架道路上打右轉燈，緩緩駛入右側車道，然而巴士並未放慢速度。我坐在最後一排，不方便對司機說話。就在我低喊「啊，啊，啊」的瞬間，巴士竟直直開了過去。已經過了一點五〇分。我趕緊跑向前，慌張地告訴司機我要到虹橋。他一副泰然自若，喔不，是裝模作樣地說了聲「是喔」，一邊開下高架道路。已經過了匝道，得先迴轉後，再往右轉，但是巴士卻向左轉，駛入一間加油站。司機要我在此轉車，搭乘停在這裡的眾多車輛中最小的一輛巴士。我將自行車紙箱搬上另一輛巴士，上車後直奔虹橋機場，於兩點二〇分抵達。距離起飛時間剩下一個小時左右。

航空公司地勤要我取出自行車，將輪胎洩氣後，再重新打包。「都已經打包好了，還叫我再打開來……。」即便如此，也別無他法。過去在日本成田機場時，也曾遇上同樣的情況，知道不管怎麼吵鬧都沒用。打開紙箱，將輪胎洩氣後，重新裝入紙箱，打包好秤重，這次重量竟然超重。從首爾出發時分明沒有超重，結束旅行後返國，竟然超重了……。問題是超重費的結算在其他櫃台，得先到那裡繳清費用後，再拿著收據回來。我擔心搭不上飛機，急得對地勤喊：「飛機不會趁這段時間飛走，會等我吧？」對於我這番將飛機降級為隨招隨停公車的言論，航空公司地勤當成是玩笑話，笑著對我說：「我會幫你攔下飛機。」看著她

我在上海虹橋機場的行李

的笑容，今天一整天焦躁不安的心，也隨之煙消雲散。這次一定可以搭上飛機了。

託運好行李，進入管制區後，只剩下四〇分鐘。在這最後剩餘的四〇分鐘，我想慢慢地享受。我在管制區內的餐廳點了一碗咖哩麵，算是為這趟旅行（也是麵食之旅）畫下句點。我實在想不透，終究還是搭上了飛機，為什麼這一天要過得如此緊張焦急？兩個月來跑遍中國的暗巷窄弄與窮山僻壤、荒郊野地、高速公路、國道、省道、縣道，猶如「身經百戰的勇士」，竟然會在杭州到虹橋機場管制區的這段路程中，表現出如此脆弱的一面……。

儘管平安克服了困難，也了解到這是一個比韓國更為安全的社會，但是我想，這是因為潛意識中帶有對「中國沒有什麼事不可能發生」的不安感。不管這股不安的本體是抽象的，還是具體的，不管是生長於中國數十年，還是沒有住過中國，只要身在中國國內，就會在日常生活中產生這樣的感受。這裡有數十億的人口，擁擠地生存在這泱泱大國中。偶然吹起的一陣風，就可能將一切席捲而去。如今雖然吹起經濟開發的風潮，然而風向何時會改變，沒有人知道。

在那樣的國家，任何事情都可能發生的潛在性（potentiality），是否會以支配人們意識的現實性（actuality）存在？生活在中國這樣一個國家，也許感受正是如此吧。在這裡，任何事情都可能發生，因此任何事情都能被接受，且任何事情都不會被認為是最終的結果。

也許旅行就是這樣的吧。

釀旅人33　PE0135

自行車上的中國壯遊
——一位韓國企業家的深度文化觀察

作　　者　洪銀澤
譯　　者　林侑毅
責任編輯　杜國維
圖文排版　楊家齊
封面設計　葉力安

出版策劃　釀出版
製作發行　秀威資訊科技股份有限公司
114 台北市內湖區瑞光路76巷65號1樓
電話：+886-2-2796-3638　傳真：+886-2-2796-1377
服務信箱：service@showwe.com.tw
http://www.showwe.com.tw
郵政劃撥　19563868　戶名：秀威資訊科技股份有限公司
展售門市　國家書店【松江門市】
104 台北市中山區松江路209號1樓
電話：+886-2-2518-0207　傳真：+886-2-2518-0778
網路訂購　秀威網路書店：http://store.showwe.tw
國家網路書店：http://www.govbooks.com.tw
法律顧問　毛國樑　律師
總 經 銷　聯合發行股份有限公司
231新北市新店區寶橋路235巷6弄6號4F
電話：+886-2-2917-8022　傳真：+886-2-2915-6275

出版日期　2018年1月　BOD一版
定　　價　460元

Printed in Taiwan

國家圖書館出版品預行編目

自行車上的中國壯遊：一位韓國企業家的深度文
化觀察 / 洪銀澤著；林侑毅譯. -- 一版. --
臺北市：釀出版, 2018.01
面； 公分. -- (釀旅人；33)
BOD版
ISBN 978-986-445-239-2(平裝)

1. 腳踏車旅行 2. 文化觀光 3. 中國

690 106022192

讀者回函卡

感謝您購買本書，為提升服務品質，請填妥以下資料，將讀者回函卡直接寄回或傳真本公司，收到您的寶貴意見後，我們會收藏記錄及檢討，謝謝！如您需要了解本公司最新出版書目、購書優惠或企劃活動，歡迎您上網查詢或下載相關資料：http:// www.showwe.com.tw

您購買的書名：______________________________

出生日期：________年________月________日

學歷：□高中（含）以下　□大專　□研究所（含）以上

職業：□製造業　□金融業　□資訊業　□軍警　□傳播業　□自由業
　　□服務業　□公務員　□教職　□學生　□家管　□其它______

購書地點：□網路書店　□實體書店　□書展　□郵購　□贈閱　□其他

您從何得知本書的消息？

□網路書店　□實體書店　□網路搜尋　□電子報　□書訊　□雜誌
□傳播媒體　□親友推薦　□網站推薦　□部落格　□其他__________

您對本書的評價：（請填代號　1.非常滿意　2.滿意　3.尚可　4.再改進）

封面設計____　版面編排____　內容____　文／譯筆____　價格____

讀完書後您覺得：

□很有收穫　□有收穫　□收穫不多　□沒收穫

對我們的建議：______________________________

____

____

____

請貼
郵票

11466
台北市內湖區瑞光路 76 巷 65 號 1 樓
秀威資訊科技股份有限公司 收
BOD 數位出版事業部

（請沿線對折寄回，謝謝！）

姓　　名：________________　年齡：________　性別：□女　□男

郵遞區號：□□□□□

地　　址：________________________________

聯絡電話：(日)________________(夜)________________

E-mail：________________________________